国家教师资格证考试
——综合素质

（中学）

瑞优教育教师资格考试研究院　编写

中国人民大学出版社
·北京·

内容简介

　　作为教师职业资格统考中重要的基础科目，综合素质共分为 5 个模块。与注重教育学、心理学知识的教育教学知识与能力不同，本科目注重考查作为教师的基本素养，包括：价值观、法律意识、道德、基本文化常识以及基本能力。从综合素质学科的章节安排来看，本学科注重考查的是考生作为一名人民教师的基本职业素养。

一、综合素质（中学）的内容体系

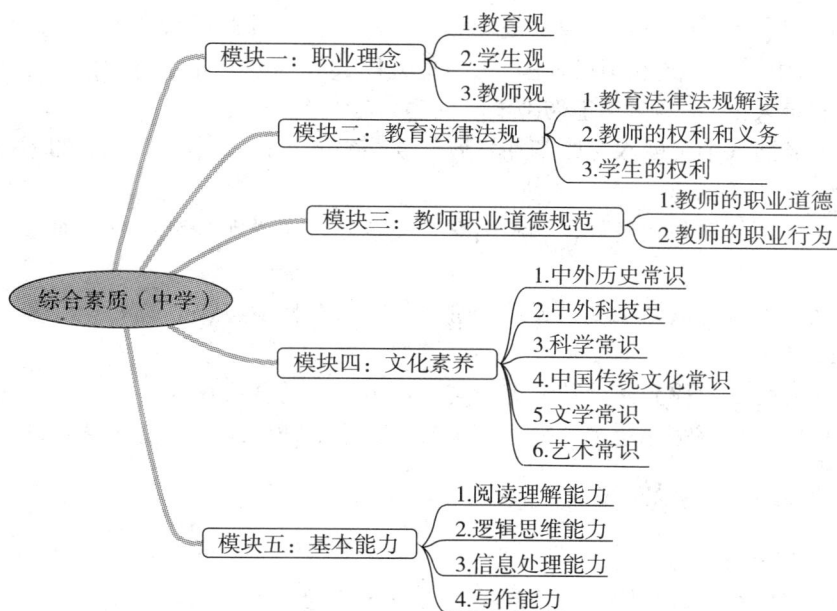

二、考试内容要求

（一）职业理念

　　1. 教育观

　　（1）理解国家实施素质教育的基本要求。

（2）掌握在学校教育中开展素质教育的途径和方法。

（3）依据国家实施素质教育的基本要求，分析和评判教育现象。

2．学生观

（1）理解"人的全面发展"的思想。

（2）理解"以人为本"的含义，在教育教学活动中做到以学生的全面发展为本。

（3）运用"以人为本"的学生观，在教育教学活动中公正地对待每一个学生，不因性别、民族、地域、经济状况、家庭背景和身心缺陷等歧视学生。

（4）设计或选择丰富多样、适当的教育教学活动方式，因材施教，以促进学生的个性发展。

3．教师观

（1）了解教师专业发展的要求。

（2）具备终身学习的意识。

（3）在教育教学过程中运用多种方式和手段促进自身专业发展。

（4）理解教师职业的责任与价值，具有从事教育工作的热情与决心。

（二）教育法律法规

1．教育法律法规解读

（1）了解国家主要的教育法律法规，如《中华人民共和国教育法》《中华人民共和国义务教育法》《中华人民共和国教师法》《中华人民共和国未成年人保护法》《中华人民共和国预防未成年人犯罪法》《学生伤害事故处理办法》等。

（2）了解《国家中长期教育改革和发展规划纲要（2010—2020 年）》的相关内容。

2．教师的权利和义务

（1）理解教师的权利和义务，熟悉国家有关教育法律法规所规范的教师教育行为，依法从教。

（2）依据国家教育法律法规，分析评价教师在教育教学实践中的实际问题。

3．学生的权利

（1）了解有关学生权利保护的教育法规，保护学生的合法权利。

（2）依据国家教育法律法规，分析评价教育教学活动中的学生权利保护等实际问题。

（三）教师职业道德规范

1．教师的职业道德

（1）了解《中小学教师职业道德规范》（2008 年修订），掌握教师职业道德规范的主要内容，尊重法律及社会接受的行为准则。

（2）理解《中小学班主任工作条例》文件精神。

（3）分析、评价教育教学实践中教师的道德规范问题。

2．教师的职业行为

（1）了解教师职业行为规范的要求。

（2）理解教师职业行为规范的主要内容，在教育活动中运用行为规范恰当地处理与学生、学生家长、同事以及教育管理者的关系。

（3）在教育教学活动中，依据教师职业行为规范，爱国守法、爱岗敬业、关爱学生、教书育人、为人师表。

（四）文化素养

（1）了解中外科技发展史上的代表人物及其主要成就。

（2）了解一定的科学常识，熟悉常见的科普读物。

（3）了解一定的文学知识和文化常识。

（4）了解中外文学史上重要的作家作品。

（5）了解一定的艺术鉴赏知识。

（6）了解艺术鉴赏的一般规律，并能有效地运用于教育教学活动。

（五）基本能力

1. 阅读理解能力

（1）理解阅读材料中重要概念的含义。

（2）理解阅读材料中重要句子的含义。

（3）筛选并整合图表、文字、视频等阅读材料中的主要信息及重要细节。

（4）分析文章结构，把握文章思路。

（5）归纳内容要点，概括中心意思。

（6）分析概括作者在文中的观点、态度。

2. 逻辑思维能力

（1）了解一定的逻辑知识，熟悉分析、综合、概括的一般方法。

（2）掌握比较、演绎、归纳的基本方法，准确判断、分析各种事物之间的关系。

（3）准确而有条理地进行推理、论证。

3. 信息处理能力

（1）具有运用工具书检索信息、资料的能力。

（2）具有运用网络检索、交流信息的能力。

（3）具有对信息进行筛选、分类、存储和应用的能力。

（4）具有运用教育测量知识进行数据分析与处理的能力。

（5）具有根据教育教学的需要，设计、制作课件的能力。

4. 写作能力

（1）掌握文体知识，能根据需要按照选定的文体写作。

（2）能够根据文章中心组织、剪裁材料。

（3）具有布局谋篇、有效安排文章结构的能力。

（4）语言表达准确、鲜明、生动，能够运用多种修辞手法增强表达效果。

为了方便考生记忆，我们把以上五个模块的内容串成一条线索，编制成如下口诀：

素质教育要记牢，以人为本很重要。

全面发展特牢靠，终身教育是法宝。

法律法规记心间，道德行为在心田。

文化素养须提升，综合能力必有成。

三、历年教师资格考试试卷结构

模块	比重	题型
职业理念	15%	选择题（4道左右） 材料分析题（1道）
教育法律法规	10%	选择题（8道左右）
教师职业道德规范	15%	选择题（4道左右） 材料分析题（1道）
文化素养	12%	选择题（9道左右）
基本能力	48%	选择题（4道左右） 材料分析题（1道） 写作（1道）
合计	100%	选择题：约39% 非选择题：61%

四、教师资格考试题型及时间安排

（一）考试时间

120分钟

（二）考试题型

1. 单项选择题（2分×29＝58分）

2. 材料分析题（14分×3＝42分）

3. 写作题（50分）

例如：以我的理想为题写一篇记叙文或议论文，1 000字左右。

（三）题型示例

1. 单项选择题

（1）对于课堂上有可能引发同学们表达不同观点的问题，尉迟老师总是事先进行实验，检验各种假设，并请教相关专家学者，这突出体现了该老师具有（　　）。

    A. 独立自主意识   B. 团结协作精神

    C. 求真务实精神   D. 人文关怀意识

（2）初中学生夏某逃课去网吧上网，学校在得知消息后，应当（　　）。

    A. 向当地教育行政部门报告情况   B. 向当地公安机关报告情况

    C. 及时与夏某的父母取得联系   D. 与当地纪检监察部门取得联系

2. 材料分析题

阅读下面的材料，回答问题。

摆在班主任赵老师面前的是一个很棘手的问题——一起人数众多，性质颇为严重的作弊事件。语文科代表为了帮助其他同学掌握语法知识，征得任课老师的同意，在自习课上组织同学们测验。测验结束后，班长向赵老师汇报"一切正常"。赵老师正为学生们的自觉行为感到高兴，准备给全班同学一次嘉奖。岂料课后有学生反映，测验时看书的人不少，连班长也在内。怎样处理这起作弊事件呢？在全班同学面前直接提出这个问题，责令作弊者自动坦白，要求知情者检举揭发，把嫌疑分子一个个叫来办公室审问……这样的办法有什么积极的作用呢？第二天上课时，赵老师神情自若，像什么事也没有发生一样。他在黑板上写上汤姆斯·麦考莱的一句名言："在真相肯定永无人知的情况下，一个人的所作所为，能显示他的品格。"接着又给学生们讲述了一个某人回忆自己 30 年前一次考试作弊时的懊悔心情的故事。讲完故事，赵老师要求每个学生记下汤姆斯·麦考莱的名言，同时要求他们写一篇体会，题目是《心灵的答卷》。赵老师平静、沉着的态度大大出乎学生们的意料，而汤姆斯·麦考莱的名言则深深地震撼了学生们的心灵。第二天，每个同学都交出了惭愧、悔恨的"心灵的答卷"。显然赵老师对这次作弊事件的处理是卓有成效的，它的教育影响十分深刻而久远。

问题：请从教师观角度对赵老师的做法进行评析。

3. 写作题

在一次网络访谈中，国家邮政局市场监管司某领导谈到，快递业务的便捷，形成了邮政的一种新业务：为高校学生服务，可把积攒的脏衣服寄洗，再通过快递寄回。这一现象引发了社会热议。

根据材料所引发的思考和感悟，写一篇不少于 1 000 字的论说文。

要求：用规范的现代汉语写作。角度自选，立意自定，标题自拟。

五、学习建议

1. 明确学习目标

正所谓知己知彼、百战不殆，考生需要对考纲、教材、历年真题做到熟悉、熟练，才能在考场上无往不胜。

2. 用好教材及真题

目前市场上没有统一权威的教材，因此选择一套质量上乘、直击考点的教材十分有必要。此外，历年真题也是备考必备的利器。

3. 熟悉考试题型

客观题、主观题的复习方法不同，考生需要清楚地知道每个科目的题型、数量、分值占比。

4. 掌握考试规律

教师资格统考题目有较强的规律性，比如每个模块的分值比重、题型数量安排，因此需要考生特别重视规律，做到心中有数。

5. 有的放矢复习

做题的过程中，考生如果发现自己重复出错的题目，便是自己学习的薄弱环节，可以做有针对性的训练，以便做到查缺补漏。

前　言

　　教师资格考试制度是国家实行的一种法定的职业许可制度。教师资格是国家对专门从事教育教学工作人员的基本要求，是中国公民取得教师职位的前提条件。教师资格制度全面实施后，只有依法取得教师资格、持有教师资格证书的人员，才能被教育行政部门依法批准举办的各级各类学校和其他教育机构聘任为教师。自2011年国家试点考试改革以来到2016年开始实行全国统考，考试内容增加、难度加大。在校专科、本科都能报考。改革后将不再有师范生和非师范生的区别，想要做教师都必须参加国家统一考试，方可申请教师资格证。从考试大纲来看，改革后的教师资格考试分为幼儿园教师资格考试、小学教师资格考试、初级中学教师资格考试、高级中学教师资格考试。申请认定中等职业学校文化课教师资格、中等职业学校专业课和中等职业学校实习指导教师资格者参加高级中学教师资格考试。中小学教师资格考试包括笔试和面试两部分。笔试各科目均采取纸笔考试。笔试各科成绩合格者，方可参加面试。

　　考试科目如下表：

类　别		笔试科目			面　试
		科目一	科目二	科目三	
幼儿园		综合素质	保教知识与能力		教育教学实践能力
小　学		综合素质	教育教学知识与能力		教育教学实践能力
初级中学		综合素质	教育知识与能力	学科知识与教学能力	教育教学实践能力
高级中学				学科知识与教学能力	教育教学实践能力
中职	文化课教师				教育教学实践能力
	专业课教师			（试点省自行组织）	（试点省自行组织）
中职实习指导教师				（试点省自行组织）	（试点省自行组织）

　　本套教材是为参加中、小学教师资格认定考试的人员精心编写的备考辅导用书。教材以国家教师资格考试大纲为主要编写依据，共分为六册：《综合素质（中学）》《教育知识与能力（中学）》；《综合素质（小学）》《教育教学知识与能力（小学）》；《综合素质（幼儿）》《保教知识与能力（幼儿园）》。本套教材具有以下鲜明特色：

特色一：突出真题　知识点演练更有针对性

本套教材通过大数据分析历年真题中各知识点出现的比例，筛选出相同知识点或者相近知识点在历年反复出现的真题。

通过对筛选出的真题进行详细剖析，深入浅出解读知识点的出题思路，言简意赅突出考试重点。

例如：《综合素质（中学）》材料分析题，真题展现，分析答题思路，让备考更有效率。

【材料分析题××××年真题】

星期二的早上，天上下起了鹅毛大雪。王老师走进教室，笑容满面地对同学们说："大家看，外面的雪景多漂亮！今天这节语文课让我们一起走进雪的世界，好好玩一下吧！"学生们欢呼雀跃，奔向门外。他们有的堆雪人，有的打雪仗，有的在讨论雪花的形状、特点，王老师也和学生一起观雪、玩雪，即兴吟诗作对……下课时间快要到了，王老师召集大家说："下午作文课的任务是写一篇记叙文，我相信大家能够出色地完成任务。"后来，学生们根据自己的感受，写出了一篇篇精彩的作文。

问题：请从教育观的角度，评析王老师的教学行为。

答题思路：

第一步，首先锁定问题的范围，是职业理念中的教育观，因此应该紧紧围绕着素质教育观展开，而素质教育对教师的要求主要是：

1. 面向全体；
2. 促进学生全面发展；
3. 重视学生创新精神和实践能力的培养；
4. 发展学生主动精神，注重学生的个性健康发展；
5. 着眼于学生的终身可持续发展。

第二步，结合材料中老师的做法，将老师的行为与素质教育观的几点要求结合起来，也就是将论点和论据结合起来，综合分析材料中老师的行为是否符合素质教育观的标准。

第三步，按照总——分——总的结构，完善答案。

请从教育观的角度，评析王老师的教学行为。

特色二：突出实战　知识点总结更有先进性

瑞优教育拥有高水平的教研专家团队以及万余人的培训经验，基于实战总结提炼应试技巧，创造了教师资格考试培训的辅导技术和服务模型，培训效果与通过率远远高于行业平均水平，是中国一流的教师资格考试培训品牌。

例如：聘请北师大知名学者、专家共同开发学习内容。

特色三：突出应试　知识点理解更有技巧性

瑞优教育教研专家团队结合十余年的教学和培训经验，针对每个重要知识点，编写记忆口诀，摒弃死记硬背，通过口诀与实例的结合，使应试更有技巧性。

例如：《综合素质——小学》模块三"教师职业道德规范"，编写口诀"三爱两人一终身"，结合真题轻松应对考试内容。

特色四：突出精练 知识点复习更有效率性

摒弃传统的备考教材的长篇大论，知识点阐述更精练，使考生可以节省大部分时间，备考复习更有效率。

例如：《教育知识与能力》（适用中学）是针对教育定义总结的考试经。

在有关教育的概念范畴中，很多都可以从广义和狭义两个方面来表述，比如后面会提到的"教育制度""教育目的""课程"等，这提醒我们此处应该加以关注。在考试中，这些内容易于出现在辨析题当中，比如将一个狭义的概念广义化，或将一个概念的表述局限在狭义的范畴中，所以需要我们分清这些关键概念广义和狭义的区别。

特色五：突出考情 知识点备考更有指向性

每个章节前配备该章节的历年考情，精准的考情分析以及备考建议，使本章节的考试重难点一目了然，重点复习内容更有指向性。

例如：《教育教学知识与能力》（适用小学）章节前配有考情分析、出题频次，考试题型一目了然。如下表。

时间 内容　　　　题型	近5次考情									
	选择题	简答题	选择题	简答题	选择题	简答题	选择题	简答题	选择题	简答题
第一节　小学生的学习与学习理论（题）	3		1		3	1	1		2	
第二节　小学生学习指导										
最近5次分数小计（分）	6		2		16		2		4	

从最近5次的考试信息可以得出：

1. 本章的内容近5次的考查形式主要以选择题为主，出现过1次简答题，选择题每年会集中在2～3道，考点主要集中在小学生学习的相关理论。

2. 第一节"小学生的学习与学习理论"涉及的知识点较多，每年都会涉及单选题。另外，本节知识点简答题在2011—2014年考查的过程中出现的频率也较高，已经考查过的简答题需要重点理解，与之相关的知识点需要强化记忆，已经考查过的选择题需要深度理解。

3. 第二节"小学生学习指导"近5次没有考查，但是2011—2014年考查过1次简答题。本节知识点相对来说较少，未出现过的考点仅需做到简单理解与记忆。

特色六：突出预测 知识点突击更有实效性

结合近十年出题趋势并运用大数据预测分析，更加精准地预测考试，更加有效地提出复习建议，让您考前"磨枪"更光更亮，事半功倍。

例如：《教育教学知识与能力》（适用小学）章节前配有预测和复习建议。

预测：

依据过去的考试信息和本节知识点的特点，在今后的考试中仍以第一节"小学生的学习与学习理论"为主，以单选题的考查形式为主。

复习建议：

本章主要围绕小学生的学习进行拓展阐述，小学生的学习与学习指导涉及的知识点较多，也较为琐碎和抽象，复习的时候建议考生结合实际例子来梳理与理解，对于易混淆的内容需要深度记忆。复习的重点应放在学习理论与学习动机的分类上。

本书在编写过程中得到有关专家的大力支持和悉心指点，他们提出了许多宝贵意见，在此深表谢意。本书若有纰漏之处，恳请社会各界人士和广大考生批评指正。

目　录

免费领取通关视频

模块一　职业理念

一、章节安排

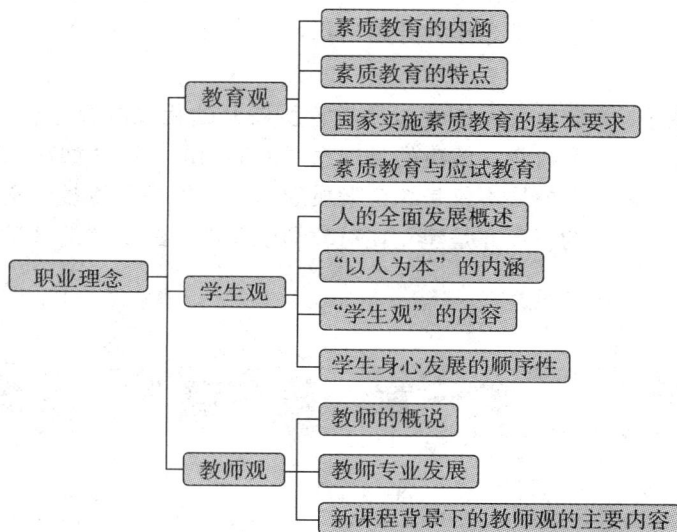

二、考试目标

（一）确立素质教育观

理解国家实施素质教育的要求、内涵，掌握开展素质教育的途径和方法，并能运用素质教育观分析和评判教育现象。

（二）确立"以人为本"的学生观

理解"人的全面发展"的思想，由此出发，理解在各级各类学校教育教学活动中必须以学生的全面发展为本，并能够在教育教学活动中贯彻这种学生观，公正对待每一位学生，因材施教，促进学生个性发展。

（三）确立教师专业发展观

了解教师专业发展的任务，认识到教师专业发展是终身的，能够在教师专业实践中运用多种方式和手段促进自身发展，理解教师职业的责任与价值，从而产生从事教育工作的热情和决心。

三、考情分析

单位：分

考情分析		近6年考情											
单选题	教育观	6	2	2	4	4	4	4	4	4	4	6	2
	学生观	2	4	0	4	2	2	0	0	0	2	0	6
	教师观	0	2	6	0	2	2	4	4	4	2	2	0
材料分析题		14	14	14	14	14	14	14	14	14	14	14	14
总计		22	22	22	22	22	22	22	22	22	22	22	22

四、地位及占分比重

在教师资格考试中，职业理念作为开篇之章，地位重要。（总分占比22分，单选题4道，材料分析题1道）

该模块重点讲解了素质教育及围绕素质教育所展开的相关内容，教师在教育教学中，应当如何看待教育、学生及自身。解决的是理念层面的问题，即"如何想"的问题。

特别值得注意的是，本模块不仅是综合素质的基础，也是取得教师资格的基础，部分中学教育知识与能力题目的答案亦是建立在对教师职业理念的把握的基础之上，足见本模块的重要性。

第一章 教育观

直击考点

● 第一节 素质教育概述 （了解）
● 第二节 国家实施素质教育的要求与途径 （重要）

第一节 素质教育概述

一、素质教育观的发展历史（了解）

（一）素质教育观的产生

素质教育，顾名思义，是以全面提高人的基本素质为根本目的，以尊重人的主体性和主动精神，以人为的性格为基础，注重开发人的智慧潜能，注重形成人的健全个性为根本特征的教育。素质教育是社会发展的实际需要，要达到让人正确面对和处理自身所处社会环境的一切事物和现象的目的。

素质教育概念是由于应对应试教育而衍生的。20世纪八九十年代，流行着"分分分，学生的命根；考考考，老师的法宝"这样的说法。那个年代，"应试教育"观念根深蒂固，严重阻碍了中国教育事业的发展，导致很多学生高分低能。在这个背景下，素质教育观产生了，这是对当时应试倾向的一个有力回应。

（二）素质教育观的形成

关于素质教育的法律文件，在1993年的《中国教育改革和发展纲要》中强调：中小学要由"应试教育"转向全面提高国民素质的轨道。这是"素质教育"最早的表述。

1999年，《中共中央国务院关于深化教育改革，全面推进素质教育的决定》的颁布，标志着素质教育观已经形成系统的思想，并成为推进素质教育的主导思想。

（三）素质教育观形成的政策依据

素质教育主要是为了适应我国实现现代化，全面建设小康社会的宏伟目标，针对传统教育，特别是应试教育的弊端而提出的概念。它的形成大致可分为四个阶段：

1. 素质教育思想和政策的初步形成（20世纪80年代—1994年）

1994年6月，李岚清副总理在第二次全国教育工作会议上提出：基础教育必须从"应试教育"转到素质教育的轨道上来。这是国家领导人首次在正式会议上明确提出素质教育概念。

2. 素质教育的实施（1994—1999年）

1999年6月，第三次全国教育工作会议在北京召开，颁布了《中共中央国务院关于深化教育改革，全面推进素质教育的决定》，这是21世纪我国教育改革发展的纲领性文件。

3. 素质教育政策的不断改进和完善（1999—2005年）

2001年6月，教育部启动了新一轮基础教育课程改革，并公布了《基础教育课程改革纲要（试行）》，决定大力推进基础教育课程改革，调整和改革基础教育的课程体系。

2003年9月，《国务院关于进一步加强农村教育工作的决定》颁布，体现了对弱势群体和农村教育的关注。其中突出了两个转变：一是教育工作的重中之重由普及九年义务教育向农村教育工作转变；二是由"两基"目标向全面普及九年义务教育和全面发展、提高义务教育质量的"两全"目标转变。

4. 素质教育写进《义务教育法》（2006年）——国家意志的体现

2006年6月29日，第十届全国人大常务委员会第二十二次会议通过了《中华人民共和国义务教育法（修订草案）》，这是中国教育史的大事，也是素质教育发展中的大事。

新《义务教育法》把素质教育写进法律，纳入国家的重要法律体系，体现了国家意志，表明了实施素质教育的法定性和长远性。

二、素质教育的概念与内涵（高频单选题）

概念：素质教育是依据人的发展和社会发展的需要，以全面提高学生的基本素质为根本目的，以尊重学生的主体性和主动精神，注重开发人的智慧潜能，注重形成人的健全个性为根本特征的教育。

内涵：实施素质教育是以全面贯彻党的教育方针为方向，以提高国民素质为根本宗旨，以培养学生的创新精神和实践能力为重点，造就"有理想、有道德、有文化、有纪律"的、德智体美等全面发展的社会主义事业建设者和接班人。

具体而言，可以把素质教育的内涵归纳为如下几句话：

（一）素质教育是面向全体学生的教育

素质教育倡导人人有受教育的权利，强调在教育中每个人都得到发展，而不是只注重一部分人，更不是只注重少数人的发展。

因为素质教育是面向全体学生的教育，所以在实施素质教育的过程中，课堂教学必须面向全体学生，这一原则既体现了社会主义教育的全民性，又体现出教育的有效性，只有面向全体学生才能充分发挥课堂教学的作用，达到最好的教学效果。当然，全体学生共同的目标必然会因学习个体的差异而有所不同，矛盾的解决取决于教师对教学目标层次性的把握。让不同层次的学生在同一教学空间中均有较大程度的发展，是素质教育课堂教学的基本要求。

在具体的教学中，老师因为学生的分数、智力水平、性格等偏好而对学生区别对待，是严重违背素质教育全体性的要求的。比如，某中学让考试成绩排名前 60 名的学生穿红色校服，而排名后 10 名的穿蓝色校服，这就是典型的不公正对待。再比如，某老师对两名学生说：明天公开课，你们可以不用来了。这些都反映了有些老师不能践行公平平等地面向全体学生的要求。

（二）素质教育是促进学生全面发展的教育

素质教育是在全面发展教育的基础上提出的。以全面发展教育思想为指导的我国现阶段的"全面发展教育"，是素质教育的实践基础，这两种教育所要达到的教育目的和人才培养的目标在本质上是一致的。素质教育强调培养学生在德、智、体、美、劳等方面全面发展，要求受教育者成为有理想、有道德、有文化、有纪律的社会主义事业建设者和接班人。实施素质教育，必须把德育、智育、体育、美育等有机地统一在教育活动的各个环节中。学校教育不仅要抓好智育，更要重视德育，还要加强体育、美育、劳动技术教育和社会实践，使诸方面教育相互渗透、协调发展，促进学生的全面发展和健康成长。

在此补充一点，全面发展强调的是让中学生均衡发展，但是均衡不代表平均，这个概念务必厘清。例如：我们要求学生每科成绩必须达到 A＋，这就犯了平均主义的错误，这并不符合素质教育全面发展的内涵。

（三）素质教育是促进学生个性发展的教育

素质教育是全面发展的教育，是从教育对所有学生的共同要求的角度来看的。但每一个学生都有其独特性，正所谓"一千个人眼中有一千个哈姆雷特"，不同的认知特征、不同的欲望需求、不同的兴趣爱好、不同的价值取向、不同的创造潜能铸造了个性迥异的学生。因此，教育还要考虑到学生的个性差异，充分发展学生的个性，切实做到因材施教。

例如：有的学生长于计算，有的学生善于演讲，有的学生爱好艺术，有的学生擅长体育。每个学生都是独一无二的，老师的使命就是做好伯乐，让每个学生都成为老师眼里的千里马。

（四）素质教育是以培养创新精神和实践能力为重点的教育

创新，是一个民族兴旺发达的不竭动力，作为国力竞争基础的教育必须培养具有创新精神和能力的新一代人才，这是素质教育的时代特征。创新能力不仅是一种智力特征，更是一种人格特征，是一种精神状态。创新能力的培养是素质教育的核心，是素质教育区别于应试教育的根本所在。重视创新能力的培养也是区别现代教育与传统教育的根本之所在。

创新教育不仅要承认学生的个体差异，还应鼓励学生标新立异、大胆质疑，鼓励他们靠自己的调查、探索，运用自己的知识去创造性地解决问题。在教育教学过程中，教师必须进行富有开拓性的工作，从单纯注重知识传授转为关注学生的学习方式和能力的培养，让学生自主学习、探究学习、合作学习，在课堂中激发学生的生命活力和智慧潜能，激活课堂教学。另外，还要转变师生关系，建立一种民主的氛围。例如：学生在班级里喜欢搞发明创造，老师应该提供机会让其展示天分，而不是打击和讽刺，要呵护学生们的好奇心和想象力，给予宽厚、温暖的氛围。

【例题】1. 康老师经常在班上开展"成语知识竞赛""演讲赛""辩论赛"等活动，营造运用语文知识的情境。康老师的做法有利于（　　）。
　　　A. 提高学生实践能力　　　　　　B. 发展学生的互补性
　　　C. 促进教师专业发展　　　　　　D. 减轻教师工作压力
【答案】A
【解析】素质教育是以培养学生的创新精神和实践能力为重点的教育。

【例题】2. 能够体现素质教育的时代性特征的是（　　）。
　　　A. 面向全体学生　　　　　　　　B. 促进学生的个性发展
　　　C. 把创新作为重点　　　　　　　D. 促进学生全面发展
【答案】C
【解析】是否把创新作为教育的重点，是现代教育与传统教育的根本区别，因此能够体现时代性特征的是创新。

【2017 年下半年真题】

在生物实验课上，韩老师自始至终引导学生完成事先准备好的填空题："实验过程一：从_____号烧瓶倒入_____号烧瓶……""显微镜的取镜和放置：右手紧握_____左手托住_____……"这说明韩老师（　　）。
　　　A. 教学理念偏失　　　　　　　　B. 教学态度不端
　　　C. 教学评价不当　　　　　　　　D. 教育行为失当
【答案】A
【解析】实验课的目的主要是使学生获取间接经验，需要教师具有素质教育的观念，而韩老师则是以引导学生做题为目的，所以属于应试教育的观念。

三、素质教育的特点（重要）

（一）全体性（公平平等对待每个学生）

素质教育是面向<u>每一个受教育者</u>、以每一个受教育者为对象的教育，它<u>面向每一个学生</u>，旨在促进每一个学生的发展。

坚持素质教育的"全体性"的主要意义在于：

第一，保证使接受教育成为每一个人的权利和义务；

第二，保证整个民族的文化素质在最低可接受水平之上；

第三，为贯彻社会主义"机会均等"原则，为每个人的继续发展提供最公平的前提条件。

在现实生活中，老师按照考试分数排座位、区别对待学生等行为均严重违背了素质教育的全体性的特点。

（二）基础性（不好高骛远，夯实基础）

素质教育是一种<u>注重基础</u>的教育。正因为素质是反映人的身心发展水平最基本的特征和品质，并制约着人的意识、态度和行为，所以素质培养必须从最基本的基础方面做起。

素质教育注重的是<u>基础知识</u>、<u>基本技能</u>、<u>一般能力</u>的掌握和培养。

相对于应试教育和那种高大上的精英教育，素质教育更加注重对学生基本技能的培养。比如中小学生的理财能力、烘焙技术、野外生存能力、团队协作能力、情商等的训练。

（三）发展性（激发学生的学习潜能）

素质教育是发展性教育，不仅注重受教育者现在一般的发展，而且重视培养受教育者自我发展的能力，使受教育者学会学习，培养受教育者终生学习的能力。正所谓"授人以鱼，不如授人以渔"，给予学生充分的空间，他们往往会还世界一个奇迹。

比如某中学举办废物回收创意大赛，有学生想到用废旧的易拉罐剪裁成一幅美妙的图画，该作品还被送到台北参展。试想如果学校不给学生们提供这样的平台，只让学生读死书，死读书，学生怎么会有这样精彩的展现？

（四）全面性（德智体美劳全面发展）

所谓全面性，是指素质教育<u>既要实现功能性的目标</u>，<u>又要体现形成性的要求</u>，通过实现全面发展教育，促进学生个性的最优发展。

素质教育中的"全面发展"有两个方面的具体规定性：

第一，针对一个个体来说，它是"一般发展"和"特殊发展"的统一；

第二，针对班级、学校乃至整个社会群体而言，它是"共同发展"和"差别发展"的协调。

全面发展既要讲共同性，又要讲个别性。在现实生活中，有的教育工作者忽视音体美等课程，只注重数语外，这样的理念是错误的。

（五）未来性（立足长远）

所谓未来性是指素质教育立足于未来社会的需要，而不是眼前的升学目标或就业需要。21 世纪需要的人才是具备品格、领导力和创新能力的人，是能够尊重不同文化、具有包容情怀的人，而不是只会考试的人。

（六）主体性（尊重学生在学习中的主体地位）

所谓主体性，在具体的教学中，主要体现在两个方面：

第一，教师要尊重学生的独立人格；

第二，要把学习的主动权交给学生。

（七）开放性（不封闭）

21 世纪是互联网时代，也是智能时代，伴随着共享单车的出现，接下来还会有一系列共享产品诞生，因此新时代的教育一定是开放式的教育。具体的表现：一是要求拓宽原有的教育教学空间，真正建立起学校教育、家庭教育、社会教育相结合的教育网络；二是要求拓宽原有的教育教学途径，建立学科课程、活动课程和潜在课程相结合的课程体系。

【例题】某教育类非营利组织通过慕课的方式，让远在山村的孩子共享城市优质教育资源，
　　　　这体现了素质教育的（　　　）。

　　A. 开放性　　　　　B. 未来性　　　　　C. 主体性　　　　　D. 封闭性

【答案】A

【解析】通过教育资源共享实现教育公平，体现了素质教育的开放性特点。

第二节　国家实施素质教育的要求与途径

一、国家实施素质教育的基本要求（重要）

（一）面向全体

国家实行普及九年义务教育，就是面向全体适龄学生，让每一个适龄的学生都能进到学校里来，进到班级中来。面向全体学生，使每一个学生都在原有的基础上有所发展，都在天赋允许的范围内充分发展，这同时也体现了素质教育的全体性。此外，我国现阶段素质教育的根本宗旨是提高全民族的素质，而不是只针对部分"贵族"学生。

（二）促进学生全面发展

促进学生德、智、体、美等方面全面发展，这是党和国家的教育方针，需要在实践中把这个方针贯彻好、落实好，在这方面不能有任何放松。不能因为错误的理念导致培养出"瘸腿"的学生。

（三）促进学生创新精神和实践能力的培养

我国的基础教育在能力培养上还需要进一步努力。知识是重要的，但是知识不能限制人们的思维空间，而应该成为人们进一步认识世界、改造世界、发展能力的基础，应该把知识融入人的认知结构中。因此，创新能力、实践能力对素质教育来说尤为重要。

在过去的十几年中，华裔以及国内的学生在国际各大知识类竞赛中均表现抢眼，但是

在实战类竞赛中的表现却不尽如人意，这充分说明我们的教育重视理论而忽略实践，因此特别需要加强对学生创新精神和实践能力的培养。这是时代的重大议题，刻不容缓。

(四) 促进学生生动、活泼、主动地发展

学生才是学习的真正主人，要想有所创新，必须以发挥主动性为前提，真正尊重学生的主动精神，弘扬主动精神，这就要求教师要进行启发式教学，鼓励学生主动探索、主动思考，鼓励学生存疑、求疑，在教学中促进学生生动、活泼、主动地发展。例如，照本宣科是一种教学方式，这种方式方便了老师，却打击了学生学习的积极性，如果在教学中加入讨论和分享环节，效果就会明显改善，所以说教育是一个体现教育者良心的事业，真正热爱学生、尊重学生学习的主体地位的老师才会用心钻研，精雕细琢。

(五) 着眼于学生的终身可持续发展

教是为了不教，不仅要让学生学会，更要让学生会学，不仅给学生知识，更要给学生打开知识大门的钥匙。在这样一个时代，我们的基础教育一定要培养学生的终身可持续发展的能力。只有这样，学生才不会把老师当成拐棍，有朝一日走向社会，学生才能真正地独立。

【材料分析题·2012 年上半年真题】

星期二的早上，天上下起了鹅毛大雪。王老师走进教室，笑容满面地对同学们说："大家看，外面的雪景多漂亮！今天这节语文课让我们一起走进雪的世界，好好玩一下吧！"学生们欢呼雀跃，奔向门外。他们有的堆雪人，有的打雪仗，有的在讨论雪花的形状、特点，王老师也和学生一起观雪、玩雪，即兴吟诗作对……下课时间快要到了，王老师召集大家说："下午作文课的任务是写一篇记叙文，我相信大家能够出色地完成任务。"后来，学生们根据自己的感受，写出了一篇篇精彩的作文。

问题：请从教育观的角度，评析王老师的教学行为。

【答题思路】

第一步，首先锁定问题的范围，是职业理念中的教育观，因此答案应该紧紧围绕着素质教育观展开，而国家实施素质教育的要求主要是：

1. 面向全体；
2. 促进学生全面发展；
3. 重视学生创新精神和实践能力的培养；
4. 促进学生生动、活泼、主动地发展；
5. 着眼于学生的终身可持续发展。

第二步，结合材料中老师的做法，将老师的行为与素质教育的几点要求结合起来，也就是将论点和论据结合起来，综合分析材料中老师的行为是否符合素质教育的标准。

第三步，按照"总——分——总"的结构，完善答案。

【解析】王老师的教学行为体现了素质教育的教育观，值得我们学习。(总)

1. 素质教育观认为，教育活动应当面向全体学生，促进学生全面发展（论点）。材料中王老师组织全班学生观察雪景，并引导大家讨论学习，主动思考（论据）。

2. 素质教育以培养学生的创新精神和实践能力为重点，促进学生活泼、主动地发展（论点）。材料中王老师充分调动了学生们学习的积极性、主动性，激发了孩子们学习的兴趣及热情，孩子们在室外打雪仗、堆雪人，在玩乐的同时也引发了对学习的热情（论据）。

3. 素质教学把学生视作有差异、有个性的人，着眼于学生的终身可持续发展（论点）。材料中王老师根据学生们的身心发展特点，积极引导学生们健康和谐地发展（论据）。

综上所述，王老师的教学行为是值得提倡的，是有利于学生发展的行为。（总）

【材料分析题·2017年上半年真题】

李老师是一名中学美术老师，他常常说："美术课堂不仅要教会学生画画，还应该培养学生更多的能力。"有一次，在和学生聊天时，李老师听说学生家里都有不少闲置的废旧衣物，弃之可惜，留之占地。于是，李老师组织了"变旧为新"创意大赛，号召大家收集家里无用的旧衣物，将其进行改造。这一活动吸引了很多学生和家长参与，有的学生将旧衣服改成符合时尚潮流又具有独特魅力的新衣服；有的学生将旧衣物裁剪成布条、布块，制作成灯笼，小布娃等布艺饰品……学生们给旧衣物赋予了新的功能和价值，制作出缤纷多彩的作品。

在教学中，李老师经常运用绘图技术进行视觉教学，听音乐作画、古诗词意境配画等，他还带学生去郊外写生。每年市里举办美术展览，他都带学生去参观，引导学生仔细观察，用心体会，李老师的美术课成了学生追捧的热门课，他个人也被称为学校最受学生喜爱的"十大明星老师"之一。

问题：请结合材料，从教育观的角度，评析李老师的教育行为。

【解析】 李老师的教学行为体现了素质教育的教育观，值得我们学习。（总）

1. 素质教育观认为，教育活动应当面向全体学生，促进学生全面发展（论点）。材料中李老师不但用有趣的方法教导学生学习美术，同时还引导他们提高动手能力，学习古诗词等，全方位地丰富了学生的知识，开阔了他们的视野（论据）。

2. 素质教育以培养学生的创新精神和实践能力为重点，促进学生活泼、主动地发展（论点）。材料中李老师组织了"变旧为新"创意大赛，充分调动了学生们参与的积极性，激发了他们的创造热情，大家纷纷制作出缤纷多彩的作品（论据）。

3. 素质教学把学生视作有差异、有个性的人，着眼于学生的终身可持续发展（论点）。材料中李老师注重因材施教，通过多种不同的教育方式激发学生的学习热情（论据）。

综上所述，李老师的教学行为是值得提倡的，是有利于学生发展的行为。（总）

二、在中学阶段实施素质教育的途径（了解）

在当前教育背景下，实施素质教育已经成为教育界的共识，但是如何切实把素质教育的理念渗透到每所学校、每个教育工作者心里，仍旧需要社会各界的努力。概括而言，在中学阶段实施素质教育的途径需要学校、家庭乃至全社会的鼎力支持。

（一）三种教育合力

1. 学校教育

学校教育是与社会教育相对的概念。专指受教育者在各类学校内所接受的各种教育活动，是教育制度的重要组成部分。学校教育是一个人一生中所受教育的最重要的组成部分。学校教育在某种意义上讲，决定着个人社会化的水平和性质，是个体社会化的重要基地。

2. 家庭教育

家庭教育是一个人成长的重要源泉，尤其是家庭教养模式对人的一生影响都至关重要。常见的家庭教养模式包括：骄纵型、支配型、专制型、放纵型、冲突型以及民主型，在这些教养模式里只有民主型教养模式能够培养出拥有健康人格、有独立思考能力的学生。可见，在推行素质教育的浪潮中，如何为家长提供更为合适的亲子教育，让他们成为素质教育的助力也是一个时代课题。

3. 社会教育

社会是一所大学，很多成功人士并没有骄人的读书成绩，也并不是学霸，反而在社会实践中摸爬滚打，闯出一片天地。从人的社会化的角度来看，学生总有一天会走出校园，去拥抱社会，因此，加强学生的社会实践，让他们把理论知识与社会实践相结合是推动素质教育发展的重要环节。

（二）实施素质教育的途径（三种途径）

1. 学科教学是实施素质教育的基本途径；
2. 社会实践是实施素质教育的重要途径；
3. 家校合作是实施素质教育的有效途径。

三、素质教育与应试教育（了解，能够区别两种教育理念即可）

（一）两者的对比

1. 教育目的

素质教育追求学生素质即德、智、体、美、劳的全面发展；应试教育旨在应付考试，片面追求升学率。

2. 教育对象

素质教育强调面向全体学生；应试教育则把学校工作放在少数所谓优秀的即有升学前途的学生身上。

3. 教育内容

素质教育重视德育、智育、体育、美育、劳动技术教育的"全面开花"，把几项教育有机结合起来；应试教育则只重智育，片面强调对知识的掌握，忽视了教学生学习如何做人。

4. 教育方法

素质教育注意在一定共同要求的基础上对学生因材施教；应试教育则只是对少数学生提出"升学"的统一要求，并没有实现因材施教。

5. 教育评价

素质教育要求从德、智、体、美、劳等各个方面来评价学生的素质水平；应试教育则把考试作为唯一的评价方法，将分数作为唯一的评价标准。

6. 教育结果

素质教育"不求个个升学，但愿人人成功"，或者实现每个学生"及格＋特长"模式；应试教育则只有少数人升学，获得成功，而大多数学生的才能被忽略，以失败者的心态走向社会。

（二）如何理解应试教育与素质教育

从上述两种教育的"对立"中我们不难看出，正是由于应试教育存在着如此众多的负面消极因素，才激发、推动了素质教育的发展。

素质教育不但要促进学生的全面发展，而且要在促进学生全面发展的同时，根据学生的个性特征和兴趣爱好因材施教，有针对性地培养学生学科专业知识，充分发挥学生的个性特长，为学生个人能力的充分发挥创造良好的条件，从而实现人尽其才。

值得一提的是，虽然国家现在大力推行素质教育，但是这并不代表不需要考试，任何事情都不能矫枉过正。

【例题】1. 以下叙述错误的是（　　　）。

    A. 考试与素质的关系是根本对立的

    B. 应试教育片面强调教育的选拔功能

    C. 素质教育把面向全体学生放在首位，强化普及意识

    D. 应试教育只重视考试的课本内容和各种升学资料的死记硬背

【答案】A

【解析】考试是一种测评学生学习水平的手段，应试能力也是一种能力的体现，和素质教育并不冲突。

【例题】2. 素质教育与应试教育的根本区别在于（　　　）。

    A. 是否以提高国民素质为根本宗旨

    B. 是否以创新精神作为重点

    C. 是否实行全面发展

    D. 是否以发展学生个性为主要目的

【答案】C

【解析】素质教育和应试教育的根本区别在于教育目的不同，前者追求学生素质的全面发展，而后者旨在应付考试，片面追求升学率。

【拓展阅读】　　　　　　　　**毛坦厂中学——应试教育大本营**

毛坦厂中学是安徽省一所省级重点高级中学，成立于1939年，1952年改为公立，校名为六安县第二初级中学，史称"六安二中"；1960年，创办高中部，更名为六安县毛坦厂中学；1992年，县市合并，学校更名为六安市毛坦厂中学；1999年12月，成为六安市首批市级"示范高中"之一；2001年12月，争创省级"示范高中"成功。学校被称为"超级中学""亚洲最大高考工厂"。

2015年，纪录片《高考：毛坦厂的日与夜》播出后，引起公众的热烈反响。高考，作为被公众认为改变命运的重要考试，历来是全民关注的焦点，曾经的"黑色七月"等词

汇的出现，也体现了这种关注度。

　　作为军事化管理的院校，该中学因为高考升学率成绩斐然，每年吸引众多学生来此复读。这样的院校国内还有不少，比如大名鼎鼎的河北省衡水第一中学。

注：图为毛坦厂万余名家长和当地居民送孩子参加高考的场面。

第二章　学生观

直击考点

● 第一节　人的全面发展（了解）
● 第二节　学生观的内容（重要）
● 第三节　"以人为本"的学生观在实际中的运用（重要）

第一节　人的全面发展

一、人的全面发展概述（了解）

（一）人的全面发展的概念

　　人的全面发展是指人的劳动能力的全面发展，即人的智力和体力的充分、统一的发展。同时，也包括人的才能、志趣和道德品质的多方面发展。

（二）人的全面发展思想的内涵

"人的全面发展"是马克思主义的基本原理之一，也是我国教育方针的理论基石。

马克思主义认为人的全面发展的内涵，主要包括人的劳动活动、劳动能力、社会关系、自由个性、需要乃至人类整体的全面发展。其中，教育与生产劳动相结合是实现人全面发展的唯一途径。

1. 人的劳动活动的全面发展

人类在劳动中产生，人类因劳动的异化而异化，因劳动的解放而解放，因劳动的发展而发展。由此可知，人的全面发展必须建立在人的劳动活动全面发展的基础上。在人类进化的漫长历史中，正是一代一代的前辈通过战天斗地、开垦劳作才有了传承与发展。

2. 人的劳动能力的全面发展

社会生产和社会关系的发展，归根到底是为了全面地提升人的一切能力，能力的发展在人的全面发展中具有重要的地位，它是人的全面发展的核心。其中，体力和智力的发展，是人的能力的全面发展的主要内容，也是人的其他能力得以全面发展的基础和前提。人类作为万物之灵，有更高的智商，能够使用和发明生产工具，因此才能站在食物链的顶端。

3. 人的社会关系的全面发展

人的劳动从来就是社会的劳动，因而人是社会的存在物，人总是在一定的社会关系中生存和发展。"社会关系实际上决定着一个人能够发展到什么程度"，个人的全面性，就是"他的现实关系和观念关系的全面性"。从这一意义上说，人的全面发展就是人的社会关系的全面发展。在现实生活中，我们所谓的人脉，所谓的建构社会资本，指的就是人的社会关系的全面发展。

4. 人的自由个性的全面发展

人的个性，是个人的自我意识及由此形成的个人特有素质、品格、气质、性格、爱好、兴趣、特长、情感等的总和。人的个性的全面发展，就是指这一"总和"的全面发展。比如，有人从文化视角把青年分为四类：正直青年、问题青年、文化叛逆青年以及政治偏激青年，这四类人代表的就是四类完全不同的个性，也正是因为每个人性格不同，才构成了这个丰富的大千世界。

5. 人的需要的全面发展

在社会主义和共产主义社会，剥削制度被消灭，生产力高度发展，社会产品极大丰富，人的需要将呈现丰富性和多面性。

6. 人类整体的全面发展（个体和集体的统一性）

马克思主义认为，个人的全面发展和人类整体的全面发展是相辅相成、不可分割的一个问题的两个方面：一方面，没有个人的全面发展，就不可能有人类整体的全面发展；另一方面，个人的全面发展只有在人类整体的全面发展中才能实现。

【例题】人获得全面发展的根本保证是（　　　　）。

　　A. 先进的社会制度　　　　　　　B. 理论与实践结合

　　C. 脑体结合　　　　　　　　　　D. 教育和生产劳动相结合

【答案】D

【解析】 马克思认为：教育与生产劳动相结合是培养全面发展的人的唯一途径。

二、人的全面发展思想与素质教育的关系（了解）

人的全面发展思想与素质教育二者之间有着密切的联系。总体来说，人的全面发展是素质教育的目的。素质教育是实现人的全面发展的保障和措施。两者之间既相互区别、又相互联系，缺一不可。

（一）人的全面发展是素质教育的目的

素质教育不仅坚持对学生进行应用知识的传授，而且注重对学生能力的培养，注重开发学生的智慧和潜能，要求学生德、智、体、美、劳等方面并重，要求全面发展学生的生理素质、心理素质和文化素质，重视培养学生的自我发展能力、分析和解决问题的能力，尤其是素质教育重视全体学生，是真正的"全面发展"。所以说，人的全面发展是素质教育的目的。

（二）素质教育是实现人的全面发展的重要途径

要使受教育者获得全面发展，就必须不断提高受教育者的综合素质，而无论是个人还是整个民族综合素质的提高，都离不开教育。良好的教育是提高个人和社会整体素养的重要手段。要实现人的全面发展，就必须实施多方面的教育，促进个人在德、智、体、美、劳等诸方面的全面发展。所以说，素质教育是实现人的全面发展的重要途径。

（三）素质教育体现了人的全面发展和个性化的统一

人类的社会发展以人的自由全面发展为最终归宿。因此，教育的方针和目的最终也要转变到以"人"为中心，为"人的全面发展"服务上来。素质教育不但要促进人的全面发展，而且要在此基础上，针对受教育者的个性特征展开教育，使人的全面发展与其兴趣爱好结合起来，促进个人的特长得到最大程度的发展，从而实现人人都能尽其才的目的。

第二节 学生观的内容

一、"以人为本"的内涵

"以人为本"是一种对人在社会历史发展中的主体作用与地位的肯定，强调人在社会历史发展中的主体作用与目的地位的思想；该理念发端于欧洲文艺复兴时期，后经宗教改革、启蒙运动，逐渐发扬光大。"以人为本"是一种价值理念，强调尊重人、解放人、依靠人和为了人；"以人为本"是一种思考问题的视角，就是在分析和解决一切问题时，既要坚持历史的尺度，也要坚持人的尺度。比如：如果我们用以人为本的视角来建设儿童友好社区，那么就应该站在儿童的角度去思考他们的需求，在社区的基础设施建设中，应该有配套的儿童娱乐设施，同时还应该避免设计对儿童有害的不安全器材。这便是以人为本的体现。

二、学生观的内容

（一）学生是有独立人格的人

学生有人格尊严。我国《中华人民共和国义务教育法》《未成年人保护法》明确规定：教师应该尊重学生的人格，公正平等地对待学生。不因性别、民族、地域、经济状况、家庭背景、身心缺陷和成绩好坏等歧视、讽刺、挖苦、体罚或变相体罚学生。没有任何教育是可以建立在轻蔑与敌视学生的基础之上的。学生是一个活生生的人，学生不是容器，也不是机器，更不是教师借以获得个人荣誉的工具。因此，在具体的教学实践中，教师应该尊重学生学习的主体地位，视其为权利的主体。

（二）学生是发展中的人

1. 学生有巨大的发展潜能

作为教师，应该用发展的眼光看待学生，古人云：士别三日，当刮目相看。对待学生，应该看到其发展的巨大潜力，而不是在每次学生取得进步的时候都用老眼光看人，只会打击学生，不会激励学生。

2. 学生是处于发展过程中的人

学生的发展还不成熟，还不能十全十美，不能对他们求全责备；要允许学生犯错误，理解学生身上的不足；没有缺陷，没有矛盾，就没有发展的动力和方向。

3. 学生的身心发展是有规律的

学生身心发展的一般规律有顺序性、阶段性、不平衡性、互补性和个别差异性。

【例题】学生是发展中的人包含三层含义，下列选项中错误的是（　　　）。

    A. 学生的身心发展是有规律的　　　　B. 学生不是一张白纸

    C. 学生具有巨大的发展潜能　　　　　D. 学生是处于发展过程中的人

【答案】B

【解析】学生是发展的人包含了三层含义，其中 B 选项不属于这三层含义。

【2017 年下半年真题】

综合实践活动中，段老师设计了主题为"社会旅游资源"的调查。有部分同学对某座古塔的建筑材料、风格产生了兴趣，在指导大家完成调查报告之后，段老师又引导这部分同学确定了新课题——"古塔建筑材料、风格与保护"。对于段老师的做法，下列评价不恰当的是（　　　）。

    A. 尊重了学生的学习需要　　　　　　B. 培养了学生的探究意识

    C. 激发了学生的学习兴趣　　　　　　D. 纠正了学生的研究方法

【答案】D

【解析】段老师在整个教学环节中，启发诱导学生独立完成课题，并没有将自己的意识强加在学生的学习之上。

第二章　学生观

（一）身心发展的顺序性

学生从出生到成人，他们的身心发展是一个由低级到高级、由量变到质变的连续不断的过程，具有一定的顺序性。以人类的认知发展为例，瑞士著名的儿童心理学家让·皮亚杰提出了著名的认知发展理论，把儿童的认知发展分成以下四个阶段：

阶段	年龄	特征
感知运动阶段	0～2 岁	（1）通过探索感知与运动之间的关系来获得动作经验； （2）低级的行为图式； （3）获得了客体的永恒性（9～12 个月）。
前运算阶段	2～7 岁	（1）"万物有灵论"； （2）一切以自我为中心（三山实验）； （3）思维具有不可逆性、刻板性； （4）没有守恒概念；【排珠实验】 （5）作出判断时只能运用一个标准或维度。
具体运算阶段	7～11 岁	（1）这个阶段的标志是守恒观念的形成（守恒性）； （2）思维运算必须有具体的事物支持，可以进行简单抽象思维； （3）理解原则和规则，但只能刻板遵守规则，不敢改变； （4）思维具有可逆性（儿童思维发展的最重要特征）。
形式运算阶段	11～16 岁	（1）能够根据逻辑推理、归纳或演绎方式来解决问题； （2）能够理解符号意义、隐喻和直喻，能作一定的概括； （3）思维具有可逆性、补偿性和灵活性。

从上表可以看出，人类的认知发展经历了由低级到高级、由简单到复杂、由具体到抽象的发展趋势，不仅是认知，人类的生理、心理、社会各个方面均是如此。因此，作为教育工作者不能急功近利、不能急于求成，要遵循受教育者身心发展的顺序性，切不可揠苗助长，应当循序渐进。

（二）身心发展的阶段性

个体身心的发展是连续的，但又表现出一定的阶段性，呈现出各个阶段的不同特点。各个阶段的身心发展具有不同的发展矛盾和不同的发展任务。现代心理学把人的一生概括为婴儿期、幼儿期、儿童期、少年期、青年期和成年期等几个阶段。相邻两个阶段个体的发展具有过渡性，但每两个阶段在生理、心理和行为方式上都有很大的差异。

辨析：顺序性与阶段性

顺序性指的是人一生发展的整体顺序，给教育工作者的启发是循序渐进，不要揠苗助长。

阶段性指的是人的一生中有不同的阶段，教育工作者应该根据每个不同的阶段开展有针对性的教育，不要搞一刀切、平均主义。

（三）身心发展的不平衡性

个体的身心发展具有不平衡的特征，其一是同一方面的发展在不同年龄阶段是不均衡的，比如智力的发展就表现出不均衡性，出生后的几年发展很快，随后发展减缓；其二是指不同方面的不均衡发展，如感知觉发展较早，然后是思维能力的发展，情感的成熟则比较晚。不同的学生在同一年龄阶段发展不平衡。人类生长有两个高峰期，第一个是婴儿期，第二个是青春期，因此教育工作者要抓住学生身心发展的关键期，有针对性地开展合适的教育，切忌搞一刀切和平均主义。

（四）身心发展的互补性

互补性反映了个体身心发展各组成部分的相互关系，指身体某一方面的机能受损甚至缺失时，可通过其他方面的超常发展得到部分补偿。例如：盲人因为看不见，往往听力敏感，超过常人。互补性也存在于生理机能与心理机能之间。因此教育工作者要做到扬长避短，长善救失。

（五）身心发展的个体差异性

"龙生九子，各不相同""人心不同，各如其面"，这些都充分说明了人与人之间的差异性。人的发展的差异性是指由于遗传、环境、教育和自身等因素的影响，个体之间在身心特征上表现出来的个体差异性。有的儿童身心的某些方面很早就发展起来，但有的儿童比较"晚熟"，需要一个慢慢发展的过程。这种差异性就表现为不同儿童在同一方面发展速度和水平的差异。此外，个体发展的差异性还表现在单个个体不同方面发展的差异性。因此，教育工作者一定要尊重和理解个体发展的差异性，注意到学生之间的发展差异，因材施教，促进每一个孩子健康地成长。

【例题】少年早慧，大器晚成，体现了（　　　）。

    A. 差异性　　　　B. 阶段性　　　　C. 不平衡性　　　　D. 互补性

【答案】A

【解析】根据题干之意，强调的是人与人之间的不同，因此应当选择差异性。

（三）学生是独特的人

1. 学生是完整的人

每个学生都是一个完整的人，都有自己的个性、人格、气质、行为方式等，而各个层面共同构成了一个完整的个体，因此，教师在教学中应该真正地把学生当作一个完整的人来看，反对割裂人的完整性、为学生创造完整的生活世界，丰富学生的精神生活，给予学生全面展现个性力量的时间和空间。

2. 学生是有独特性的人

学生的独特性指学生的智力独特和个性独特。

独特性也意味着差异性，不仅要认识到学生的差异，而且要尊重学生的差异。差异不仅是教育的基础，也是学生发展的前提，应将其视为一种财富来珍惜和开发。针对学生的差异，因材施教，使每个学生在原有基础上都得到完全、自由的发展。

3. 学生与成人存在巨大差异

学生和成人之间是存在很大差别的，学生的观察、思考、选择和体验都和成人有明显不同。所以，要注重学生与成人之间的差异，那种认为儿童是缩小版成人的观念是不正确的。教师在与学生相处的时候，应该具备换位思考的意识，别忘记自己也曾经是个孩子。

第二章　学生观

【知识点拓展】　　　　　　美国加德纳的多元智能理论

　　20世纪80年代，哈佛大学认知心理学家霍华德·加德纳提出了多元智能理论。他认为我们每个人都拥有八种主要智能：语言智能、逻辑数理智能、空间智能、运动智能、音乐智能、人际交往智能、内省智能、自然观察智能。他提出了"智能本位评价"的理念，扩展了学生学习评估的基础；他主张"情景化"评估，改正了以前教育评估的功能和方法。加德纳的多元智能理论是对传统的"一元智能观"的强有力挑战，正所谓"多一把衡量孩子的尺子，就会多出一批好学生"。作为教育工作者的教师应当正视学生的智能差异，做到用不同的方法来对待不同的学生。

第三节　"以人为本"的学生观在实际中的运用

一、"以人为本"的学生观在实际中的运用（重要）

（一）以学生的全面发展为本

　　以学生的全面发展为本有两层含义：一是以学生的个性为本，学校教育应从学生的个性和兴趣爱好出发，给学生留有自我发挥的空间和余地；二是要在以学生为本的基础上，给予学生充分的指导，有目的、有计划、有组织地培养学生，遵循学生的个性发展。

（二）公平公正地对待每一位学生（一视同仁；体谅和宽容；提供机会）

　　素质教育的理念强调，每个学生都是独立、平等的个体，在教育中享有同样的权利和义务，教师应该相信每一位学生都能进步，并促进每一位学生在原有的基础上获得最大程度的提高。

　　1. 一视同仁，正视差异

　　作为教师，要在教育活动中对学生持民主与尊重的态度，对不同民族、性别、智力、相貌、年龄、个性以及关系密切程度不同的学生能够做到一视同仁，同等对待，对每一位学生都要关心、爱护、无偏见、不偏袒、不以个人的私利和好恶作标准。师爱是"泛爱"，而不是"偏爱"。教师对学生的爱应当是职业的、无私的、公正的，是面向全体学生的爱。教师要爱全体学生，而不是一部分学生。教师无论教哪个班级，无论所教的学生是优是劣，都应一视同仁，待之以爱，不能随教师个人兴趣、利益来选择，否则就不是真正的"师爱"。

　　2. 体谅和宽容

　　师生平等并不是要时时处处把学生看做像教师一样的成人，学生作为未成年人，正处于成长时期，许多方面和成年人是不一样的。教师需要设身处地从学生的角度考虑他们的感受和行为。要体谅学生，同时对于学生身上发生的一些不尽如人意的事情，要予以宽容。亚里士多德曾经说过："在有些情况下，公平对待也就是体谅和宽容。宽容就是体谅，是对公平事物做出正确判定，正确判定就是对真理的判定。"

　　3. 给学生提供多样化的发展机会

　　加德纳的多元智能理论认为，每个个体都有其独特的智能结构形式，即都具有自己的智能的强项和弱项。这种差异并不表现为好坏、高低、贵贱之间的差异，而是多样化的体现。

综合素质（中学）

在教育教学中教师应当承认其差异、适应差异、追求多样化，尽可能地提供适合学生发展的机会，保证学生有机会获得适合其特点的教育。

4. 因材施教

在教学中，教师面对的是千差万别的独立个体，他们每个人都是独一无二的，由于遗传、后天环境等因素的不同影响，每个学生都有自己的个性，教育要真正做到"以人为本""以学生为本"，就必须因材施教。针对不同学生设置不同的教学内容，制订不同的教学计划。教师在教学中要根据不同学生的认知水平、学习能力以及自身素质，选择适合每个学生特点的学习方法来进行有针对性的教学，发挥学生的长处，弥补学生的不足，激发学生学习的兴趣，树立学生学习的信心，从而促进学生全面发展。

【材料分析题·2015年下半年真题】

任教六年的李老师回忆道：读初二时，新来的语文老师以《春游》为题让我们写一篇作文。我写了一次与爸爸上山采杨梅的经历，由于是自己的亲身经历，所以写得有声有色。当时这个语文老师对班上的情况不了解。并不知道我是班里学习最差的学生，在批改完作文后，我的作文成了班上唯一的优秀范文。老师拿着我的作文本声情并茂地大声朗读着，我一听是自己的作文，心狂跳起来。语文老师读完以后，就对全班同学说："请写这篇作文的同学站起来。"我在后排怯生生地站了起来，全班同学以惊奇的目光注视着我，我感到了一种从未有过的自豪。老师在读完了我的作文后，还分析了作文好在什么地方，并给了我几张空白稿纸让我再誊写一遍，然后在班里墙壁上开辟了一个作文园地。我的作文就是作文园地里的第一篇范文。由此，我找到了自信，发现自己原来并不是一无是处，我也有很多闪光点。自那以后，我开始要求自己坚持写周记和日记，并交给老师批改。老师在看完之后要么写一句评语，要么盖上一个"优秀"字样的图案，我非常满足。写日记这个习惯从初二开始一直保持至今。现在我的日记本已达五十多本了。

问题：请从学生观的角度，评价材料中语文老师的教学行为。

【答题思路】

第一步，首先我们应该审题，锁定范围不是教育观，也不是教师观，而是学生观，因此考生需要把书中介绍学生观的内容摆出来：学生是发展的人、学生是独特的人、学生是有独立人格的人。

第二步，以论点和论据相结合的方式，将材料中能够反映老师所作所为的内容和学生观对教师的要求一一对应起来，具体分析。

第三步，按照材料分析题"总——分——总"的"汉堡包"结构完善答案。

【解析】语文老师的做法值得认可。（总）

从学生观的角度来说：

1. 学生是发展中的人，要用发展的观点认识学生（论点）

（1）学生具有巨大的发展潜能。

虽然李老师中学时是班里学习最差的学生，但语文老师在课堂上表扬学生，并通过开辟作文园地等活动，激发了学生的潜能，使李老师写作文时找到了自信，发现了自身的闪

光点。（论据）

（2）学生是处于发展过程中的人。

语文老师在对班级情况不了解时对学生的作文作出了正确评价，给予了学生发展的动力，在给学生批改日记和周记时能够给予学生正面的评价和"优秀"，正是体现了将学生作为发展中的人看待的观点，不断帮助学生改进（论据）。

2. 学生是独立的人（论点）

学生是独立的主体，李老师承认学生的主体地位，通过各种途径激励学生的学习动力。（论据）

总体而言，语文老师的行为符合"以人为本"的学生观，值得学习。（总）

【材料分析题·2013 年上半年真题】

当学生在课堂上回答不出问题时，不同的老师有不同的处理方式，下面是两位老师的处理方式：

教师甲对学生说道："一上课就发呆，开小差。你到学校干什么来了，这么简单的问题你都不会，真是一个笨蛋。"事后，学生非常沮丧地坐下，整节课都无精打采。

教师乙和蔼地对学生说："不着急，我们一起回忆学过的内容和昨天的实验课，昨天你们小组实验很成功，你还能想起来实验过程吗？"学生思考片刻，答对了一部分，教师很兴奋地说："对，只要我们动脑筋，就有思路，再想想，还有补充吗？"学生思考了一下，做了补充，教师又点了点头，"很好，请坐"，"其他学生还有不同看法吗？"该生听得很认真。

问题：请从学生观的角度，评析以上两位老师的教育行为。

【解析】教师甲的做法不值得认可，我认可教师乙的做法。（总）

从学生观的角度来说：

1. 学生是发展中的人，要用发展的观点认识学生（论点）

（1）学生具有巨大的发展潜能。

学生回答不上来问题，不能认为学生笨，给学生贴标签，而应该像教师乙那样，进行启发式教学，激发学生的潜能。（论据）

（2）学生是处于发展过程中的人。

哪怕学生真的回答不上来，也应该从其他角度去引导或者鼓励学生继续思考，而不应该像教师甲那样打击学生学习的积极性和自信心。

2. 学生是独立的主体（论点）

学生是独立的主体，我们应该承认学生的主体地位，多启发、激励学生。

3. 学生是独特的人（论点）

（1）每个学生都有自身的独特性。

教师在教学时应承认学生的独特性，可能有的学生需要细致思考问题，这时教师应有耐心，如果学生无法回答这一问题，老师在提问之前也应该了解学生的基础，避免学生回答不上来的尴尬。

（2）学生与成人之间存在着巨大的差异。

教师应该承认学生之间具有差异性，应该因材施教。教师乙在提问的时候能根据学生的回答不断变换提问的角度，并给予适当的鼓励。（论据）

总体而言，教师甲的行为不妥，教师乙的行为符合"以人为本"的学生观，应该肯定。（总）

第三章　教师观

直击考点

● 第一节　教师职业概述（了解）
● 第二节　教师专业发展（重要）

第一节　教师职业概述

一、教师概说（了解）

（一）教师的概念

教师的概念有广义和狭义之分。

广义的教师是指教育活动对教育对象施加影响的人，教育活动主要通过他们的活动来使受教育者的身心发生变化。他们既可以是家庭中的父母，也可以是社会上的其他人。

狭义上的教师是指以学校为其活动背景的教师，他们在学校中以对学生的身心施加影响为职责。我国《教师法》对教师的概念进行了全面的界定：教师是履行教育教学职责的专业人员，承担教书育人，培养社会主义事业建设者和接班人、提高民族素质的使命。

（二）教师职业的性质

1. 教师职业是一种专业性职业，教师是专业人员

1966 年，联合国教科文组织在《关于教师地位的建议》中提出，应该把教师工作视为专门职业，认为它是一种要求教师具有经过严格训练而持续不断的学习才能获得并保持专业知识及专门技能的公共业务。这说明教师职业是一种专业化的职业，和医生、律师一样，需要系统的训练，同时强调继续教育。

2. 教师是教育者，教师职业是促进个体社会化的职业

教师是教育者，教师的天职是教书育人，承担了培养合格的社会人员、延续人类社会发展的重要职责。个体从自然人发展成为社会人是在学习、接受人类经验与消化、吸收人类文化的过程中逐渐实现的，这一过程是社会教化的结果。个体只有通过社会教化，才能适应社会生活，实现个体的社会化。

3. 教师的社会地位及作用

（1）教师是人类物质文明和精神文明的传承者；

（2）教师是培养社会主义现代化建设接班人的重要操盘手；

（3）教师是人类灵魂的工程师，对青少年一代的健康、全面成长起着关键性的作用。

教师担负着培养一代新人的重任，在学生的发展中发挥着主导作用。教师是学生知识和能力的培养者，是学生美好心灵的塑造者。教师不仅传授学生知识，还培养和发展学生的智力和能力，陶冶他们的情操，指导他们的学习和全面发展。教师全身心地培育学生，教师的人格本身就是一种特殊的教育手段，教师对学生的人格起到感染、熏陶的作用。

二、教师职业角色（高频单选题）

教师职业的最大特点就是职业角色的多样化。具体来看，教师主要扮演着如下各种角色：

（一）价值观的传递者

正所谓"道之所存，师之所存也"，这充分说明，教师具有传递社会传统道德、正统价值观念的使命。进入现代社会后，虽然道德观、价值观呈现出多元化的特点，但教师的道德观、价值观总是代表着居社会主导地位的道德观、价值观，并且用这种观念引导年轻一代。

（二）知识传授者

唐代韩愈早在《师说》中言道："师者，所以传道、授业、解惑也"，有言说"学高为师"。这就是传统意义上大家对教师的普遍和最具代表性的认识。

作为教师本身，对自身职业的认识绝不能仅仅停留在这种程度上，而应该适应时代发展，不断提升对自我的认识和了解，理性、全面地看待教师职业，树立终身学习的理念，加强自己知识的广度。

（三）班级校园建设管理者

《中华人民共和国教师法》明确规定教师有参与民主管理的权利。学校教育是一个规范化的教育教学过程，它是对学生集体的教育，对于集体而言，要实现共同的目标或目的，就必须有规范的管理。

教师对教育教学活动的管理，包括确定目标，建立班集体，制定和贯彻规章制度，组织班级活动，协调人际关系等等，并对教育教学活动进行控制、检查和评价。

（四）榜样示范者

师范类百年名校北京师范大学的校训是"学为人师，行为示范"。由此可见，教师的重要角色之一便是榜样示范者。

学生在成长过程即个体在由自然人发展成社会人的过程中，如果对社会的认识没有一个固定的标准而缺失了样板，就无法对行为的正确、恰当与否做出合理的判断。于是在教师与学生的交往过程中，教师作为德高望重的人，他的言行自然而然就成了学生学习和模仿的榜样。夸美纽斯曾说过，教师的职责是用自己的榜样教育学生。

（五）学生成长的陪伴者

一般来说，在知识的传递过程中，教师的教和学生的学似乎将教师与学生放在一个相互对立的层面上；其实在真正的学校生活中，教师与学生之间的交往，不仅仅是教和学的关系，还有更多关于生活和成长方面的内容。

为了很好地达到学校的教育目标，也是按照个人成长的一般规律，教师在一定程度上扮演着学生的父母和朋友的角色，帮助他们分担快乐与痛苦、幸福与忧愁，同时也对学生进行学习、生活、人生等多方面的指导。

（六）教育教学研究者

教师工作的对象是充满生命力的、千差万别的活的个体，教育过程又是一个复杂的动态变化过程。这就决定了教师要以一种变化发展的观点、研究的态度对待自己的工作对象、工作内容和各种教育活动，不断学习新知识、新理论，不断反思自己的实践，不断发现新的特点和问题，以使自己的工作适应不断变化的形势，并且有所创新。

比如北京垂杨柳中学的一名普通教师，多年来通过传递小纸条的方式，赢得了学生们的青睐，她建议学生们将自己不方便讲的秘密写在纸上，这些悄悄话架构起了师生之间友谊的桥梁，也使得学生们越来越信任和爱戴自己的老师。这种教育方式体现了这位老师运用教育学与心理学原理，灵活地采用具有创新性的沟通手段，开创了一种独特的教育方法，并且取得了不错的效果。

【例题】尉迟老师经常梳理教学工作中遇到的问题，并运用教育学、心理学知识分析问题的成因，寻找解决策略。该老师在这一过程中扮演的主要角色是（　　　）。

　　A. 教育教学的研究者　　　　　　　　B. 行为规范的示范者
　　C. 心理健康的维护者　　　　　　　　D. 学生学习的组织者

【答案】A

【解析】根据题意，该老师扮演了研究者的角色。

（七）课程开发者

新课改背景下的教师不仅能够照本宣科地授课，还能够根据自身的教学经验加入新的知识，对课程进行创新。

【2015 年上半年真题】

物理教师李强结合课程教学内容，查阅资料，利用现有资源自制实验器材，开设了不少探究性物理实验。这表明李老师具有（　　　）。

　　A. 全面发展理念　　　　　　　　　　B. 和谐发展理念
　　C. 长善救失意识　　　　　　　　　　D. 课程开发意识

【答案】D

【解析】根据题意，物理教师李强根据变化的实际，积极创新，扮演了课程开发者的角色。

三、教师劳动的特点（单选题）

教师职业是一种以培养人为目的的特殊的职业，是一种人与人之间相互施加影响的过程，教师劳动是一项复杂而艰苦的脑力劳动。教师劳动的特点主要体现在以下几个方面：

（一）复杂性——内容多、任务重

一方面，教师劳动的对象具有复杂性。学生在性别、家庭环境、文化背景、生活方式上的差异，包括性格、个性方面的特点都决定了教师劳动的复杂性。另一方面，教师劳动的任务和内容是复杂的。教师既要教书，又要育人；既要传授知识，又要发展学生的智力；既要培养学生生存和发展的技能，又要培养他们适应社会、改造社会及正确处理各种社会关系和人际关系的能力。

在公众的眼中，教师待遇稳定，有带薪年假，工作轻松，但是这其实是一种伪效应，不少教师在从事教学工作几年后便开始出现职业倦怠、热情耗竭的情况，事实上，升学压力、成绩指标、家长沟通等方面的压力，使得教师工作并不轻松，而是具有相当的复杂性。

（二）示范性——身正为范

俗话说："正人先正己"。教师劳动的示范性是指教师要给学生作出示范，以自己的形象影响和感化学生。教师只有首先把教材中的智慧和情感内化为自己的一部分，才能在教学中感染学生。教师在学生获取知识和发展能力的道路上发挥了主导作用，教师在学生心目中往往具有神圣的地位。教师的言论行为、道德品行和为人处世的态度，不仅是学生学习的内容，而且是学生学习和模仿的直接榜样。

【知识拓展】 ⸺⸺⸺⸺ **张伯苓以身作则戒烟——示范性的体现**

我国著名教育家张伯苓，1919年之后相继创办了南开大学、南开女中、南开小学。他十分注意对学生进行文明礼貌教育，并且身体力行，为人师表。

有一次，他发现有个学生的手指被烟熏黄了，便严肃地劝告那个学生："烟对身体有害，要戒掉它。"没想到那个学生有点不服气，俏皮地说："那您吸烟就对身体没有害处吗？"面对学生的责难，张伯苓带着歉意地笑了笑，立即唤工友将自己所有的吕宋烟全部取来，当众销毁，还折断了自己用了多年的心爱的烟袋杆，诚恳地说："从此以后，我与诸同学共同戒烟。"果然，自那以后，他再也不吸烟了。

（三）创造性——灵活处理情况

在教学的课堂上，情况瞬息万变，教育必须根据学生的具体情况来进行，教师必须灵活地运用教育原则，创造性地设计教育方法，对不同学生要因材施教。教学内容方面，教师要根据所教学生的实际情况对教学内容进行加工改造，使其变成学生可以接受的知识体系，准确、通俗地教给学生。这种创造性还体现在教师的"教育机智"上，这是一种教师处理教育教学过程中突发或偶发事件的特殊能力，特别是教师面对临时突发的意外情况，快速做出反应、及时采取恰当措施的能力。例如：课堂中出现了突然刁难老师的学生提问，这个时候身为教师的你该如何处理？

（四）长期性——润物细无声

所谓"十年树木，百年树人"。由于人的成长是自然发育和社会化的统一过程，受教育者的身心发展需要经历一个长期、反复的过程。知识的掌握需要长期积累，技能、技巧也需反复练习才能形成，思想品德、行为习惯的形成和培养更是一个长期的过程。因此，教育这种培养人的活动周期长、见效慢，教师的教育影响不能马上显露出来。教师劳动的效果只能在学生未来发展的成就上体现出来，教育的成效最终要在学生参加独立的社会实践后才能得到检验。

（五）群体和个体的统一性——集体及个人智慧结晶

教师的劳动在一定的时间和空间上，在一定的目标上，都具有很强的个体性特点。每一位教师都要以自己的知识、才能、品德、智慧去影响学生，完成自己的教育教学任务。即教师的劳动从劳动手段角度讲主要是以个体劳动的形式进行的。同时，教师的劳动成果又是集体劳动和多方面影响的结果。任何一个学生的身心发展，都不仅是不同科目、不同年龄阶段许多教师共同影响的结果，也是学校、家庭、社会和学生本人长期共同努力的结果。教师的个体劳动最终都要融汇于教师的集体劳动之中，教育工作需要教师的群体劳动。

第二节　教师专业发展

一、教师专业发展

（一）教师专业发展的途径（单选题）

1. 终身学习——教师专业发展的根本前提

（1）根据《国家中长期教育改革和发展规划纲要（2010—2020 年）》的要求，到 2020 年，从业人员继续教育年参与率达到 50%，构建体系完备的终身教育。因此作为教师，需要注重培养自己终身学习的能力。在知识快速更新的时代，教师要保持领先性，自身必须首先成为终身学习者，这也是培养学生成为终身学习者的前提。

（2）加强教育学、心理学领域的理论学习与探索。瑞士教育家裴斯泰洛齐曾经指出，教育应该心理学化。教师要想促进自身专业发展，需加强两个领域的学习：一是教育学、心理学的学习，这是为人师者的基本素质；二是自己所在专业领域的学科知识的学习与钻研。

（3）根据个性化发展需求，完善教学活动的各个具体环节。教师的专业发展最终是为了改进和发展教学实践活动。

【知识点拓展】　　　　　　　　　浅谈终身学习

教师是一种特殊的职业，承担着优秀文化继承与发展的使命。教师每天都面对新的教育理念的挑战，每时都面对新知识的困扰，每刻都面对新的教学方法的冲击。广大教师确感自己理念的滞后、知识的匮乏、方法的陈旧，这就迫使教师要不断学习。这是教师教育工作的现实需要，也是教师职业自身发展的需要。为了满足这种需要，教师始终要有一种提高自身学习的紧迫感，面对教学改革千变万化的危机感，树立终身学习的意识。英国成人教育家耶克斯利最早提出了终身学习的理念，将其真正概念化和体系化的代表人物是保罗·朗格朗。

终身学习是指社会每个成员为了适应社会发展和实现个体发展的需要，贯穿于人的一生的持续的学习过程。终身学习是21世纪的基本生存素质。

【例题】每次让夏老师参加继续教育，他都说我都是专家了，还参加什么培训，让年轻的
　　　　同事去吧。这说明夏老师（　　）。
　　　　A. 团结协作同事　　　　　　　B. 懂得谦让
　　　　C. 乐于分享　　　　　　　　　D 缺乏终身学习的理念
【答案】D
【解析】夏老师不愿意参加培训，说明缺乏终身学习的理念。

2. 行动研究——教师专业发展的基本途径

行动研究指的是教育教学的理论工作者与实践工作者合作，边行动边研究。该研究是一种适合于广大教育实际工作者的研究方法。它既是一种方法技术，也是一种新的科研理念、研究类型。行动研究是从实际工作需要中寻找课题，在实际工作过程中进行研究，由实际工作者与研究者共同参与，使研究成果为实际工作者理解、掌握和应用，从而达到解决问题、改变社会行为的目的的研究方法。它是一种理论与实践相结合，依次经过资料收集、合作探讨、自我反省、多方总结最后解决问题的方法；一种主题明确、思路清晰的解决问题的方法。

3. 同伴互助——教师专业成长的有效方法

同伴互助的方式为：同事之间通过开展沙龙、磨课的方式进行研讨，可以实现互相取长补短的目的。

【例题】某校经常组织同一学科教师互相观摩教学，课后针对教学过程展开研讨，提出完
　　　　善教学的建议。这种做法体现了教师专业发展的途径是（　　）。
　　　　A. 进修培训　　　　B. 同伴互助　　　　C. 师德结对　　　　D. 自我研修
【答案】B
【解析】同一学科教师互相观摩是同伴互助，故选B。

4. 在教学活动中开展微格教学

微格教学指以少数学生为对象，在较短的时间内（5～20分钟）尝试做小型的课堂教

学，可以把这种教学过程摄制成录像，课后再进行分析。这是训练新教师、提高教学水平的一条重要途径。

5. 专业引领——教师专业成长的重要条件

作为一个新教师，如果能够有专家指引，往往会达到事半功倍的效果，因此，专业引领是实现教师快速成长的重要条件。

6. 反思教学经验

对教学经验的反思也称反思性实践或反思性教学，是指教师以自己的教学活动为意识对象，对自己的教育理念、教学行为、决策以及由此所产生的结果进行认真的自我审视、评价、反馈、控制、调节的过程。

【2015 年下半年真题】

青年教师小刚每次课后都认真回顾整个教学过程，把失败之处记录下来，教学水平不断提高。这体现了小刚老师注重（　　　　）。

A. 教学反馈　　　　B. 教学反思　　　　C. 教学创新　　　　D. 情境创设

【答案】B

【解析】根据题干，小刚老师的做法体现了教学反思。

（二）教师专业发展的阶段（单选题）

1. 关注生存阶段

一般新教师会处于这一阶段，他们非常关注自己的生存适应性，新教师可能会把大量的时间都花在如何与学生搞好个人关系上；有些新教师则可能想方设法地控制学生，因为教师都想成为良好的课堂管理者。

2. 关注情境阶段

当教师感到自己完全能够适应教学岗位的时候，便把关注的焦点投向提高学生的成绩上，即进入了关注情境阶段。传统教学评价也集中关注这一阶段，一般来说，老教师比新教师更关注此阶段。

3. 关注学生阶段

当教师顺利地适应了前两个阶段后，成长的下一个目标便是关注学生。教师将考虑学生的个别差异，预见到不同发展水平的学生有不同的需要，某些教学材料和方式不一定适合所有学生。能否自觉关注学生是衡量一个教师是否成长成熟的重要标志之一。

【知识点拓展】

教师专业发展的三阶段曾经作为中学教育知识与能力（科目二）的简答题出现过，因此，考生需要注意的是中学综合素质和教育知识与能力的部分内容有重叠的部分。

（三）教师专业发展的内容（了解）

1. 具备职业道德——立身之本

教师职业道德是教师从事教育教学活动时的基本道德规范，是教师对职业行为的自觉追求，也是教师专业发展的道德基础。因此，要求教师职业道德应以敬业精神为基础，以协调师生关系为主要内容，乐于奉献、坚持公正是对教师职业的基本职业道德要求。

我国《中小学教师职业道德规范》明确要求教师应当"爱国守法、爱岗敬业、关爱学生、教书育人、为人师表、终身学习"。

2. 拓展专业知识——精钻业务

专业知识是一个合格教师的必备条件，它关系到学生能够从教师那里学到什么以及如何学的问题。教师一般都负担某一学科或某一专业知识领域的教学工作。掌握这一学科或专业领域较全面和坚实的知识，是对一个教师的基本要求。

但是由于时代的飞速发展，教师的"一碗水""一桶水"水平显然不能胜任今天的工作。如英语教师首先必须优化自己的知识结构，具备当代科学与人文的基本知识，拓展自己的知识基础，丰富自己的精神生活。同时也帮助保持教学的时代性，为评价学生提供更为广泛的视界。其次，教师在教育理论方面丰富自己的知识素养，掌握学生及其具备的知识，了解学生的身心发展状况，知晓学生语言能力的发展规律，能诊断学生英语学习困难和特殊学习的需要。这些知识的储备，有利于教师正确、有效地对学生的学业进行评价。最后，教师还应具有与教师的职业生活相关的课程、教材与教学设计等方面的知识，它可以直接应用于课堂生活，为具体的教育情景提供有效的策略指导。

3. 提升专业能力——夯实基础

专业能力是教师在教育教学活动中运用一定的专业知识和经验顺利完成某种教育教学任务的活动方式和本领。教师专业能力是教师综合素质最突出的外在表现，也是评价教师专业性的核心因素。

4. 建构专业人格——内外兼修

教师的人格形象是教师在教育教学活动中的心理特征的整体表现，具体包含教师对学生的态度和教师的情感、气质和兴趣等，是教师专业发展的心理基础。

教育教学过程实质上就是教师和学生心智和情感交流的过程，高尚的人格赋予教师言行、情态等活动和形象一种高贵的品质，教师正是以这种高贵的品质来熏陶学生。

理想的教师人格包括：善于理解学生、和蔼可亲、真诚质朴、公平正直、富有耐心、善解人意、兴趣广泛、开朗乐观、意志力强、诙谐幽默、宽容大度等。

5. 形成专业思想——境界提升

专业思想是教师在深入理解教育工作的本质、目的、价值的基础上形成的关于教育教学的基本观点和信念，是教师专业发展的理性支点和专业自我的精神内核。

6. 发展专业自我——魅力凸显

发展专业自我，就是教师在职业生活中创造并体现符合自己志趣、能力与个性的独特的教育教学生活方式，以及个体在职业生活中形成的知识、观念、价值体系和教学风格的总和。

二、教师观的主要内容（黑色字体部分重要，易考材料分析题）

（一）现代教师角色的转换

1. 教师从知识的传授者转变为学生学习的引导者和学生发展的促进者

教师即促进者，指教师从过去仅作为知识传授者这一核心角色中解放出来，促进以学习能力为重心的学生整个个性的和谐、健康发展。

首先，**教师是学生学习能力的培养者。**

第一，现代科学知识量多且发展快，教师作为知识传授者的传统地位被动摇了。

第二，教师作为学生唯一知识源的地位已经动摇。总之，教师再也不能把知识传授作为自己的主要任务和目的，而应成为学生学习的激发者、辅导者、各种能力和积极个性的培养者，把教学的重心放在如何促进学生"学"上，从而真正实现教是为了不教。

其次，**教师是学生人生的引路人。**

教师不能仅向学生传播知识，而是要设置不同的路标，引导他们不断地向更高的目标前进。教师要从过去作为"道德说教者"和"道德偶像"的传统角色中解放出来，成为学生健康心理、健康品德的促进者、催化剂，引导学生学会自我调适、自我选择。

2. 教师从课程的忠实执行者转变为课程的建设者和开发者

在传统的教学中，教学与课程是彼此分离的。新课程倡导民主、开放、科学的课程理念，教师必须具有强烈的课程意识和参与意识，改变以往学科本位的观念和被动实施课程的做法。

3. 教师要从"教书匠"转变为教育教学的研究者和反思的实践者

在中小学教师职业生涯中，传统意义上的教学与教育教学的研究活动一般是相互分离的。这种教育研究与教学分离的现象存在严重的弊端。

（二）教师教学行为的转变

1. 在对待师生关系上，新课程强调对学生的尊重、赞赏

传统的师生关系是以教师为中心的。而新课改背景下的教师观强调在具体的教学中，要以学生为中心，给予学生充分的尊重、赞赏，杜绝对学生进行歧视、挖苦与讽刺。

2. 在对待教学上，新课程强调教师对学生要做到帮助与引导

在素质教育的教学理念中，教师应当做到循循善诱，因材施教，对待学生要有耐心、有爱心。

3. 在对待自我上，新课程强调教师要做到反思

吾日三省吾身，作为新时代的老师应当时常反思自己，不断提高自身水平。比如利用业余时间补充自己的知识储备，经常查阅最新资料，参加各类研讨会。

4. 在对待与其他教育者的关系上，新课程强调合作

新课改背景下的教师应当做到对待同事像春天般的温暖，乐于共享，共同进步，改变以往那种各自为战的局面。毕竟，育人这项事业是教师集体智慧的结晶。

【材料分析题·2016 年上半年真题】

大学毕业后，曲老师到一所农村中学当历史老师，至今已有八年了。在此期间，有的同事调到条件更好的学校去了，有的则步入了职业倦怠期，有几所条件更好的城区学校想引进他，但他总是拒绝说："我从小在农村长大，明白农村孩子也需要良好的教育，这里的孩子离不开我。"

为了成为一名优秀的历史老师，曲老师经常翻阅各种报纸杂志，以及时了解历史学科的新信息，他还经常向经验丰富的教师学习。为了提升自己分析和解决问题的能力，曲老师不断学习科学研究方法，并运用这些方法解决了一些教学问题。

曲老师说："台上一分钟，台下十年功，当教师仅靠大学时代所学的知识远远不够。"他坚持每天至少进行一个小时的阅读，多年来从未间断过，他的阅读范围很广，除了研读历史领域的经典著作之外，他还广泛学习法学、地理学、社会学、美学等各个领域的知识。

问题：请结合材料，从教师观的角度评析曲老师的行为。

【解析】曲老师的教育行为符合新课程背景下对教师的相关要求，是值得我们赞赏和学习的。（总）

首先，新课改背景下的教师观强调，教师应该是教育教学的研究者。（论点）

新课程要求教师应该是一个研究者，在教学过程中以研究者的心态置身于教学情境中，以研究者的眼光审视和分析教学理论与教学实践中的各种问题，对出现的教学问题进行研究。材料中，曲老师通过阅读各种报纸杂志，了解历史学科信息，提升自己分析和解决问题的能力，不断学习科研方法，解决教学问题。（论据）

其次，新课改背景下的教师观强调，教师在对待自我上应不断反思。（论点）

材料中，曲老师自知大学时所学的知识远远不够，每天坚持阅读一小时，也体现了终身学习的教育理念。（论据）

最后，新课改背景下的教师观强调，教师在对待与其他教育者的关系上要合作。（论点）

材料中，曲老师经常向经验丰富的教师学习，体现了合作的教育理念。（论据）

因此，曲老师在教育教学过程中充分运用新课程理念看待教师职业，树立了正确的教师观，是应该肯定的。（总）

【拓展阅读】 《放牛班的春天》电影赏析——成为优秀老师的真谛

世界著名指挥家皮埃尔·莫昂克重回法国故地出席母亲的葬礼，他的旧友佩皮诺送给他一本陈旧的日记，看着当年音乐启蒙老师克莱门特·马修遗留下的这本日记，皮埃尔慢慢品味着老师当年的心境，一幕幕童年的回忆也浮出自己记忆的深潭。

克莱门特是一个才华横溢的音乐家，不过在 1949 年的法国乡村，他没有发展自己才华的机会，最终成了一所男子寄宿学校的助理教师。这所学校名为"池塘底教养院"，有一个外号叫"池塘之底"，因为这里的学生大部分都是一些顽皮的儿童。到任后克莱门特发现学校的校长以残暴、高压的手段管治这些问题少年，体罚在这里司空见惯，性格沉静的克莱门特尝试用自己的方法改善这种状况，闲时他会创作一些合唱曲，而令他惊奇的是，这所寄宿学校竟然没有音乐课，他决定用音乐的方法打开学生们封闭的心灵。

马修开始教学生们如何唱歌，但事情进展得并不顺利，一个最大的麻烦制造者就是皮埃尔·莫昂克，皮埃尔拥有天使般的面孔和歌喉，却有着令人头疼的调皮的性格，循循善诱的克莱门特把皮埃尔的音乐天赋发掘出来，同时他也与皮埃尔的母亲产生了一段微妙感情，但却是一厢情愿。最后克莱门特因为失火事件被校长解雇了，临走前他带走了皮埃尔。这是一部十分感人的电影，引人深思。

【实战演练】

一、单项选择题

1. 中学化学老师欧阳根据变化的实际情况，将课外知识引入教材中，增加了自己的理解与创新。这体现了他具备（　　）意识。

　　A. 课程开发　　　　B. 与时俱进　　　　C. 管理　　　　　D. 示范

2. 李老师是刚刚入职的新教师，特别在乎学生对自己的看法，几乎把所有精力都用在了如何与领导和同学处好人际关系上。该老师处于教师专业发展中关注（　　）阶段。

　　A. 情境　　　　　B. 教学　　　　　C. 生存　　　　　D. 学生

3. 王老师经常思考自己的教学得失，并且将其写在日记里，这是教学专业发展的（　　）途径。

　　A. 同伴互助　　　B. 专业引领　　　C. 自我反思　　　D. 微格教学

4. 一千个人眼中有一千个哈姆雷特，蒋老师在充分了解学情的前提下，将学生分为三个层次，进行分层教学。蒋老师的做法体现了（　　）。

　　A. 诲人不倦　　　B. 教学相长　　　C. 循循善诱　　　D. 因材施教

5. 由于生源存在差异，某中学将学生按入学成绩高低，分为快慢班。该学校的做法（　　）。

　　A. 正确，有利于因材施教　　　　　　B. 正确，有利于资源配置

　　C. 错误，不利于教育公平　　　　　　D. 错误，不利于均衡发展

6. 进入初三年级后，班主任石老师把每周的综合实践活动课用于补数学，中考时该班的数学成绩名列前茅。石老师的做法（　　）。

　　A. 正确，是提高学习成绩的有效途径

　　B. 正确，是提高班级声誉的有力措施

　　C. 错误，不利于学生公平竞争

　　D. 错误，不利于学生全面发展

7. 尉迟老师把主要精力用于培养成绩优秀的学生，至于学习成绩一般的学生则不太

上心。该老师的做法（　　　）。

A. 有助于学生的个性发展　　　　　B. 有助于教学任务完成

C. 违背了公正施教的要求　　　　　D. 违背了严慈相济的要求

8. 实现人的全面发展的唯一途径是（　　　）。

A. 教育与生产劳动相结合　　　　　B. 教育与政治相结合

C. 教育与文化相结合　　　　　　　D. 教育与宗教相结合

9. 历史课上，教师讲到"楚汉战争"中的项羽自杀时，一个学生突然说道："项羽真是个大傻瓜"。此时教师恰当的处理方式是（　　　）。

A. 批评学生扰乱秩序　　　　　　　B. 视而不见，继续上课

C. 引导学生展开讨论　　　　　　　D. 要求学生不乱说话

10. 素质教育的根本宗旨是培养（　　　）。

A. 全民族的根本素质　　　　　　　B. 主体意识和操作能力

C. 创新意识和动手能力　　　　　　D. 主体意识和实践能力

11. "道而弗牵，强而弗抑，开而弗达。"（《学记》）下列对这句话的理解不正确的是（　　　）。

A. 体现主体教育思想　　　　　　　B. 强调学生自主发展

C. 鼓励学生自学成才　　　　　　　D. 注重对学生的引导

12. 康老师经常在班上开展"成语知识竞赛""演讲赛""辩论赛"等活动，营造运用语文知识的情境。康老师的做法有利于（　　　）。

A. 提高学生实践能力　　　　　　　B. 发展学生的互补性

C. 促进教师专业发展　　　　　　　D. 减轻教师工作压力

13. 期末考试要到了，数学老师要求音、体、美的任课老师把课时让给他上数学课，这些老师欣然同意。他们的做法（　　　）。

A. 合理。体现了教师双方的意愿　　B. 不合理。不利于学生的全面发展

C. 合理。有利于提高学生的成绩　　D. 不合理。违背了团结协作的要求

14. 小华的梦想是当一名科学家，班主任老师知道后，说道："就你还想当科学家，别做梦了。"这违背了学生观的（　　　）。

A. 学生的发展性　　　　　　　　　B. 学生的独特性

C. 学生的独立性　　　　　　　　　D. 学生学习的权利

15. 某中学要求教师重视教学科研。卢老师抱怨道："搞研究有什么用，上课又用不着。"卢老师的说法（　　　）。

A. 正确。教师须服从学校的一切安排

B. 不正确。研究有利于教师专业发展

C. 正确。中学教师搞研究没用

D. 正确。研究对应试帮助不大

16. 小小喜欢唱歌跳舞，孙老师对她说："成天蹦蹦跳跳的，没有学生样，学生得老老实实学习才行！"孙老师的说法忽视了（　　　）。

A. 学生的心理发展　　　　　　　　B. 学生的全面发展

C. 学生的主动发展　　　　　　　　D. 学生的主体发展

17. 沈老师收集废旧轮胎、破篮球、废纸箱、塑料绳等废旧材料，"变废为宝"，将之改造成各种合适的教具、学具。这表明沈老师具有（　　）。

A. 教学资源开发能力　　　　　　　　B. 课程组织实施能力

C. 教学程序设计能力　　　　　　　　D. 教育科学知识

18. 在教学活动中，教师既要重视学生的知识学习，又要注重学生的品德养成与能力发展。这说明教育具有（　　）。

A. 全面性　　　　B. 阶段性　　　　C. 独立性　　　　D. 片面性

19. 老师在专心致志地讲课时，发现有学生开小差。老师应采取的措施是（　　）。

A. 立即停止，让学生站着听课　　　　B. 大发雷霆，要求学生公开检讨

C. 停止上课，对学生反复劝说　　　　D. 轻拍学生，提醒学生集中精力

20. 吴老师在调整座位时让考试成绩好的学生优先挑选喜欢的座位。吴老师的做法（　　）。

A. 有利于激励学生　　　　　　　　　B. 便于班级管理

C. 有失教育公平　　　　　　　　　　D. 有利于学生上进

二、材料分析题

21. 在教育日志中，张老师这样写道：我曾遇到过这样的学生，他很调皮，有多动症，上课总是坐不住，从来不认真听讲，作业也不能按时完成，还严重影响上课的秩序，除了我以外，其他老师都讨厌他。可就是这样的学生，却肯听我的话，也能上好语文课，成绩良好。尤其难得的是他写得一手好字。其他老师都说："也只有你们张老师能管得好你！"其实他们错了，我并没有管他，我只是把我对其他学生的爱一样公平地也给了他。他的父母也一直很感谢我。而我并没有做什么啊，我只是将我的爱公平地分给了这个孩子。

问题：请从职业理念的角度，评析张老师的教育行为。

22. 开学不久，陈老师发现小浩同学有许多毛病。陈老师心想，像小浩这样的同学缺少的不是批评，而是肯定和鼓励。一次，陈老师找他谈话说："你有缺点，但是你也有不少优点，可能你自己还没发现。这样吧，我限你在两天内找到自己的一些长处，不然我可要批评你了。"第三天，小浩很不好意思地找到陈老师，满脸通红地说："我心肠好。力气大，毕业后想当兵。"陈老师听了说："这就是了不起的长处。心肠好，乐于助人，到哪里都需要这种人。你力气大，想当兵，保卫家园，是很光荣的事，你的理想很实在。不过当兵同样需要科学文化知识，需要有真才实学。"听了老师的话，小浩高兴极了，脸上露出了微笑。

结合上述材料，请从教师观的角度评析一下陈老师的行为。

参考答案及解析

一、单项选择题

1. A【解析】本题考查的是教师所扮演的角色。依据题干，欧阳老师所扮演的是课程开发者角色，故选 A。

2. C【解析】本题考查的是教师专业发展的三阶段，本题中的李老师把注意力放在人际关系的维护上，因此属于关注生存阶段。因此选 C。

3．C【解析】根据题意，本题中的老师是利用自我反思来实现教师的专业发展。

4．D【解析】人和人是有差异的，对待不同的人用不同的教学方法，体现了因材施教的做法。D是正确选项。

5．C【解析】根据成绩分快慢班，是违背教育公平的做法，违背了素质教育的全面性。因此选C。

6．D【解析】挤占其他学科的时间用来给主科复习，不利于学生的全面发展。

7．C【解析】因为成绩不同而区别对待学生，违背了平等公正的原则。

8．A【解析】根据马克思主义原理，教育与生产劳动相结合是实现人的全面发展的唯一途径。

9．C【解析】在教学中遇到突发情况，老师应该善于引导，通过引发学生讨论与思考，激发学生们的学习热情。

10．A【解析】素质教育的根本宗旨是提高全民族的根本素质。

11．C【解析】题干所表达的是启发的教学方法，并不是让学生自学成长。

12．A【解析】通过丰富多彩的教学实践活动，有利于学生提高他们的实践能力。

13．B【解析】根据题干老师的做法，不利于学生全面发展。

14．A【解析】学生是发展中的人，老师应该用发展的眼光看问题，而不是打击学生的积极性。

15．B【解析】教师有终身学习的义务，因此不应该放弃做研究，同时做研究也有利于专业发展。

16．B【解析】孙老师没有尊重学生的爱好，这种做法不利于孩子的全面发展。

17．A【解析】变废为宝的老师，充分整合了教学资源并且进行了创新与开发。

18．A【解析】德、智、体、美、劳的教育都很重要，根据题干的意思，反映的是全面发展的理念。

19．D【解析】对教学中出现的不遵守纪律等情况，老师应该本着以人为本的态度，灵活巧妙地处理，这也体现了教师劳动的创造性。根据题干，最为合适的选项是D。

20．C【解析】吴老师根据学生的成绩调整座位，违背了公平对待学生的原则。

二、材料分析题

21．【参考答案】老师的做法比较恰当，符合新课程改革背景下职业理念的具体要求。

首先，素质教育强调要面向全体学生。材料中，教师面对很多调皮、不认真完成作业、不好好学习的学生，给予他们公平的爱，对每位学生一视同仁，促进了这些学生的发展。

其次，"以人为本"的学生观强调要注重学生的发展性、独特性与独立性。材料中，教师并没有放弃调皮捣蛋的学生，而是把他对其他学生的爱一样公平地给了他们。

最后，教师观强调教师要做到职业角色和行为的转变，成为学生学习的促进者，对学生强调尊重、赞赏和支持帮助。

所以，作为一名教师，要充分实践素质教育的教育观和"以人为本"的学生观以及教师观，关心、爱护每一位学生，促进学生个性发展。

22．【参考答案】根据该材料，我们认为陈老师的行为较为符合教师观的要求，值得我们学习。

首先，现代教师观要求教师从知识的传授者转变为学生学习的引导者和学生发展的促进者。材料中陈老师积极引导学生小浩，让他看到自身的优点，促进了他的发展。

其次，现代教师观在行为上要求教师要尊重、欣赏、引导和帮助学生。材料中的陈老师虽然看到了小浩的很多缺点，但是并没有嫌弃和放弃小浩，而是用耐心和爱心积极引导和帮助小浩，让他转变了想法，成为积极上进的好孩子。

因此，陈老师很好地实现了角色和行为上的转变，其行为符合现代教师观的要求，更值得其他教师学习。

免费领取通关视频

模块二　教育法律法规

一、章节安排

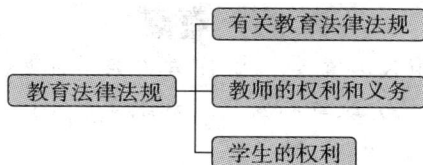

教育法律法规
- 有关教育法律法规
- 教师的权利和义务
- 学生的权利

二、考试目标

1. **了解国家主要的教育法律法规，**如《中华人民共和国教育法》《中华人民共和国义务教育法》《中华人民共和国教师法》《中华人民共和国未成年人保护法》《中华人民共和国预防未成年人犯罪法》《学生伤害事故处理办法》等。

2. 了解《国家中长期教育改革和发展规划纲要（2010—2020 年）》的相关内容。

三、考情分析

单位：分

考情分析		近6年考情											
法律法规	纲要	2	2	2	2	2	2	0	2	2	2	2	2
	教育法	0	0	2	2	2	0	0	0	0	0	2	2
	义务教育法	2	6	0	2	2	4	6	6	4	2	4	2
	教师法	2	2	4	2	4	4	8	0	4	2	0	0
	未成年	2	2	4	2	2	2	0	4	0	4	0	0
	预防	2	2	0	0	0	2	0	0	4	2	4	2
	伤害事故	2	0	0	0	0	2	0	0	0	2	2	4
教师权利和义务		4	0	2	4	2	0	2	2	2	2	2	2
学生权利和保护		0	0	2	2	2	2	0	2	0	0	0	0
总计		16	14	16	16	18	16	16	16	16	16	16	16

四、地位及占分比重

教育法律法规作为单纯以客观题考查的章节，重点考查作为一名教师的依法执教能力（总分占比 16 分，单选 8 道）。该模块因为涉及的法律条款众多，仅以《中华人民共和国教育法》为例，便有 80 余条款，如果考生不能把握法规的出题规律，仅靠纯粹记忆，无异于杯水车薪、大海捞针，因此在本模块学习中应提炼精华、有的放矢。

第一章 有关教育法律法规：七大法规

直击考点

- 第一节 《中华人民共和国教育法》（2016 年 6 月 1 日更新）（了解）
- 第二节 《国家中长期教育改革和发展规划纲要（2010—2020 年）》 （以下简称《纲要》）
- 第三节 《中华人民共和国义务教育法》（重点）
- 第四节 《中华人民共和国教师法》（重点）
- 第五节 《中华人民共和国未成年人保护法》（重点）
- 第六节 《中华人民共和国预防未成年人犯罪法》（略）
- 第七节 《学生伤害事故处理办法》

第一节 《中华人民共和国教育法》（节选）

考情分析：作为教育领域的根本大法（母法），地位极高。所有教育现行法律内容的原则均不能与其发生冲突，2015 年《中华人民共和国教育法》修订是自 1995 年该法施行以来第二次大修，其中修订涉及教育公平、民族自治地方学校双语教育、学前教育、全民终身学习、教育信息化、违规招生及考试违纪作弊处罚等内容条款。

与其地位相比，教育法出题频率并不高，所占分值一般为 2 分或者不考。

第一章 总 则

第一条【立法宗旨】为了发展教育事业，提高全民族的素质，促进社会主义物质文明和精神文明建设，根据宪法，制定本法。

第二条【适用范围】在中华人民共和国境内的各级各类教育，适用本法。

第三条【指导思想】国家坚持以马克思列宁主义、毛泽东思想和建设有中国特色社会主义理论为指导，遵循宪法确定的基本原则，发展社会主义的教育事业。

第四条【教育的地位】教育是社会主义现代化建设的基础，国家保障教育事业优先发展。

全社会应当关心和支持教育事业的发展。

全社会应当尊重教师。

第五条 【教育目的】教育必须为社会主义现代化建设服务，为人民服务，必须与生产劳动和社会实践相结合，培养德、智、体、美等方面全面发展的社会主义建设者和接班人。

第六条 【教育的基本内容】教育应当坚持立德树人，对受教育者加强社会主义核心价值观教育，增强受教育者的社会责任感、创新精神和实践能力。

国家在受教育者中进行爱国主义、集体主义、中国特色社会主义的教育，进行理想、道德、纪律、法治、国防和民族团结的教育。

【例题】我国教育法律法规的母法是（ ）。

　　A.《中华人民共和国宪法》　　　　B.《中华人民共和国教育法》

　　C.《中华人民共和国教师法》　　　　D.《中华人民共和国义务教育法》

【答案】B

【解析】我国教育领域的母法是《中华人民共和国教育法》，具有最高的法律权威。

第七条 【文化原则】教育应当继承和弘扬中华民族优秀的历史文化传统，吸收人类文明发展的一切优秀成果。

第八条 【教育公共性原则】教育活动必须符合国家和社会公共利益。

国家实行教育与宗教相分离。任何组织和个人不得利用宗教进行妨碍国家教育制度的活动。

【例题】根据《中华人民共和国教育法》，教育活动必须符合国家和社会公共利益，这体现了教育的（ ）。

　　A. 公共性原则　　　　　　　　　　B. 个别化原则

　　C. 共同性原则　　　　　　　　　　D. 公平性原则

【答案】A

【解析】教育活动必须符合国家爱和社会公共利益，这体现了教育的公共性原则。

第九条 【教育平等性】中华人民共和国公民有受教育的权利和义务。

公民不分民族、种族、性别、职业、财产状况、宗教信仰等，依法享有平等的受教育机会。

第十条 【少数民族】国家根据各少数民族的特点和需要，帮助各少数民族地区发展教育事业。

国家扶持边远贫困地区发展教育事业。

国家扶持和发展残疾人教育事业。

第十一条 【教育体系与发展】国家适应社会主义市场经济发展和社会进步的需要，推进教育改革，推动各级各类教育协调发展、衔接融通，完善现代国民教育体系，健全终身教育体系，提高教育现代化水平。

国家采取措施促进教育公平，推动教育均衡发展。

国家支持、鼓励和组织教育科学研究，推广教育科学研究成果，促进教育质量提高。

第十二条【语言文字】国家通用语言文字为学校及其他教育机构的基本教育教学语言文字，学校及其他教育机构应当使用国家通用语言文字进行教育教学。

民族自治地方以少数民族学生为主的学校及其他教育机构，从实际出发，使用国家通用语言文字和本民族或者当地民族通用的语言文字实施双语教育。

国家采取措施，为少数民族学生为主的学校及其他教育机构实施双语教育提供条件和支持。（修订）

第十三条【奖励制度】国家对发展教育事业做出突出贡献的组织和个人，给予奖励。

第十四条【教育领导体制】国务院和地方各级人民政府根据分级管理、分工负责的原则，领导和管理教育工作。

中等及中等以下教育在国务院领导下，由地方人民政府管理。

高等教育由国务院和省、自治区、直辖市人民政府管理。

第十五条【教育行政部门】国务院教育行政部门主管全国教育工作，统筹规划、协调管理全国的教育事业。

县级以上地方各级人民政府教育行政部门主管本行政区域内的教育工作。

县级以上各级人民政府其他有关部门在各自的职责范围内，负责有关的教育工作。

第十六条【教育监督】国务院和县级以上地方各级人民政府应当向本级人民代表大会或者其常务委员会报告教育工作和教育经费预算、决算情况，接受监督。

【例题】（　　）主管全国教育工作，统筹规划、协调管理全国的教育事业。

  A. 国务院教育行政部门   B. 国务院

  C. 全国人民代表大会   D. 全国人民代表大会常务委员会

【答案】A

【解析】国务院教育行政部门主管全国教育工作。

第二章　教育基本制度

第十七条【学校教育制度】国家实行学前教育、初等教育、中等教育、高等教育的学校教育制度。

国家建立科学的学制系统。学制系统内的学校和其他教育机构的设置、教育形式、修业年限、招生对象、培养目标等，由国务院或者由国务院授权教育行政部门规定。

【例题】按照《中华人民共和国教育法》的规定，国家实行（　　）学校教育制度。

  A. 学前教育、小学教育、中学教育、大学教育

  B. 学前教育、初等教育、中等教育、职业教育

  C. 学前教育、基础教育、高等教育、成人教育

  D. 学前教育、初等教育、中等教育、高等教育

【答案】D

【解析】我国现行的学校教育制度是学前、初等、中等以及高等教育，不得偷换概念。

第十九条【义务教育】国家实行九年制义务教育制度。

各级人民政府采取各种措施保障适龄儿童、少年就学。

适龄儿童、少年的父母或者其他监护人以及有关社会组织和个人有义务使适龄儿童、少年接受并完成规定年限的义务教育。

第三章　学校及其他教育机构

第二十六条【建校要求】国家制定教育发展规划，并举办学校及其他教育机构。

国家鼓励企业事业组织、社会团体、其他社会组织及公民个人依法举办学校及其他教育机构。

国家举办学校及其他教育机构，应当坚持勤俭节约的原则。（新增）

以财政性经费、捐赠资产举办或者参与举办的学校及其他教育机构不得设立为营利性组织。（修订）

第二十七条【办学条件】设立学校及其他教育机构，必须具备下列基本条件：

（一）有组织机构和章程；

（二）有合格的教师；

（三）有符合规定标准的教学场所及设施、设备等；

（四）有必备的办学资金和稳定的经费来源。

第二十九条【教育机构的权利】学校及其他教育机构行使下列权利：

（一）按照章程自主管理；

（二）组织实施教育教学活动；

（三）招收学生或者其他受教育者；

（四）对受教育者进行学籍管理，实施奖励或者处分；

（五）对受教育者颁发相应的学业证书；

（六）聘任教师及其他职工，实施奖励或者处分；

（七）管理、使用本单位的设施和经费；

（八）拒绝任何组织和个人对教育教学活动的非法干涉；

（九）法律、法规规定的其他权利。

国家保护学校及其他教育机构的合法权益不受侵犯。

第四章　教师和其他教育工作者

第三十三条【教育权利和义务】教师享有法律规定的权利，履行法律规定的义务，忠诚于人民的教育事业。

第三十四条【教育待遇】国家保护教师的合法权益，改善教师的工作条件和生活条件，提高教师的社会地位。

教师的工资报酬、福利待遇，依照法律、法规的规定办理。

第三十五条【教师队伍建设】国家实行教师资格、职务、聘任制度，通过考核、奖励、培养和培训，提高教师素质，加强教师队伍建设。

第五章　受教育者

第三十七条【受教育者的平等权】受教育者在入学、升学、就业等方面依法享有平等权利。

学校和有关行政部门应当按照国家有关规定，保障女子在入学、升学、就业、授予学

第一章　有关教育法律法规：七大法规

位、派出留学等方面享有同男子平等的权利。

第四十三条【受教育者的权利】受教育者享有下列权利：

（一）参加教育教学计划安排的各种活动，使用教育教学设施、设备、图书资料；

（二）按照国家有关规定获得奖学金、贷学金、助学金；

（三）在学业成绩和品行上获得公正评价，完成规定的学业后获得相应的学业证书、学位证书；

（四）对学校给予的处分不服向有关部门提出申诉，对学校、教师侵犯其人身权、财产权等合法权益，提出申诉或者依法提起诉讼；

（五）法律、法规规定的其他权利。

第四十四条【受教育者的义务】受教育者应当履行下列义务：

（一）遵守法律、法规；

（二）遵守学生行为规范，尊敬师长，养成良好的思想品德和行为习惯；

（三）努力学习，完成规定的学习任务；

（四）遵守所在学校或者其他教育机构的管理制度。

第九章　法律责任（重点）

第七十一条【经费使用】违反国家有关规定，不按照预算核拨教育经费的，由同级人民政府限期核拨；情节严重的，对直接负责的主管人员和其他直接责任人员，依法给予行政处分。

违反国家财政制度、财务制度，挪用、克扣教育经费的，由上级机关责令限期归还被挪用、克扣的经费，并对直接负责的主管人员和其他直接责任人员，依法给予行政处分；构成犯罪的，依法追究刑事责任。

第七十三条【校园安全】明知校舍或者教育教学设施有危险，而不采取措施，造成人员伤亡或者重大财产损失的，对直接负责的主管人员和其他直接责任人员，依法追究刑事责任。

第七十四条【乱收费用】违反国家有关规定，向学校或者其他教育机构收取费用的，由政府责令退还所收费用；对直接负责的主管人员和其他直接责任人员，依法给予处分。

第七十六条【违规招生】学校或者其他教育机构违反国家有关规定招收学生的，由教育行政部门或者其他有关行政部门责令退回招收的学生，退还所收费用；对学校、其他教育机构给予警告，可以处违法所得五倍以下罚款；情节严重的，责令停止相关招生资格一年以上三年以下，直至撤销招生资格、吊销办学许可证；对直接负责的主管人员和其他直接责任人员，依法给予处分；构成犯罪的，依法追究刑事责任。

【例题】某中学给学生订购校服，校长从中拿回扣，尚未构成犯罪。依照《中华人民共和国教育法》的规定，应没收非法所得，并对校长（　　）。

A. 给予行政处分　　　　　　B. 给予强制措施

C. 给予刑事处罚　　　　　　D. 给予治安处罚

【答案】A

【解析】根据《中华人民共和国教育法》第七十八条的规定，该中学校长所应承担的法律责任为受到行政处分。

第二节　《国家中长期教育改革和发展规划纲要（2010—2020年）》（节选）（简称《纲要》）

考情分析： 一般情况下固定为1题，几乎每次必考，所占比重为2分。

一、《纲要》内容节选

第一部分　总体战略

第一章　指导思想和工作方针

工作方针（重点）

优先发展、育人为本、改革创新、促进公平、提高质量。

（1）把教育摆在优先发展的战略地位。教育优先发展是党和国家提出并长期坚持的一项重大方针。各级党委和政府要把优先发展教育作为贯彻落实科学发展观的一项基本要求，切实保证经济社会发展规划优先安排教育发展，财政资金优先保障教育投入，公共资源优先满足教育和人力资源开发需要。充分调动全社会关心支持教育的积极性，共同担负起培育下一代的责任，为青少年健康成长创造良好环境。完善体制和政策，鼓励社会力量兴办教育，不断扩大社会资源对教育的投入。

（2）把育人为本作为教育工作的根本要求。人力资源是我国经济社会发展的第一资源，教育是开发人力资源的主要途径。要以学生为主体，以教师为主导，充分发挥学生的主动性，把促进学生健康成长作为学校一切工作的出发点和落脚点。关心每个学生，促进每个学生主动地、生动活泼地发展，尊重教育规律和学生身心发展规律，为每个学生提供适合的教育。努力培养造就数以亿计的高素质劳动者、数以千万计的专门人才和一大批拔尖创新人才。

（3）把改革创新作为教育发展的强大动力。教育要发展，根本靠改革。要以体制机制改革为重点，鼓励地方和学校大胆探索和试验，加快重要领域和关键环节改革步伐。创新人才培养体制、办学体制、教育管理体制，改革质量评价和考试招生制度，改革教学内容、方法、手段，建设现代学校制度。加快解决经济社会发展对高质量多样化人才需要与教育培养能力不足的矛盾、人民群众期盼良好教育与资源相对短缺的矛盾、增强教育活力与体制机制约束的矛盾，为教育事业持续健康发展提供强大动力。

（4）把促进公平作为国家基本教育政策。教育公平是社会公平的重要基础。教育公平的关键是机会公平，基本要求是保障公民依法享有受教育的权利，重点是促进义务教育均衡发展和扶持困难群体，根本措施是合理配置教育资源，向农村地区、边远贫困地区和民族地区倾斜，加快缩小教育差距。教育公平的主要责任在政府，全社会要共同促进教育公平。

（5）把提高质量作为教育改革发展的核心任务。树立科学的质量观，把促进人的全面发展、适应社会需要作为衡量教育质量的根本标准。树立以提高质量为核心的教育发展观，注重教育内涵发展，鼓励学校办出特色、办出水平，出名师，育英才。建立以提高教育质量为导向的管理制度和工作机制，把教育资源配置和学校工作重点集中到强化教学环节、提高教育质量上来。制定教育质量国家标准，建立健全教育质量保障体系。加强教师队伍建设，提高教师整体素质。

【例题】教育改革发展的核心任务是（　　）。

  A. 提高质量   B. 以人为本   C. 改革创新   D. 促进公平

【答案】A

【解析】根据《纲要》，教育改革发展的核心任务是提高质量。

【2016 年上半年真题】

  《国家中长期教育改革和发展规划纲要（2010—2020 年）》提出把促进公平作为国家基本教育政策。教育公平的关键是（　　）。

  A. 机会公平   B. 过程公平   C. 结果公平   D. 区域公平

【答案】A

【解析】教育公平的关键是机会公平。

【2017 年下半年真题】

  《国家中长期教育改革和发展规划纲要（2010—2020 年）》提出，要把教育摆在优先发展的战略地位。对于教育优先发展战略的理解，下列选项中不恰当的是（　　）。

  A. 财政资金优先保障教育投入

  B. 社会资源优先向教育领域倾斜

  C. 经济社会发展规划优先安排教育发展

  D. 公共资源优先满足教育和人力资源开发需要

【答案】C

【解析】本题可考虑排除法，经济社会发展规划是不可能优先安排教育发展的，但是资金、资源是可以的。

第二章　战略目标和战略主题

一、战略目标。到 2020 年，基本实现教育现代化，基本形成学习型社会，进入人力资源强国行列。

实现更高水平的普及教育。基本普及学前教育；巩固提高九年义务教育水平；普及高中阶段教育，毛入学率达到90%；高等教育大众化水平进一步提高，毛入学率达到40%；扫除青壮年文盲。新增劳动力平均受教育年限从12.4年提高到13.5年；主要劳动年龄人口平均受教育年限从9.5年提高到11.2年，其中受过高等教育的比例达到20%，具有高等教育文化程度的人数比2009年翻一番。

形成惠及全民的公平教育。坚持教育的公益性和普惠性，保障公民依法享有接受良好教育的机会。建成覆盖城乡的基本公共教育服务体系，逐步实现基本公共教育服务均等化，缩小区域差距。努力办好每一所学校，教好每一个学生，不让一个学生因家庭经济困难而失学。切实解决进城务工人员子女平等接受义务教育问题。保障残疾人受教育权利。

提供更加丰富的优质教育。教育质量整体提升，教育现代化水平明显提高。优质教育资源总量不断扩大，更好满足人民群众接受高质量教育的需求。学生思想道德素质、科学文化素质和健康素质明显提高。各类人才服务国家、服务人民和参与国际竞争能力显著增强。

构建体系完备的终身教育。学历教育和非学历教育协调发展，职业教育和普通教育相互沟通，职前教育和职后教育有效衔接。继续教育参与率大幅提升，从业人员继续教育年参与率达到50%。现代国民教育体系更加完善，终身教育体系基本形成，促进全体人民学有所教、学有所成、学有所用。

健全充满活力的教育体制。进一步解放思想，更新观念，深化改革，提高教育开放水平，全面形成与社会主义市场经济体制和全面建设小康社会目标相适应的充满活力、富有效率、更加开放、有利于科学发展的教育体制机制，办出具有中国特色、世界水平的现代教育。

二、战略主题。坚持以人为本、全面实施素质教育是教育改革发展的战略主题，是贯彻党的教育方针的时代要求，其核心是解决好培养什么人、怎样培养人的重大问题，重点是面向全体学生、促进学生全面发展，着力提高学生服务国家服务人民的社会责任感、勇于探索的创新精神和善于解决问题的实践能力。

坚持德育为先。立德树人，把社会主义核心价值体系融入国民教育全过程。加强马克思主义中国化最新成果教育，引导学生形成正确的世界观、人生观、价值观；加强理想信念教育和道德教育，坚定学生对中国共产党领导、社会主义制度的信念和信心；加强以爱国主义为核心的民族精神和以改革创新为核心的时代精神教育；加强社会主义荣辱观教育，培养学生团结互助、诚实守信、遵纪守法、艰苦奋斗的良好品质。加强公民意识教育，树立社会主义民主法治、自由平等、公平正义理念，培养社会主义合格公民。加强中华民族优秀文化传统教育和革命传统教育。把德育渗透于教育教学的各个环节，贯穿于学校教育、家庭教育和社会教育的各个方面。切实加强和改进未成年人思想道德建设和大学生思想政治教育工作。构建大中小学有效衔接的德育体系，创新德育形式，丰富德育内容，不断提高德育工作的吸引力和感染力，增强德育工作的针对性和实效性。加强辅导员、班主任队伍建设。

坚持能力为重。优化知识结构，丰富社会实践，强化能力培养。着力提高学生的学习能力、实践能力、创新能力，教育学生学会知识技能，学会动手动脑，学会生存生活，学会做事做人，促进学生主动适应社会，开创美好未来。

坚持全面发展。全面加强和改进德育、智育、体育、美育。坚持文化知识学习与思想品德修养的统一、理论学习与社会实践的统一、全面发展与个性发展的统一。加强体育，牢固树立健康第一的思想，确保学生体育课程和课余活动时间，提高体育教学质量，加强心理健康教育，促进学生身心健康、体魄强健、意志坚强；加强美育，培养学生良好的审美情趣和人文素养。加强劳动教育，培养学生热爱劳动、热爱劳动人民的情感。重视安全教育、生命教育、国防教育、可持续发展教育。促进德育、智育、体育、美育有机融合，提高学生综合素质，使学生成为德智体美全面发展的社会主义建设者和接班人。

二、《纲要》的部分指标（重要）

由于《纲要》是2010—2020年中国教育的蓝图，因此考试中，非常喜欢考查一些重要的指标。如：第八条指出"巩固提高九年义务教育水平"，并提出目标："到2020年，全面提高普及水平，全面提高教育质量，基本实现区域内均衡发展，确保适龄儿童少年接受良好义务教育。"

第三条要求："普及高中阶段教育，毛入学率达到90%；高等教育大众化水平进一步提高，毛入学率达到40%；扫除青壮年文盲。新增劳动力平均受教育年限从12.4年提高到13.5年；主要劳动年龄人口平均受教育年限从9.5年提高到11.2年，其中受过高等教育的比例达到20%，具有高等教育文化程度的人数比2009年翻一番。"

【例题】《国家中长期教育改革和发展规划纲要（2010—2020年）》提出，到2020年，普及高中阶段教育，毛入学率达到（　　）。

    A. 60%   B. 70%   C. 80%   D. 90%

【答案】D

【解析】到2020年，高中阶段教育毛入学率达到90%。

第十条指出"减轻中小学生课业负担"，要求："把减负落实到中小学教育全过程，促进学生生动活泼学习、健康快乐成长。率先实现小学生减负。"

减轻学生课业负担是全社会的共同责任，政府、学校、家庭、社会必须共同努力。

1. 政府的责任

(1) 调整教材内容、科学设计课程难度。

(2) 改革考试评价制度和学校考核办法。

(3) 规范办学行为，建立学生课业负担监测和公告制度。

(4) 不得以升学率对地区和学校进行排名，不得下达升学指标。规范各种社会补习机构和教辅市场。

(5) 加强校外活动场所建设和管理，丰富学生课外及校外活动。

【例题】《国家中长期教育改革和发展规划纲要（2010—2020年）》提出，要将减轻中小学生课业负担作为教育工作的重要任务。为切实减轻学生课业负担，各级政府可以采取的措施有（　　）。

    A. 减少学生课外及校外活动

B. 加强教辅市场管理，取缔补习机构

C. 调整教材内容、科学设计课程难度

D. 依据升学率对地区和学校进行排名

【答案】 C

【解析】 政府应采取的措施是调整教材内容、科学设计课程难度等。故选 C。

2. 学校的责任

(1) 学校要把减负落实到教育教学各个环节，给学生留下了解社会、深入思考、动手实践、健身娱乐的时间。

(2) 提高教师业务素质，改进教学方法，增强课堂教学效果，减少作业量和考试次数。

(3) 培养学生学习兴趣和爱好。严格执行课程方案，不得增加课时和提高难度。

(4) 各种等级考试和竞赛成绩不得作为义务教育阶段入学与升学的依据。

【例题】 根据《国家中长期教育改革和发展规划纲要（2010—2020 年）》，为了减轻中小学生课业负担，可以采取的改革措施不包括（　　　）。

A. 修改课程方案　　　　　　　　　B. 调整教材内容

C. 改进教学方法　　　　　　　　　D. 减少考试次数

【答案】 A

【解析】 《纲要》中要求严格执行课程方案，不得增加课时和提高难度。故 A 错误。

【答题思路】

《纲要》涉及的范围广、内容宽泛，涵盖了教育未来发展的各方面蓝图，注重把握《纲要》的具体战略目标部分。

虽然内容多，但是基本只占一题，所以建议考生只看节选出的重要条款即可。不必浪费过多时间。

条款中，"到 2020 年，什么类型的教育发展到什么程度"这样的表述尤为关键。尤其是一些升学率的百分比，以及未来教师发展的布局（如农村以培养中小学教师为主，职业技术院校以双师型老师为主，高校以中青年和创新团队为主）。

第三节　《中华人民共和国义务教育法》（节选）（重要）

考情分析： 七个教育类法律法规中地位最高的，历年考试中均在两道题左右，个别年份会出现三道题。需要考生特别重视三个问题：第一是义务教育的公平问题；第二是保护受教育者的受教育权问题；第三是在校园里保护学生人身安全的问题。命题方向一般为这三个，务必熟记且灵活应用。

《中华人民共和国义务教育法》于 1986 年 4 月 12 日第六届全国人民代表大会第四次

会议通过，并于 2015 年 4 月 24 日第十二届全国人民代表大会常务委员会第十四次会议修订。

第一章 总 则

第一条【立法宗旨】为了保障适龄儿童、少年接受义务教育的权利，保证义务教育的实施，提高全民族素质，根据宪法和教育法，制定本法。

第二条【制度概况】国家实行九年义务教育制度。

义务教育是国家统一实施的所有适龄儿童、少年必须接受的教育，是国家必须予以保障的公益性事业。

实施义务教育，不收学费、杂费。

国家建立义务教育经费保障机制，保证义务教育制度实施。

第三条【指导方针】义务教育必须贯彻国家的教育方针，实施素质教育，提高教育质量，使适龄儿童、少年在品德、智力、体质等方面全面发展，为培养有理想、有道德、有文化、有纪律的社会主义建设者和接班人奠定基础。

第四条【适用对象】凡具有中华人民共和国国籍的适龄儿童、少年，不分性别、民族、种族、家庭财产状况、宗教信仰等，依法享有平等接受义务教育的权利，并履行接受义务教育的义务。

第五条【政府、家长、学校和社会的义务】各级人民政府及其有关部门应当履行本法规定的各项职责，保障适龄儿童、少年接受义务教育的权利。

适龄儿童、少年的父母或者其他法定监护人应当依法保证其按时入学接受并完成义务教育。

依法实施义务教育的学校应当按照规定标准完成教育教学任务，保证教育教学质量。

社会组织和个人应当为适龄儿童、少年接受义务教育创造良好的环境。

第七条【管理体制】义务教育实行国务院领导，省、自治区、直辖市人民政府统筹规划实施，县级人民政府为主管理的体制。

县级以上人民政府教育行政部门具体负责义务教育实施工作；县级以上人民政府其他有关部门在各自的职责范围内负责义务教育实施工作。

第九条【问责制度】任何社会组织或者个人有权对违反本法的行为向有关国家机关提出检举或者控告。

发生违反本法的重大事件，妨碍义务教育实施，造成重大社会影响的，负有领导责任的人民政府或者人民政府教育行政部门负责人应当引咎辞职。

【2015 年下半年真题】

《中华人民共和国义务教育法》规定，妨碍义务教育实施，造成重大社会影响的，负有领导责任的人民政府或者人民政府教育行政部门负责人（　　）。

A. 应当引咎辞职　　　　　　　　B. 应被就地免职

C. 应承担刑事责任　　　　　　　D. 应受行政训诫

【答案】A

【解析】《中华人民共和国义务教育法》第九条第二款规定，发生违反本法的重大事件，妨碍义务教育实施，造成重大社会影响的，负有领导责任的人民政府或者人民政府教育行政部门负责人应当引咎辞职。故选 A。

第二章 学 生

第十一条【入学年龄】凡年满六周岁的儿童,其父母或者其他法定监护人应当送其入学接受并完成义务教育;条件不具备的地区的儿童,可以推迟到七周岁。(注意两个年龄:6周岁、7周岁)

适龄儿童、少年因身体状况需要延缓入学或者休学的,其父母或者其他法定监护人应当提出申请,由当地乡镇人民政府或者县级人民政府教育行政部门批准。(注意谁提申请,谁批准)

【例题】进城务工的张某夫妇超计划生育一女孩,今年已满 6 岁,由于没有准生证,他们临时住所附近的一所小学及当地教育局拒绝接受该孩子入学。学校和教育局的行为违背了(　　)。

    A. 《中华人民共和国教师法》　　　　B. 《中华人民共和国义务教育法》
    C. 《中华人民共和国劳动法》　　　　D. 《中华人民共和国计划生育法》

【答案】B

【解析】凡年满 6 周岁的儿童,其父母或者其他法定监护人应当送其入学接受并完成义务教育,故选 B。考生需要注意 6 周岁和 7 周岁这两个数字。

第十二条【免试入学】适龄儿童、少年免试入学。地方各级人民政府应当保障适龄儿童、少年在户籍所在地学校就近入学。(免试、就近两个概念要注意)

父母或者其他法定监护人在非户籍所在地工作或者居住的适龄儿童、少年,在其父母或者其他法定监护人工作或者居住地接受义务教育的,当地人民政府应当为其提供平等接受义务教育的条件。具体办法由省、自治区、直辖市规定。

县级人民政府教育行政部门对本行政区域内的军人子女接受义务教育予以保障。

【例题】在外地打工的陈某向工作所在地教育行政部门提出申请,请求批准他年满 7 周岁的孩子小刚在工作地附近的公立小学就读。对于这一申请,当地教育行政部门应当(　　)。

    A. 拒绝,小刚可选择在当地民办学校就读
    B. 批准,但要求陈某缴纳额外的学费与杂费
    C. 拒绝,小刚只能在户籍所在地的学校就读
    D. 批准,并为其提供平等接受义务教育的条件

【答案】D

【解析】根据《中华人民共和国义务教育法》规定,应由当地人民政府为其提供平等接受义务教育的条件。

第十四条【社会义务】禁止用人单位招用应当接受义务教育的适龄儿童、少年。

根据国家有关规定经批准招收适龄儿童、少年进行文艺、体育等专业训练的社会组

织，应当保证所招收的适龄儿童、少年接受义务教育；自行实施义务教育的，应当经县级人民政府教育行政部门批准。

【例题】 14岁的小明因为家里经济状况不好，放学后到饭店打工，饭店老板了解情况后雇用了他，并为他安排了较为清闲的工作。该饭店老板的做法（　　）。

　　A. 合法。有助于改善小明家庭的经济状况

　　B. 合法。有助于锻炼小明的自立能力

　　C. 不合法。任何人不得非法招用童工

　　D. 不合法。没有取得小明监护人同意

【答案】 C

【解析】 《中华人民共和国义务教育法》规定：任何组织或者个人不得招用未满16周岁的未成年人，国家另有规定的除外。因此，题干中饭店老板的做法不合法。

第三章　学　校

　　第十五条【学校规划】 县级以上地方人民政府根据本行政区域内居住的适龄儿童、少年的数量和分布状况等因素，按照国家有关规定，制定、调整学校设置规划。新建居民区需要设置学校的，应当与居民区的建设同步进行。

　　第十九条【特殊教育】 县级以上地方人民政府根据需要设置相应的实施特殊教育的学校（班），对视力残疾、听力语言残疾和智力残疾的适龄儿童、少年实施义务教育。特殊教育学校（班）应当具备适应残疾儿童、少年学习、康复、生活特点的场所和设施。

　　普通学校应当接收具有接受普通教育能力的残疾适龄儿童、少年随班就读，并为其学习、康复提供帮助。

【2014年下半年真题】

　　小华的腿有残疾，具有接受普通教育的能力。该上初中了，当地普通学校以小华腿有残疾为由，拒绝其入校学习。该做法（　　）。

　　A. 合法，学校有招生自主权

　　B. 合法，学校有办学自主权

　　C. 违反了《中华人民共和国义务教育法》

　　D. 违反了《中华人民共和国未成年人保护法》

【答案】 C

【解析】 本题考查教育公平的问题。《中华人民共和国义务教育法》第十九条第二款规定：普通学校应当接收具有接受普通教育能力的残疾适龄儿童、少年随班就读，并为其学习、康复提供帮助。题干中的学校拒绝小华入校学习违反了《中华人民共和国义务教育法》的规定。故选C。

　　第二十二条【教学均衡发展】 县级以上人民政府及其教育行政部门应当促进学校均衡发展，缩小学校之间办学条件的差距，<u>不得将学校分为重点学校和非重点学校。学校不得分设重点班和非重点班</u>。（特别重要的条款，体现了均衡发展的理念）

县级以上人民政府及其教育行政部门<u>不得以任何名义改变或者变相改变公办学校的性质</u>。

第二十四条【安全机制】学校应当建立、健全安全制度和应急机制，对学生进行安全教育，加强管理，及时消除隐患，预防发生事故。

县级以上地方人民政府定期对学校校舍安全进行检查；对需要维修、改造的，及时予以维修、改造。

学校不得聘用曾经因故意犯罪被依法剥夺政治权利或者其他不适合从事义务教育工作的人担任工作人员。（此条款体现了维护校园安全的决心）

第二十五条【不得乱收费】学校不得违反国家规定收取费用，不得以向学生推销或者变相推销商品、服务等方式谋取利益。

第二十六条【校长负责制】学校实行校长负责制。校长应当符合国家规定的任职条件。校长由县级人民政府教育行政部门依法聘任。

第二十七条【不得开除】对违反学校管理制度的学生，<u>学校应当予以批评教育，不得开除</u>。（此条款体现了对学生受教育权的维护）

【例题】《中华人民共和国义务教育法》规定，我国中小学实行（　　　　）。

A. 校长负责制　　　　　　　　B. 校长责任制

C. 党委领导下的校长负责制　　D. 党委领导下的校长责任制

【答案】A

【解析】《中华人民共和国义务教育法》中关于学校的规定指出，学校实行校长负责制。校长应当符合国家规定的任职条件。校长由县级人民政府教育行政部门依法聘任。请考生务必记清楚是校长负责制，不是校长责任制，也不是党委领导下的，这些属于偷换概念。

【2015年上半年真题】

某县教育局根据中考成绩，将全县初级中学分为普通初中和实验初中，并对后者从师资、经费等方面予以倾斜。该县义务教育没有做到（　　　　）。

A. 重点发展　　　　B. 均衡发展　　　　C. 协调发展　　　　D. 优先发展

【答案】B

【解析】《中华人民共和国义务教育法》第二十二条规定，县级以上人民政府及其教育行政部门应当促进学校均衡发展，缩小学校之间办学条件的差距，不得将学校分为重点学校和非重点学校。学校不得分设重点班和非重点班。县级以上人民政府及其教育行政部门不得以任何名义改变或者变相改变公办学校的性质。故选B。

第四章　教　师

第二十八条【教师的权利和义务】教师享有法律规定的权利，履行法律规定的义务，应当为人师表，忠诚于人民的教育事业。

全社会应当尊重教师。

第二十九条【教师行为规范】教师在教育教学中应当平等对待学生，关注学生的个体差异，因材施教，促进学生的充分发展。

教师应当尊重学生的人格，不得歧视学生，不得对学生实施体罚、变相体罚或者其他侮辱人格尊严的行为，不得侵犯学生合法权益。

　　第三十一条【福利待遇】各级人民政府保障教师工资福利和社会保险待遇，改善教师工作和生活条件；完善农村教师工资经费保障机制。

　　教师的平均工资水平应当不低于当地公务员的平均工资水平。

　　特殊教育教师享有特殊岗位补助津贴。在民族地区和边远贫困地区工作的教师享有艰苦贫困地区补助津贴。

　　第三十三条【支教工作】国务院和地方各级人民政府鼓励和支持城市学校教师和高等学校毕业生到农村地区、民族地区从事义务教育工作。

　　国家鼓励高等学校毕业生以志愿者的方式到农村地区、民族地区缺乏教师的学校任教。县级人民政府教育行政部门依法认定其教师资格，其任教时间计入工龄。

【例题】班主任张老师按照学生的期中考试成绩调整座位，将考试成绩后5名的学生安排在教室的最后一排。张老师的做法（　　　　）。

　　　　A. 是激发学生的重要手段　　　　B. 侵犯了学生的人格尊严
　　　　C. 是管理班级的有效手段　　　　D. 侵犯了学生的受教育权

【答案】B

【解析】《中华人民共和国义务教育法》第二十九条第二款规定：教师应当尊重学生的人格，不得歧视学生，不得对学生实施体罚、变相体罚或者其他侮辱人格尊严的行为，不得侵犯学生合法权益。张老师根据成绩排座位的做法侵犯了学生的人格尊严，是一种歧视行为，故选B。

第七章　法律责任

　　第五十五条【教师的法律责任】学校或者教师在义务教育工作中违反教育法、教师法规定的，依照教育法、教师法的有关规定处罚。

　　第五十六条【非法获利的法律责任】学校违反国家规定收取费用的，由县级人民政府教育行政部门责令退还所收费用；对直接负责的主管人员和其他直接责任人员依法给予处分。

　　学校以向学生推销或者变相推销商品、服务等方式谋取利益的，由县级人民政府教育行政部门给予通报批评；有违法所得的，没收违法所得；对直接负责的主管人员和其他直接责任人员依法给予处分。

　　国家机关工作人员和教科书审查人员参与或者变相参与教科书编写的，由县级以上人民政府或者其教育行政部门根据职责权限责令限期改正，依法给予行政处分；有违法所得的，没收违法所得。

　　第五十七条【行政法律责任】学校有下列情形之一的，由县级人民政府教育行政部门责令限期改正；情节严重的，对直接负责的主管人员和其他直接责任人员依法给予处分：

　　（一）拒绝接收具有接受普通教育能力的残疾适龄儿童、少年随班就读的；

　　（二）分设重点班和非重点班的；

　　（三）违反本法规定开除学生的；

（四）选用未经审定的教科书的。

第五十八条【家长的法律责任】适龄儿童、少年的父母或者其他法定监护人无正当理由未依照本法规定送适龄儿童、少年入学接受义务教育的，由当地乡镇人民政府或者县级人民政府教育行政部门给予批评教育，责令限期改正。

第五十九条【行政法律责任】有下列情形之一的，依照有关法律、行政法规的规定予以处罚：

（一）胁迫或者诱骗应当接受义务教育的适龄儿童、少年失学、辍学的；

（二）非法招用应当接受义务教育的适龄儿童、少年的；

（三）出版未经依法审定的教科书的。

【例题】学生李某因在上课时嬉戏打闹，被班主任罚站在教室后面。班主任的这种做法（　　）。

  A．正确，有利于维护课堂教学秩序

  B．错误，不能对学生实施体罚或变相体罚

  C．正确，这是教师惩戒学生的权利

  D．错误，对学生的体罚应当适度

【答案】B

【解析】《中华人民共和国义务教育法》第二十九条第二款明确规定：教师应当尊重学生的人格，不得歧视学生，不得对学生实施体罚、变相体罚或者其他侮辱人格尊严的行为，不得侵犯学生合法权益。

【答题思路】

《中华人民共和国义务教育法》在考试中地位很高，其规律性也是最好把握的。

首先，该法自始至终贯穿均衡发展的理论，因此处处体现教育公平，比如外地务工人员子女与城市学生享有平等受教育权，不得分设重点校和非重点校；不得分设重点班和非重点班；残疾孩子有普通校就读能力的，普通校不能拒绝；国家鼓励大学生支教，支援边远及少数民族地区教育；教育财政经费应当向薄弱校倾斜，而非重点区域。

以上这些条款都是在强调义务教育的公平性。

其次，该法特别强调对学生受教育权的保护（誓死捍卫学生的受教育权），因此学校不得开除、劝退学生；不得体罚学生，尤其是到室外罚站；不得让学生辍学；不得招录童工等。这些条款的共同特点是强调对学生受教育权的维护。

最后，法律责任，绝大部分仍旧是行政处分，极个别情况是刑事责任或者行政处罚。（具体已经在条款中标注出来，请考生注意）

第四节　《中华人民共和国教师法》（节选）

考情分析：《中华人民共和国教师法》在考试中所占地位比较重要，可能会出2道题左右，特别是第七条、第八条及第三十七条尤为重要。

《中华人民共和国教师法》于 1993 年 10 月 31 日第八届全国人民代表大会常务委员会第四次会议通过，并于 1994 年 1 月 1 日起施行。

第二章　权利和义务

第七条【教师的权利】教师享有下列权利：（重要）

（一）进行教育教学活动，开展教育教学改革和实验；

（二）从事科学研究、学术交流，参加专业的学术团体，在学术活动中充分发表意见；

（三）指导学生的学习和发展，评定学生的品行和学业成绩；

（四）按时获取工资报酬，享受国家规定的福利待遇以及寒暑假期的带薪休假；

（五）对学校教育教学、管理工作和教育行政部门的工作提出意见和建议，通过教职工代表大会或者其他形式，参与学校的民主管理；

（六）参加进修或者其他方式的培训。（体现终身学习的理念）

第八条【教师的义务】教师应当履行下列义务：（重要）

（一）遵守宪法、法律和职业道德，为人师表；

（二）贯彻国家的教育方针，遵守规章制度，执行学校的教学计划，履行教师聘约，完成教育教学工作任务；

（三）对学生进行宪法所确定的基本原则的教育和爱国主义、民族团结的教育，法制教育以及思想品德、文化、科学技术教育，组织、带领学生开展有益的社会活动；

（四）关心、爱护全体学生，尊重学生人格，促进学生在品德、智力、体质等方面全面发展；

（五）制止有害于学生的行为或者其他侵犯学生合法权益的行为，批评和抵制有害于学生健康成长的现象；

（六）不断提高思想政治觉悟和教育教学业务水平。

第九条【保障机制】为保障教师完成教育教学任务，各级人民政府、教育行政部门、有关部门、学校和其他教育机构应当履行下列职责：

（一）提供符合国家安全标准的教育教学设施和设备；

（二）提供必需的图书、资料及其他教育教学用品；

（三）对教师在教育教学、科学研究中的创造性工作给以鼓励和帮助；

（四）支持教师制止有害于学生的行为或者其他侵犯学生合法权益的行为。

第三章　资格和任用

第十条【教师资格制度】国家实行教师资格制度。

中国公民凡遵守宪法和法律，热爱教育事业，具有良好的思想品德，具备本法规定的学历或者经国家教师资格考试合格，有教育教学能力，经认定合格的，可以取得教师资格。

第十一条【学历要求】取得教师资格应当具备的相应学历是：

（一）取得幼儿园教师资格，应当具备幼儿师范学校毕业及其以上学历；

（二）取得小学教师资格，应当具备中等师范学校毕业及其以上学历；

（三）取得初级中学教师、初级职业学校文化、专业课教师资格，应当具备高等师范专科学校或者其他大学专科毕业及其以上学历；

（四）取得高级中学教师资格和中等专业学校、技工学校、职业高中文化课、专业课教师资格，应当具备高等师范院校本科或者其他大学本科毕业及其以上学历；取得中等专业学校、技工学校和职业高中学生实习指导教师资格应当具备的学历，由国务院教育行政部门规定；

（五）取得高等学校教师资格，应当具备研究生或者大学本科毕业学历；

（六）取得成人教育教师资格，应当按照成人教育的层次、类别，分别具备高等、中等学校毕业及其以上学历。不具备本法规定的教师资格学历的公民，申请获取教师资格，必须通过国家教师资格考试。国家教师资格考试制度由国务院规定。

第十三条【资格认定】中小学教师资格由县级以上地方人民政府教育行政部门认定。中等专业学校、技工学校的教师资格由县级以上地方人民政府教育行政部门组织有关主管部门认定。普通高等学校的教师资格由国务院或者省、自治区、直辖市教育行政部门或者由其委托的学校认定。具备本法规定的学历或者经国家教师资格考试合格的公民，要求有关部门认定其教师资格的，有关部门应当依照本法规定的条件予以认定。取得教师资格的人员首次任教时，应当有试用期。

第十四条【资格限制】受到剥夺政治权利或者故意犯罪受到有期徒刑以上刑事处罚的，不能取得教师资格；已经取得教师资格的，丧失教师资格。（重要）

第十七条【教师聘任】学校和其他教育机构应当逐步实行教师聘任制。教师的聘任应当遵循双方地位平等的原则，由学校和教师签订聘任合同，明确规定双方的权利、义务和责任。实施教师聘任制的步骤、办法由国务院教育行政部门规定。

【2014年下半年真题】

曾受到有期徒刑两年刑事处罚的孙某申请教师资格。下列选项正确的是（　　　）。

A. 刑满之后孙某可以取得教师资格

B. 经培训后孙某可以取得教师资格

C. 五年之后孙某方能取得教师资格

D. 依照法律，孙某不能获得教师资格

【答案】D

【解析】依照法律，孙某曾受到有期徒刑两年刑事处罚，不能取得教师资格。

第五章　考　核

第二十二条【考核内容】学校或者其他教育机构应当对教师的政治思想、业务水平、工作态度和工作成绩进行考核。教育行政部门对教师的考核工作进行指导、监督。

第二十三条【考核要求】考核应当客观、公正、准确，充分听取教师本人、其他教师以及学生的意见。

第二十四条【考核效用】教师考核结果是受聘任教、晋升工资、实施奖惩的依据。

第六章　待　遇

第二十五条【教师工资】教师的平均工资水平应当不低于或者高于国家公务员的平均工资水平，并逐步提高。建立正常晋级增薪制度，具体办法由国务院规定。

第二十六条【教龄津贴】中小学教师和职业学校教师享受教龄津贴和其他津贴，具体办法由国务院教育行政部门会同有关部门制定。

第二十七条【支教补贴】地方各级人民政府对教师以及具有中专以上学历的毕业生到少数民族地区和边远贫困地区从事教育教学工作的，应当予以补贴。

【例题】上官老师大学本科毕业后自愿到少数民族地区从事教育工作，依据《中华人民共和国教师法》，应当依法对该老师（　　）。

　　A. 给予补贴　　　　B. 给予表彰　　　　C. 进行奖励　　　　D. 提高津贴

【答案】A

【解析】根据《中华人民共和国教师法》第二十七条规定，应选 A。

第二十八条【住房优惠】地方各级人民政府和国务院有关部门，对城市教师住房的建设、租赁、出售实行优先、优惠。县、乡两级人民政府应当为农村中小学教师解决住房提供方便。

第二十九条【医疗优惠】教师的医疗同当地国家公务员享受同等的待遇；定期对教师进行身体健康检查，并因地制宜安排教师进行休养。医疗机构应当对当地教师的医疗提供方便。

【例题】教师的医疗同当地国家公务员享受同等的待遇，（　　）对教师进行身体健康检查，并因地制宜安排教师进行休养。

　　A. 定期　　　　　　B. 每两年　　　　　C. 不定期　　　　　D. 每年

【答案】A

【解析】根据《中华人民共和国教师法》第二十九条规定，应定期对教师进行身体健康检查，故选 A。

第三十条【退休待遇】教师退休或者退职后，享受国家规定的退休或者退职待遇。县级以上地方人民政府可以适当提高长期从事教育教学工作的中小学退休教师的退休金比例。

第三十一条【同工同酬】各级人民政府应当采取措施，改善国家补助、集体支付工资的中小学教师的待遇，逐步做到在工资收入上与国家支付工资的教师同工同酬，具体办法由地方各级人民政府根据本地区的实际情况规定。

【例题】依据《中华人民共和国教师法》的相关规定，社会力量所办学校教师的待遇（　　）。

　　A. 由教育行政部门确定，但由举办者予以保障

　　B. 由举办者自行确定，但由教育行政部门予以保障

　　C. 由教育行政部门确定并予以保障

　　D. 由举办者自行确定并予以保障

【答案】D

【解析】《中华人民共和国教师法》规定，社会力量所办学校教师的待遇由举办者自行确定

并予以保障。

第七章 奖 励

第三十三条【奖励表彰】教师在教育教学、培养人才、科学研究、教学改革、学校建设、社会服务、勤工俭学等方面成绩优异的，由所在学校予以表彰、奖励。国务院和地方各级人民政府及其有关部门对有突出贡献的教师，应当予以表彰、奖励。对有重大贡献的教师，依照国家有关规定授予荣誉称号。

第八章 法律责任

第三十五条【侮辱、殴打教师的法律责任】侮辱、殴打教师的，根据不同情况，分别给予行政处分或者行政处罚；造成损害的，责令赔偿损失；情节严重，构成犯罪的，依法追究刑事责任。

第三十六条【对教师打击报复的法律责任】对依法提出申诉、控告、检举的教师进行打击报复的，由其所在单位或者上级机关责令改正；情节严重的，可以根据具体情况给予行政处分。国家工作人员对教师打击报复构成犯罪的，依照刑法第一百四十六条的规定追究刑事责任。

第三十七条【针对教师不法行为的法律责任】教师有下列情形之一的，由所在学校、其他教育机构或者教育行政部门给予行政处分或者解聘。（非常重要）

（一）故意不完成教育教学任务给教育教学工作造成损失的；

（二）体罚学生，经教育不改的；

（三）品行不良、侮辱学生，影响恶劣的。

教师有前款第（二）项、第（三）项所列情形之一，情节严重，构成犯罪的，依法追究刑事责任。

【例题】依据《中华人民共和国教师法》的相关规定，教师有下列哪种情形，可以由其所在学校予以行政处分或解聘？（   ）

    A. 故意不完成教学任务造成损失的   B. 课余时间无偿为学生补课的

    C. 教学过程中延长授课时间的   D. 学生管理中严厉对待学生的

【答案】A

【解析】《中华人民共和国教师法》中规定，教师应贯彻国家的教育方针，遵守规章制度，执行学校的教学计划，履行教师聘约，完成教育教学工作任务。因此，如果教师故意不完成教学任务造成损失的，学校可以给予行政处分或解聘。

第三十八条【关于拖欠工资的法律责任】地方人民政府对违反本法规定，拖欠教师工资或者侵犯教师其他合法权益的，应当责令其限期改正。违反国家财政制度、财务制度，挪用国家财政用于教育的经费，严重妨碍教育教学工作，拖欠教师工资，损害教师合法权益的，由上级机关责令限期归还被挪用的经费，并对直接责任人员给予行政处分；情节严重，构成犯罪的，依法追究刑事责任。

第三十九条【关于申诉】教师对学校或者其他教育机构侵犯其合法权益的，或者对学校或者其他教育机构作出的处理不服的，可以向教育行政部门提出申诉，教育行政部门应当在接到申诉的三十日内，作出处理。教师认为当地人民政府有关行政部门侵犯其根据本法规定享有的权利的，可以向同级人民政府或者上一级人民政府有关部门提出申诉，同级人民政府或者上一级人民政府有关部门应当作出处理。

【例题】教师张某对学校给予的处分不服，依据相关法律，他可以采取的法律救济途径是（　　）。

    A. 教师申诉　　　　　B. 刑事诉讼　　　　　C. 申请仲裁　　　　　D. 民事诉讼

【答案】A

【解析】《中华人民共和国教师法》第三十九条规定：教师对学校或者其他教育机构侵犯其合法权益的，或者对学校或者其他教育机构作出的处理不服的，可以向教育行政部门提出申诉，教育行政部门应当在接到申诉的 30 日内，作出处理。

【答题思路】

《中华人民共和国教师法》的比重在 2 题左右，在模块二中地位较重要，重点条款为第七条、第八条、第三十七条、第三十九条，其中，第三十七条几乎每年必考。

第五节　《中华人民共和国未成年人保护法》（节选）

考情分析：《中华人民共和国未成年人保护法》的主体结构包括：家庭保护、学校保护、社会保护及司法保护。在历年考试中，本部分法律法规可占到 2 道题左右，需要重视。

《中华人民共和国未成年人保护法》于 1991 年 9 月 4 日第七届全国人民代表大会常务委员会第二十一次会议通过，并于 2006 年 12 月 29 日第十届全国人民代表大会常务委员会第二十五次会议修订。

第一章　总　则

第五条【基本原则】保护未成年人的工作，应当遵循下列原则：（重要）

（一）尊重未成年人的人格尊严；

（二）适应未成年人身心发展的规律和特点；

（三）教育与保护相结合。

第二章　家庭保护

家庭保护是指父母或者其他监护人对未成年人实施的家庭方面的教育和保护，包括对未成年人进行生理上的关心爱护和心理上的帮助教育两方面。

第十条【监护人的监护职责】父母或者其他监护人应当创造良好、和睦的家庭环境，依法履行对未成年人的监护职责和抚养义务。

禁止对未成年人实施家庭暴力，禁止虐待、遗弃未成年人，禁止溺婴和其他残害婴儿的行为，不得歧视女性未成年人或者有残疾的未成年人。

【例题】张小的爸爸脾气暴躁，经常毒打他。这种行为（　　）。

A. 合法，父亲可以管教儿子

B. 合理，父亲是为了儿子好

C. 不合法，不应该毒打

D. 不合法，违背了《中华人民共和国未成年人保护法》

【答案】D

【解析】张小爸爸的行为对孩子的身体和心理造成了严重伤害，是侵犯生命健康权的表现。故选D。

第十一条【监护职责】父母或者其他监护人应当关注未成年人的生理、心理状况和行为习惯，以健康的思想、良好的品行和适当的方法教育和影响未成年人，引导未成年人进行有益身心健康的活动，预防和制止未成年人吸烟、酗酒、流浪、沉迷网络以及赌博、吸毒、卖淫等行为。

【例题】小华（14岁）的父亲教他吸烟。这种行为（　　　）。

　　A. 不违法　　　　B. 违法　　　C. 家庭内部问题　　　　D. 法律不予过问

【答案】B

【解析】小华的父亲的行为违反了《中华人民共和国未成年人保护法》第十一条的规定，故选B。

第十三条【教育义务】父母或者其他监护人应当尊重未成年人受教育的权利，必须使适龄未成年人依法入学接受并完成义务教育，不得使接受义务教育的未成年人辍学。

第三章　学校保护

学校保护是指各级各类学校在其自身的职责范围内，依照法律法规的规定，对在校的未成年学生进行教育并对他们的身心健康和合法权益所实施的保护。

第十八条【关爱学生】学校应当尊重未成年学生受教育的权利，关心、爱护学生，对品行有缺点、学习有困难的学生，应当耐心教育、帮助，不得歧视，不得违反法律和国家规定开除未成年学生。

第二十一条【不得体罚】学校、幼儿园、托儿所的教职员工应当尊重未成年人的人格尊严，不得对未成年人实施体罚、变相体罚或者其他侮辱人格尊严的行为。

第四章　社会保护（重点）

社会保护是指在社会生活环境中对未成年人实行的保护。

第二十八条【政府责任】各级人民政府应当保障未成年人受教育的权利，并采取措施保障家庭经济困难的、残疾的和流动人口中的未成年人等接受义务教育。

第三十条【社会责任】爱国主义教育基地、图书馆、青少年宫、儿童活动中心应当对未成年人免费开放；博物馆、纪念馆、科技馆、展览馆、美术馆、文化馆以及影剧院、体育场馆、动物园、公园等场所，应当按照有关规定对未成年人免费或者优惠开放。

【例题】根据《中华人民共和国未成年人保护法》，应当对未成年人免费开放的场馆是（　　　）。

A. 展览馆　　　　B. 纪念馆　　　　C. 图书馆　　　　D. 影剧院

【答案】C

【解析】《中华人民共和国未成年人保护法》第三十条规定：爱国主义教育基地、图书馆、青少年宫、儿童活动中心应当对未成年人免费开放。故选 C。

第三十六条【禁止未成年人进入场所】中小学校园周边不得设置营业性歌舞娱乐场所、互联网上网服务营业场所等不适宜未成年人活动的场所。

营业性歌舞娱乐场所、互联网上网服务营业场所等不适宜未成年人活动的场所，不得允许未成年人进入，经营者应当在显著位置设置未成年人禁入标志；对难以判明是否已成年的，应当要求其出示身份证件。

【例题】王某在距某小学不足百米处开了一家营业性电子游戏厅，允许该校学生出入。王某的做法（　　）。

A. 合法，王某具有自主经营的权利

B. 合法，王某并未强迫学生玩游戏

C. 违反了《中华人民共和国义务教育法》

D. 违反了《中华人民共和国未成年人保护法》

【答案】D

【解析】《中华人民共和国未成年人保护法》第三十六条明确规定：中小学校园周边不得设置营业性歌舞娱乐场所、互联网上网服务营业场所等不适宜未成年人活动的场所。营业性歌舞娱乐场所、互联网上网服务营业场所等不适宜未成年人活动的场所，不得允许未成年人进入，经营者应当在显著位置设置未成年人禁入标志；对难以判明是否已成年的，应当要求其出示身份证件。王某的做法显然违反了这一规定，是不合法的。

第三十七条【禁售烟酒】禁止向未成年人出售烟酒，经营者应当在显著位置设置不向未成年人出售烟酒的标志；对难以判明是否已成年的，应当要求其出示身份证件。

任何人不得在中小学校、幼儿园、托儿所的教室、寝室、活动室和其他未成年人集中活动的场所吸烟、饮酒。

【例题】课间休息时，教师黄某在教室抽烟。黄某的行为（　　）。

A. 正确，吸烟是公民的自由权利

B. 正确，课间休息时教师可以吸烟

C. 不正确，违反了《中华人民共和国教师法》

D. 不正确，违反了《中华人民共和国未成年人保护法》

【答案】D

【解析】《中华人民共和国未成年人保护法》第三十七条第二款规定：任何人不得在中小学校、幼儿园、托儿所的教室、寝室、活动室和其他未成年人集中活动的场所吸烟、饮酒。因此教师黄某不应该在教室吸烟，故选 D。

第三十九条【隐私维护】任何组织或者个人不得披露未成年人的个人隐私。

对未成年人的信件、日记、电子邮件，任何组织或者个人不得隐匿、毁弃；除因追查犯罪的需要，由公安机关或者人民检察院依法进行检查，或者对无行为能力的未成年人的信件、日记、电子邮件由其父母或者其他监护人代为开拆、查阅外，任何组织或者个人不得开拆、查阅。

第五章 司法保护

司法保护是指公安机关、人民检察院、人民法院及监狱、少年犯管教所等劳动改造执行机关，依法行使权力履行职责，对未成年人实施的专门保护活动。

第五十二条【法定权利】人民法院审理继承案件，应当依法保护未成年人的继承权和受遗赠权。

人民法院审理离婚案件，涉及未成年子女抚养问题的，应当听取有表达意愿能力的未成年子女的意见，根据保障子女权益的原则和双方具体情况依法处理。

第五十四条【基本方针】对违法犯罪的未成年人，实行教育、感化、挽救的方针，坚持教育为主、惩罚为辅的原则。

对违法犯罪的未成年人，应当依法从轻、减轻或者免除处罚。

第五十六条【监护保护】讯问、审判未成年犯罪嫌疑人、被告人，询问未成年证人、被害人，应当依照刑事诉讼法的规定通知其法定代理人或者其他人员到场。

公安机关、人民检察院、人民法院办理未成年人遭受性侵害的刑事案件，应当保护被害人的名誉。

第六章 法律责任

第六十八条【禁用童工】非法招用未满十六周岁的未成年人，或者招用已满十六周岁的未成年人从事过重、有毒、有害等危害未成年人身心健康的劳动或者危险作业的，由劳动保障部门责令改正，处以罚款；情节严重的，由工商行政管理部门吊销营业执照。

【例题】企事业组织、个体工商户非法招用未满16周岁的未成年人，由（   ）责令改正，处以罚款；情节严重的，由工商行政管理部门吊销营业执照。

    A. 工商行政管理部门   B. 劳动保障部门

    C. 公安部门   D. 教育部门

【答案】B

【解析】《中华人民共和国未成年人保护法》第六十八条规定：非法招用未满16周岁的未成年人，或者招用已满16周岁的未成年人从事过重、有毒、有害等危害未成年人身心健康的劳动或者危险作业的，由劳动保障部门责令改正，处以罚款；情节严重的，由工商行政管理部门吊销营业执照。

【答题思路】

《中华人民共和国未成年人保护法》主要是从家庭保护、学校保护、社会保护、司法保护这几个体系来展开论述的，其中家庭保护主要体现的是监护人的监护职责，学校保护主要是从学生受教育权的维护以及人身安全保障的角度展开，社会保护告诉

第六节 《中华人民共和国预防未成年人犯罪法》（节选）

考情分析：本法规不一定在考试中会占到分数，属于非重点内容，但是 2016 年下半年及 2017 年上半年各有 1 题。

总体而言，考生需要把握对于未成年人违法犯罪，秉承关爱为主、惩罚为辅，教育感化、挽救的方针，希望给予未成年人一个改过自新、重新做人的机会。

第二章 预防未成年人犯罪的教育

第六条【思想教育】对未成年人应当加强思想、道德、法制和爱国主义、集体主义、社会主义教育。对于达到义务教育年龄的未成年人，在进行上述教育的同时，应当进行预防犯罪的教育。

预防未成年人犯罪的教育的目的，是增强未成年人的法制观念，使未成年人懂得违法和犯罪行为对个人、家庭、社会造成的危害，违法和犯罪行为应当承担的法律责任，树立遵纪守法和防范违法犯罪的意识。

第七条【犯罪预防教育】教育行政部门、学校应当将预防犯罪的教育作为法制教育的内容纳入学校教育教学计划，结合常见多发的未成年人犯罪，对不同年龄的未成年人进行有针对性的预防犯罪教育。

第八条 司法行政部门、教育行政部门、共产主义青年团、少年先锋队应当结合实际，组织、举办展览会、报告会、演讲会等多种形式的预防未成年人犯罪的法制宣传活动。

学校应当结合实际举办以预防未成年人犯罪的教育为主要内容的活动。教育行政部门应当将预防未成年人犯罪教育的工作效果作为考核学校工作的一项重要内容。

第九条【法制教育】学校应当聘任从事法制教育的专职或者兼职教师。学校根据条件可以聘请校外法律辅导员。

第十条【监护职责】未成年人的父母或者其他监护人对未成年人的法制教育负有直接责任。学校在对学生进行预防犯罪教育时，应当将教育计划告知未成年人的父母或者其他监护人，未成年人的父母或者其他监护人应当结合学校的计划，针对具体情况进行教育。

第十一条【宣教活动】少年宫、青少年活动中心等校外活动场所应当把预防未成年人犯罪的教育作为一项重要的工作内容，开展多种形式的宣传教育活动。

第十二条【职业教育】对于已满十六周岁不满十八周岁准备就业的未成年人，职业教育培训机构、用人单位应当将法律知识和预防犯罪教育纳入职业培训的内容。

第三章　对未成年人不良行为的预防

第十四条【不良行为】未成年人的父母或者其他监护人和学校应当教育未成年人不得有下列不良行为：

（一）旷课、夜不归宿；

（二）携带管制刀具；

（三）打架斗殴、辱骂他人；

（四）强行向他人索要财物；

（五）偷窃、故意毁坏财物；

（六）参与赌博或者变相赌博；

（七）观看、收听色情、淫秽的音像制品、读物等；

（八）进入法律、法规规定未成年人不适宜进入的营业性歌舞厅等场所；

（九）其他严重违背社会公德的不良行为。

第十五条【禁售烟酒】未成年人的父母或者其他监护人和学校应当教育未成年人不得吸烟、酗酒。任何经营场所不得向未成年人出售烟酒。

第十六条【旷课】中小学生旷课的，学校应当及时与其父母或者其他监护人取得联系。

未成年人擅自外出夜不归宿的，其父母或者其他监护人、其所在的寄宿制学校应当及时查找，或者向公安机关请求帮助。收留夜不归宿的未成年人的，应当征得其父母或者其他监护人的同意，或者在二十四小时内及时通知其父母或者其他监护人、所在学校或者及时向公安机关报告。

第十九条【脱离监护】未成年人的父母或者其他监护人，不得让不满十六周岁的未成年人脱离监护单独居住。

第二十条【监护职责】未成年人的父母或者其他监护人对未成年人不得放任不管，不得迫使其离家出走，放弃监护职责。

未成年人离家出走的，其父母或者其他监护人应当及时查找，或者向公安机关请求帮助。

第二十一条【教育义务】未成年人的父母离异的，离异双方对子女都有教育的义务，任何一方都不得因离异而不履行教育子女的义务。

第二十二条【离异责任】继父母、养父母对受其抚养教育的未成年继子女、养子女，应当履行本法规定的父母对未成年子女在预防犯罪方面的职责。

【例题】1. 教师对解除收容教养、劳动教养后回校复学的未成年学生，应当（　　　　）。

    A. 限制其与其他同学接触　　　　　　B. 限制其使用学校的设施

    C. 按其以往表现评价品行　　　　　　D. 允许参加学校各项活动

【答案】D

【解析】根据《中华人民共和国预防未成年人犯罪法》的规定，未成年人在被收容教养期间，执行机关应当保证其继续接受文化知识、法律知识或者职业技术教育；对没有完成义务教育的未成年人，执行机关应当保证其继续接受义务教育。解除收容教养、劳动教养的未成年人，在复学、升学、就业等方面与其他未成年人享有同等权利，任何单位和个人不得歧视。

【例题】2. 因父母长期在外打工,初中一年级的学生小枫与15岁的哥哥单独居住。依据《中华人民共和国预防未成年人犯罪法》的规定,对小枫父母予以训诫的应是( )。

A. 教育行政部门　　　　　　　　B. 乡政府

C. 学校　　　　　　　　　　　　D. 公安机关

【答案】D

【解析】《中华人民共和国预防未成年人犯罪法》第五十条规定:未成年人的父母或者其他监护人违反第十九条的规定,让不满16周岁的未成年人脱离监护单独居住的,由公安机关对未成年人的父母或者其他监护人予以训诫,责令其立即改正。

【2017年下半年真题】

为了提高学生的法制意识,预防可能发生的未成年人犯罪事件,学校拟采取应对措施。下列选项中不正确的是( )。

A. 聘任优秀的律师担任法制教育的兼职教师

B. 聘任当地派出所干警担任校外法律辅导员

C. 要求未成年学生的父母配合开展法制教育

D. 要求班主任承担对未成年学生的监护责任

【答案】D

【解析】本题可考虑排除法,班主任并不承担对未成年学生的监护职责。

【答题思路】

该法规重点把握对不良行为的预防,考到的概率不高。

第七节 《学生伤害事故处理办法》(节选)

考情分析:基本上每年维持一道题,2分。考查的规律为:让考生判断学生受到伤害后的责任归属问题,也就是谁来对学生的伤害负责。

重点把握第八条、第九条、第十条、第十二条、第十三条。

第八条【因果责任】学生伤害事故的责任,应当根据相关当事人的行为与损害后果之间的因果关系依法确定。

因学校、学生或者其他相关当事人的过错造成的学生伤害事故,相关当事人应当根据其行为过错程度的比例及其与损害后果之间的因果关系承担相应的责任。当事人的行为是损害后果发生的主要原因,应当承担主要责任;当事人的行为是损害后果发生的非主要原因,承担相应的责任。

【例题】放学后，10 名学生到教师王某私自开设的学校附近的商店里购买了过期食品，导致食物中毒。对这起事故应承担主要责任的是（　　　　）。

    A. 王某   B. 学校   C. 政府   D. 家长

【答案】A

【解析】《学生伤害事故处理办法》第 8 条规定：学生伤害事故的责任，应当根据相关当事人的行为与损害后果之间的因果关系依法确定。因学校、学生或者其他相关当事人的过错造成的学生伤害事故，相关当事人应当根据其行为过错程度的比例及其与损害后果之间的因果关系承担相应的责任。当事人的行为是损害后果发生的主要原因，应当承担主要责任；当事人的行为是损害后果发生的非主要原因，承担相应的责任。故选 A。

第九条【学校责任】因下列情形之一造成的学生伤害事故，学校应当依法承担相应的责任：

（一）学校的校舍、场地、其他公共设施，以及学校提供给学生使用的学具、教育教学和生活设施、设备不符合国家规定的标准，或者有明显不安全因素的；

（二）学校的安全保卫、消防、设施设备管理等安全管理制度有明显疏漏，或者管理混乱，存在重大安全隐患，而未及时采取措施的；

（三）学校向学生提供的药品、食品、饮用水等不符合国家或者行业的有关标准、要求的；

（四）学校组织学生参加教育教学活动或者校外活动，未对学生进行相应的安全教育，并未在可预见的范围内采取必要的安全措施的；

（五）学校知道教师或者其他工作人员患有不适宜担任教育教学工作的疾病，但未采取必要措施的；

（六）学校违反有关规定，组织或者安排未成年学生从事不宜未成年人参加的劳动、体育运动或者其他活动的；

（七）学生有特异体质或者特定疾病，不宜参加某种教育教学活动，学校知道或者应当知道，但未予以必要的注意的；

（八）学生在校期间突发疾病或者受到伤害，学校发现，但未根据实际情况及时采取相应措施，导致不良后果加重的；

（九）学校教师或者其他工作人员体罚或者变相体罚学生，或者在履行职责过程中违反工作要求、操作规程、职业道德或者其他有关规定的；

（十）学校教师或者其他工作人员在负有组织、管理未成年学生的职责期间，发现学生行为具有危险性，但未进行必要的管理、告诫或者制止的；

（十一）对未成年学生擅自离校等与学生人身安全直接相关的信息，学校发现或者知道，但未及时告知未成年学生的监护人，导致未成年学生因脱离监护人的保护而发生伤害的；

（十二）学校有未依法履行职责的其他情形的。

第十条【监护责任】学生或者未成年学生监护人由于过错，有下列情形之一，造成学生伤害事故，应当依法承担相应的责任：

（一）学生违反法律法规的规定，违反社会公共行为准则、学校的规章制度或者纪律，实施按其年龄和认知能力应当知道具有危险或者可能危及他人的行为的；

（二）学生行为具有危险性，学校、教师已经告诫、纠正，但学生不听劝阻、拒不改正的；

（三）学生或者其监护人知道学生有特异体质，或者患有特定疾病，但未告知学校的；

（四）未成年学生的身体状况、行为、情绪等有异常情况，监护人知道或者已被学校告知，但未履行相应监护职责的；

（五）学生或者未成年学生监护人有其他过错的。

第十二条【学校免责】因下列情形之一造成的学生伤害事故，学校已履行了相应职责，行为并无不当，无法律责任：

（一）地震、雷击、台风、洪水等不可抗的自然因素造成的；

（二）来自学校外部的突发性、偶发性侵害造成的；

（三）学生有特异体质、特定疾病或者异常心理状态，学校不知道或者难于知道的；

（四）学生自杀、自伤的；

（五）在对抗性或者具有风险性的体育竞赛活动中发生意外伤害的；

（六）其他意外因素造成的。

【例题】下面哪一个选项不属于学校事故的免责条件？（　　　）

A. 第三人过错　　　B. 不可抗力　　　　C. 意外事件　　　　D. 紧急避险

【答案】A

【解析】根据《学生伤害事故处理办法》第十二条规定，因不可抗力因素、意外事件、紧急避险因素导致学生伤害，学校已履行了相应职责，行为并无不当的，无法律责任。其中不包括选项 A 所描述的情况。

第十三条【学校免责】下列情形下发生的造成学生人身损害后果的事故，学校行为并无不当的，不承担事故责任；事故责任应当按有关法律法规或者其他有关规定认定：

（一）在学生自行上学、放学、返校、离校途中发生的；

（二）在学生自行外出或者擅自离校期间发生的；

（三）在放学后、节假日或者假期等学校工作时间以外，学生自行滞留学校或者自行到校发生的；

（四）其他在学校管理职责范围外发生的。

【例题】学生阿刚在国庆节期间擅自翻越学校围墙，导致右腿摔伤。对于阿刚所受伤害，下列选项中正确的是（　　　）。

A. 学校存在过错，应当承担赔偿责任　　B. 学校没有过错，但要承担赔偿责任

C. 学校没有过错，无须承担赔偿责任　　D. 学校存在过错，但可免除赔偿责任

【答案】C

【解析】根据《学生伤害事故处理办法》第十三条规定，学校工作时间以外，学生自行到校发生的安全事故，学校行为并无不当的，不承担事故责任。本题中提示事情发生在国庆节期间，因此不属于学校工作时间，故选 C。

综合素质（中学）

【答题思路】
　　该法规每次考试必有 1 题，主要把握第八条至第十三条，分清楚责任归属问题即可。

第二章　教师的权利和义务

直击考点

● 第一节　教师的权利（重要）
● 第二节　教师的义务（重要）

第一节　教师的权利

一、教师的一般权利（公民权利）

　　一般权利是教师作为公民依法享有的基本权利，如选举权、被选举权、姓名权、人身权、隐私权、财产权等。

　　教师的人身权利包括生命权、健康权、人身自由权。

　　生命权是指人身不受伤害和杀害的权利或得到保护以免遭伤害和杀害的权利，取得维持生命和最低生活水平的健康保护的物质必需的权利。健康权是指保持身体内部机能和外部器官完整性的权利。人身自由权是在法律范围内有独立行为而不受他人干涉，不受非法逮捕、拘禁，不被非法剥夺、限制自由及非法搜查身体的自由权利。

　　教师的人格权利包括姓名权、名誉权、荣誉权、肖像权、隐私权等和人格尊严有关的权利。

　　姓名权是指决定其姓名、使用其姓名和变更其姓名并要求他人尊重自己姓名的权利，是以姓名利益为内容的权利。名誉权是指以其名誉所受（精神）利益为内容的权利。荣誉权是指以一定方式获得特殊身份的权利，通常以获得荣誉称号的方式实现。肖像权是对自己的肖像享有利益并排斥他人侵犯的一种人身权利，是以公民的形象、特征利益为内容的人格权。隐私权又称个人生活秘密权，是指自然人不愿公开或让他人知悉个人秘密的权利。

　　教师的人身权利和人格权利受法律保护，任何辱骂、殴打教师或者其他侮辱教师的行为都构成违法或者犯罪，应当承担相应的法律责任。

二、教师的职业权利

教师的职业权利主要来自《中华人民共和国教师法》第七条的规定。

1. 教育教学权

教师享有进行教育教学活动，开展教育教学改革和实验的权利。教师的教育教学权是教师职业权利的核心，教书育人是一名教师最基本的权利和职责。

2. 科研学术活动权

教师享有从事科学研究、学术交流，参加专业的学术团体，在学术活动中充分发表意见的权利。

3. 指导评价权

教师享有"指导学生的学习和发展，评定学生的品行和学业成绩"的权利。

4. 获取报酬待遇权

教师享有"按时获取工资报酬，享受国家规定的福利待遇以及寒暑假期的带薪休假"的权利。这是教师的基本物质保障的权利。

5. 参与民主管理权

教师享有对学校教育教学、管理工作和教育行政部门的工作提出意见和建议，通过教职工代表大会或者其他形式，参与学校的民主管理的权利。

6. 进修培训权

教师享有"参加进修或者其他方式的培训"的权利。

【例题】1. 某学校规定女教师必须在校工作三年后，方可怀孕，否则按事假对待。该规定（　　）。

  A. 合法，体现了学校的自主办校权　　B. 合法，保障学校正常教学秩序

  C. 不合法，侵犯教师身体权　　D. 不合法，侵犯教师人身权

【答案】D

【解析】学校的做法是不合法的。生育权是基本的人身权利，因此该学校的做法侵犯了教师的人身权。故选D。

【例题】2. 欧阳老师就学校的管理问题向学校提建议。该老师的做法是（　　）。

  A. 履行教师的义务　　B. 行使教师的权利

  C. 影响学校的秩序　　D. 给学校出难题

【答案】B

【解析】本题是对教师权利的考查，教师可以通过教职工代表大会或者其他形式，参与学校的民主管理，要求学校校务公开。

【例题】3. 某县中学教师李某对学校给予的处分不服，李某可以提出申诉的机构是（　　）。

  A. 所在省教育行政主管部门　　B. 所在县教育行政主管部门

  C. 当地县级人民政府　　D. 学校教工代表大会

【答案】B

【解析】《中华人民共和国教师法》第三十九条规定：教师对学校或者其他教育机构侵犯其合法权益的，或者对学校或者其他教育机构作出的处理不服的，可以向教育行政部门提出申诉，教育行政部门应当在接到申诉的 30 日内，作出处理。教师认为当地人民政府有关行政部门侵犯其根据本法规定享有的权利的，可以向同级人民政府或者上一级人民政府有关部门提出申诉，同级人民政府或者上一级人民政府有关部门应当作出处理。

第二节　教师的义务

教师的职业义务主要来自《中华人民共和国教师法》第八条的规定。

1. 遵纪守法义务

教师有遵守宪法、法律和职业道德、为人师表的义务。

2. 教育教学义务

教师有贯彻国家的教育方针，遵守规章制度，执行学校的教学计划，履行教师聘约，完成教育教学工作任务的义务。

3. 教书育人义务

教师有对学生进行宪法所确定的基本原则的教育和爱国主义、民族团结的教育，法制教育以及思想品德、文化、科学技术教育，组织、带领学生开展有益的社会活动的义务。

4. 尊重学生人格的义务（第八条第四项）

5. 保护学生合法权益的义务（第八条第五项）

6. 不断提高思想政治觉悟和教育教学业务水平的义务

第三章　学生的权利

直击考点

● 学生的权利（重要）

作为在校读书的学生，同时受到《中华人民共和国未成年人保护法》《中华人民共和国义务教育法》等多项法律的保护，具体而言，学生的权利主要包括：

1. 生存的权利

《中华人民共和国宪法》规定：父母有抚养未成年子女的义务。

《中华人民共和国未成年人保护法》规定：父母或者其他监护人应当创造良好、和睦的家庭环境，依法履行对未成年人的监护职责和抚养义务。禁止对未成年人实施家庭暴力，禁止虐待、遗弃未成年人，禁止溺婴和其他残害婴儿的行为，不得歧视女性未成年人或者有残疾的未成年人。

2. 受教育权

《中华人民共和国宪法》规定：中华人民共和国公民有受教育的权利和义务。

《中华人民共和国义务教育法》规定：国家、社会、学校和家庭依法保障适龄儿童、少年接受义务教育的权利。凡年满 6 周岁的儿童，不分性别、民族、种族，应当入学接受规定年限的义务教育。

《中华人民共和国未成年人保护法》规定：学校应当尊重未成年学生的受教育权，不得随意开除未成年学生。

3. 获得经济资助权

学生享有"按照国家有关规定获得奖学金、贷学金、助学金"的权利，简称"获得经济资助权"。奖学金是为奖励品学兼优的学生和报考国家重点保证的、特殊的、条件艰苦的专业的学生而设立的经济资助制度。

4. 获得学业证书权

学生享有"在学业成绩和品行上获得公正评价，完成规定的学业后获得相应的学业证书、学位证书"的权利。

5. 申诉起诉权

学生享有"对学校给予的处分不服，向有关部门提出申诉，对学校、教师侵犯其人身权、财产权等合法权益，提出申诉或者依法提起诉讼"的权利，简称"申诉起诉权"。这项权利主要包括两方面：申诉权和起诉权。

【模块二 总结概览】

纵观整个模块，历年考试均以客观题方式考核，分值比重固定在 16 分（8 题）左右，其中可以分为三个军团：

第一军团是重点，包括《中华人民共和国义务教育法》《中华人民共和国未成年人保护法》《中华人民共和国教师法》，这三个法律法规分值比重较高，可能会占到 2 个或者以上的题目。

第二军团是《学生伤害事故处理办法》和《纲要》，平均每次稳定在 1 题 2 分左右。

第三军团是《中华人民共和国教育法》和《中华人民共和国预防未成年人犯罪法》，可能会出 1 题，也可能隔年才出。

其中，《中华人民共和国义务教育法》强调教育的公平性、均衡发展、保护学生的受教育权。

《中华人民共和国教师法》要关注第三十七条，以及教师的权利和义务、教师的待遇、法律责任。

《中华人民共和国未成年人保护法》的重点在于家庭保护、学校保护、社会保护以及司法保护，其中家庭保护强调家长的监护责任，学校保护强调校园安全。最重点的内容是社会保护。

【拓展阅读】　　《熔炉》——一部改变韩国教育立法电影的蝴蝶效应

光州距首尔四小时车程，当地有一所私立听障学校，下属特殊学校、庇护工厂、社会设施院，是获政府补助又能向企业募款的社福法人单位。同时又是私立学校，受《私立学校法》和现行《社会福祉事业法》双重保护，经营自主，完全不受外界监督，已发展为家族式企业，高层皆为亲戚姻亲。

以下是被称为改变国家命运的电影《熔炉》诞生前后的经过及所引发的蝴蝶效应，值得我们每个即将成为教师或者已经为人师的人士深思：

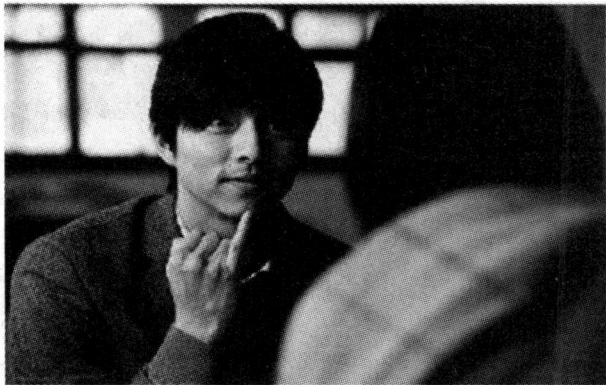

2005 年 6 月

该校教师全应燮被校方诬赖性侵学生，而向当地身心障碍家庭问题咨商议中心第一次曝光听障学校的罪恶：从校长到老师 10 多人，从 2000 年开始对住宿的听障生施暴或性侵，受害学生年龄范围为 7～20 岁。性侵丑闻引起当地人权团体的愤怒，组成委员会为受害者发声，同时展开司法程序。

韩国国家人权委员会调查了 6 人，4 人受到司法审判，其中校长、总务主任一审分别被判 5 年、10 个月，2 名性侵老师被判 2 年。然而二审大逆转，校长、总务主任皆因没有前科且与被害者家属达成协议（使用公款）而被判缓刑获释。

人权团体在判后六年始终坚持抗争，然而成效有限。

2008 年

女作家孔泳枝读到关于此事件的网络新闻，为《在法院下判决的那一瞬间听障者哭了》一文所触动，经过查阅方才得知事件真相，大为震惊。孔泳枝立刻前往光州，与受害学生相处数日，深入了解孩子的受创心灵后，将该事件改编为小说，2008 年年底至 2009 年年中连载于网络，点击率超过 1 600 万人次。

2009 年

小说《熔炉》发行单行本，旋即大卖。同年，尚在服役中的孔侑在部队读到这本书，深受震撼。

2010 年 8 月

孔侑退伍，向所属经济公司建议翻拍此片。

2011 年年初左右

《熔炉》开拍。

2011 年 9 月

电影《熔炉》上映。

网络出现要求重启调查百万人签名活动。

《熔炉》上映第六天

光州警方组成专案小组重新侦办此案。

重启调查后发现，现行性侵害防治法刑责太轻，性侵身障者处 7 年以上有期徒刑；性侵幼童处 10 年以上有期徒刑，公诉期 7 年，2 名性侵教师已过追诉期。网民要求提高性侵案量刑标准和废除追诉期。

光州警方提出因强奸致伤，公诉期延长到 10 年。同时调查后得知 14 人涉嫌性侵，由于涉嫌性侵校长已过世，将由韩国政府负起连带责任，赔偿受害学生。

向光州身心障碍家庭问题咨商议中心吐露受性侵的听障学生由当年的 12 名增加到 30 多名。

电影上映第 37 天

韩国国会以 207 票通过、1 票弃权压倒性通过《性侵害防治修正案》，又名《熔炉法》。要点如下：性侵女身障者、不满 13 岁幼童，最重可处无期徒刑；废除公诉期。加害者如任职于社会福利机构或特殊教育单位可加重处罚，新法于 2012 年 7 月实施。

同时催生"熔炉防治法"——《社会福祉事业法》修正案，确保社福机构经营公开透明并纳入外部监督力量，目前尚在审理中。

《熔炉》下线后一个月

光州私立听障学校被取消社会福祉许可证，学校被关闭，由光州政府接管，缴回 57 亿韩元法人财产，用于身障者福利基金，并成立国立特殊学校，预计 2013 年开学。

2000—2004 年间，光州仁和特殊教育学校教职人员长期对残障学生实施虐待及性暴力侵害。直到 2005 年 6 月，此事才广为人知。原因是一位职员实在忍不住，向光州障碍人性暴力服务机构揭发了此事。之后，继警察与检方进行搜查后，国家人权委也展开了调查。但是当时对罪犯的处罚很轻，2005 年 11 月，该案一审，涉案校长金某被判处有期徒刑 5 年，行政室长金某被判处有期徒刑 1 年、1 名教师被判处有期徒刑 2 年。不过，前述当事人在判决后事实上没有接受实质性的惩罚，仍继续在学校担任职务。事情过去 6 年了，无论是加害方或是受害方似乎都将这件事埋藏在记忆深处，权当一切都不曾发生过。

电影的上映不仅引起了人们的反思，也再次将这起已结案的性侵害案件推出水面。在韩国民众的集中关注和推波助澜之下，韩国光州警方组成特别调查组再次着手对"仁和学校事件"进行调查。2011 年 9 月 29 日，40 名涉案教职员工中，其中 1 名因涉嫌性暴力被起诉、12 名因涉嫌向事业法人行贿予以不拘留起诉、13 名受到任职机构通报处理、其他 14 人则接受内部调查。

引发了一系列法律修订

电影《熔炉》暴露出的社会福祉机构内存在着的侵害残障人人权的问题，也引发了韩国民众对残障人群体的集中关注效应。韩残障人团体等民间组织一致呼吁应对《社会福祉事业法》进行修订。

电影中暴露出的光州仁和学校虐待和性侵害学生事件，也引发了人们对学生人权和性侵犯问题的关注。韩政府为预防"熔炉"事件再次发生，积极推动国会通过《教育公务员法修订案》。修订案规定，对实施性犯罪的老师将处以100万韩元以上的罚金并予以清退。

自2011年10月起，韩国教育科学技术部对全国所有寄宿型特殊教育学校和普通特殊教育学校实施联合检查，并成立预防对残障学生实施性侵犯的"常设监督团"。同时还将对幼儿园、学校等教育机关从业人员的性犯罪经历进行调查。

【实战演练】

单项选择题

1. 实施义务教育，不收（   ）。

A. 学费   B. 杂费   C. 学费、杂费   D. 任何费用

2. 保护未成年人的工作应该遵循一定的原则。下列做法不恰当的是（   ）。

A. 尊重未成年人的人格尊严

B. 适应未成年人身心发展的规律和特点

C. 教育与保护相结合

D. 对违反校纪校规的未成年人实施体罚，以儆效尤

3. 凡年满（   ）周岁的儿童，其父母或者其他法定监护人应当送其入学接受并完成义务教育；条件不具备的地区的儿童，可以推迟到（   ）周岁。

A. 5，6   B. 6，7   C. 7，8   D. 7，8

4. 根据我国有关法律规定，经批准招收适龄儿童、少年进行文艺、体育等专业训练的社会组织，应当保证所招收的适龄儿童、少年接受义务教育；自行实施义务教育的，应当经（   ）人民政府教育行政部门批准。

A. 县级   B. 市级   C. 省级   D. 中央

5. 对违法犯罪的未成年人，实行教育、感化、挽救的方针，坚持（   ）的原则。

A. 教育为主、惩罚为辅   B. 教育为主

C. 惩罚为主   D. 依法从轻

6. 取得初级中学教师、初级职业学校文化、专业课教师资格，应当具备（   ）。

A. 高等师范专科学校或者其他大学专科毕业及其以上学历

B. 研究生或者大学本科毕业学历

C. 中等师范学校毕业及其以上学历

D. 幼儿师范学校毕业及其以上学历

7. 为最大限度地预防和减少青少年学生的违法犯罪活动，学校应该（   ）。

A. 让司法机关介入学校教育

B. 让居委会、街道办事处参与到学校教育中来

C. 聘请从事法制教育的专家或教师来学校充当专职或兼职教师

D. 一律听从上级安排

8. 下列选项说法错误的是（　　　）。

A. 学校应当建立、健全安全制度和应急机制，对学生进行安全教育，加强管理，及时消除隐患，预防发生事故

B. 县级以上地方人民政府定期对学校校舍安全进行检查；对需要维修、改造的，及时予以维修、改造

C. 学校不得违反国家规定收取费用，不得以向学生推销或者变相推销商品、服务等方式谋取利益

D. 学校可以根据需要聘用曾经因故意犯罪被依法剥夺政治权利或者其他不适合从事义务教育工作的人担任工作人员

9. 教育法律责任作为一种社会责任，其区别于其他社会责任最突出的特点在于它的（　　　）。

A. 导向性　　　　　　B. 对等性　　　　　　C. 强制性　　　　　　D. 有序性

10. 学校不履行法律规定的义务，情节严重或者造成严重后果，根据有关法律规定，（　　　）要承担相应的法律责任。

A. 校长　　　　　　　　　　　　　　B. 学校负责人

C. 有关直接负责人　　　　　　　　　D. 学校负责人和有关直接负责人

11. 教师的（　　　）是受聘任教、晋升工资、实施奖惩的依据。

A. 学历水平　　　　B. 业务水平　　　　C. 工作成绩　　　　D. 考核结果

12. （　　　）是全部教育法规的"母法"。

A. 《中华人民共和国宪法》　　　　　　B. 《中华人民共和国教育法》

C. 《中华人民共和国教师法》　　　　　D. 《中华人民共和国义务教育法》

13. 我国第八次基础教育课程改革的指导性文件是（　　　）。

A. 《中共中央、国务院关于深化教育改革全面推进素质教育的决定》

B. 《国务院关于基础教育改革与发展的决定》

C. 《基础教育课程改革纲要（试行）》

D. 《中国教育改革与发展纲要》

14. 下列选项中说法错误的是（　　　）。

A. 教师是履行教育教学职责的专业人员

B. 教师的专业化尝试是从建立专门的师范培训机构开始的

C. 将每年的 9 月 10 日定为教师节是在 1988 年全国人民代表大会常务委员会上确定的

D. 对于非师范院校毕业或者教师资格考试合格的公民申请认定教师资格的，应当进行面试和试讲

15. 《中华人民共和国教师法》的颁布实施是在（　　　）年。

A. 1993　　　　　　B. 1995　　　　　　C. 1998　　　　　　D. 1985

16. 根据《中华人民共和国教育法》的规定，中等及中等以下教育在国务院领导下，由（　　　）管理。

A. 教育部门　　　　B. 学校自己　　　　C. 地方人民政府　　　D. 国务院行政部门

17. 县级人民政府教育行政部门应当均衡配置本行政区域内学校师资力量，组织校长、教师的（　　　），加强对薄弱学校的建设。

A. 学习和培训　　　B. 沟通和合作　　　C. 培训和流动　　　D. 交流和互访

18. 王某担任某县小学教师期间通过了硕士研究生入学考试，学校以王某服务期未满、学校教师不足为由不予批准王某在职学习。王某欲以剥夺其参加进修权利为由提出申诉，受理申诉的机构应当是（　　　）。

A. 当地县教育局　　　B. 当地县人民政府　　C. 地市教育局　　　D. 省教育厅

19. 在我国教育管理体制上，《中华人民共和国教育法》规定我国教育实行（　　　）原则。

A. 统一管理
B. 分级管理
C. 分工负责
D. 分级管理、分工负责

20. 教育是社会主义现代化建设的基础，国家保障教育事业（　　　）。

A. 同步发展　　　B. 优先发展　　　C. 快速发展　　　D. 共同发展

参考答案及解析

单项选择题

1. C【解析】《中华人民共和国义务教育法》第二条规定：义务教育是国家统一实施的所有适龄儿童、少年必须接受的教育，是国家必须予以保障的公益性事业。实施义务教育，不收学费、杂费。

2. D【解析】《中华人民共和国未成年人保护法》第二十一条规定：学校、幼儿园、托儿所的教职员工应当尊重未成年人的人格尊严，不得对未成年人实施体罚、变相体罚或者其他侮辱人格尊严的行为。

3. B【解析】《中华人民共和国义务教育法》第十一条规定：凡年满6周岁的儿童，其父母或者其他法定监护人应当送其入学接受并完成义务教育；条件不具备的地区的儿童，可以推迟到7周岁。

4. A【解析】《中华人民共和国义务教育法》指出，文艺、体育类社会组织自行对少年儿童实施义务教育的，需经过县级人民政府教育行政部门批准方可施行。

5. A【解析】《中华人民共和国未成年人保护法》第五十四条规定：对违法犯罪的未成年人，实行教育、感化、挽救的方针，坚持教育为主、惩罚为辅的原则。对违法犯罪的未成年人，应当依法从轻、减轻或者免除处罚。

6. A【解析】《中华人民共和国教师法》第十一条第三项规定：取得初级中学教师、初级职业学校文化、专业课教师资格，应当具备高等师范专科学校或者其他大学专科毕业及其以上学历。

7. C【解析】违法犯罪活动对青少年的健康成长影响极大，学校要尽最大努力做好青少年学生违法犯罪活动的预防工作，定期或不定期聘请从事法制教育的专家或教师来校对学生进行法律教育活动。

8. D【解析】《中华人民共和国义务教育法》第二十四条规定：学校应当建立、健全安全制度和应急机制，对学生进行安全教育，加强管理，及时消除隐患，预防发生事故。县级以上地方人民政府定期对学校校舍安全进行检查；对需要维修、改造的，及时予以维修、改造。学校不得聘用曾经因故意犯罪被依法剥夺政治权利或者其他不适合从事义务教育工作的人担任工作人员。第二十五条规定：学校不得违反国家规定收取费用，不得以向学生推销或者变相推销商品、服务等方式谋取利益。

9. C【解析】教育法律责任是指由行为人违反教育法律规范的行为所引起的，应当由其依法承担的惩罚性的法律后果。可以看出，教育法律责任的前提是存在违法行为，所以其有强制性的特点。

10. D【解析】学校不履行法律法规规定的义务，情节严重或者造成严重后果，根据有关法律的规定，学校负责人和有关直接负责人要承担相应的法律责任。

11. D【解析】《中华人民共和国教师法》第二十四条规定：教师考核结果是受聘任教、晋升工资、实施奖惩的依据。

12. B【解析】《中华人民共和国宪法》是我国的根本大法，《中华人民共和国教育法》是制定所有教育法规的"母法"。

13. C【解析】我国第八次基础教育课程改革的指导性文件是 2001 年 6 月 8 日正式颁布的《基础教育课程改革纲要（试行）》。

14. C【解析】1985 年 1 月 21 日，第六届全国人大常委会第九次会议决定，每年 9 月10 日为教师节。

15. A【解析】《中华人民共和国教师法》的颁布实施是在 1993 年。

16. C【解析】《中华人民共和国教育法》第十四条规定：国务院和地方各级人民政府根据分级管理、分工负则的原则，领导和管理教育工作。中等及中等以下教育在国务院领导下，由地方人民政府管理。高等教育由国务院和省、自治区、直辖市人民政府管理。

17. C【解析】《中华人民共和国义务教育法》第三十二条第二款规定：县级人民政府教育行政部门应当均衡配置本行政区域内学校师资力量，组织校长、教师的培训和流动，加强对薄弱学校的建设。

18. A【解析】对教师提出的申诉的受理机构是当地教育行政部门。王某在某县小学就职，因此王某的申诉由当地县教育局受理。

19. D【解析】《中华人民共和国教育法》第十四条第一款规定：国务院和地方各级人民政府根据分级管理、分工负责的原则，领导和管理教育工作。

20. B【解析】《中华人民共和国教育法》第四条第一款规定：教育是社会主义现代化建设的基础，国家保障教育事业优先发展。

模块三 教师职业道德

一、章节安排

教师职业道德
- 《中小学教师职业道德规范》的主要内容（重点）
- 《中小学班主任工作规定》（了解）
- 教师的职业行为要求（选择题）

二、考试目标

（一）教师职业道德

1. 了解《中小学教师职业道德规范》（2008 年修订），掌握教师职业道德规范的主要内容，尊重法律及社会接受的行为准则。

2. 理解《中小学班主任工作规定》文件精神。

3. 分析评价教育教学实践中教师的道德规范问题。

（二）教师职业行为

1. 了解教师职业行为规范的要求。

2. 理解教师职业行为规范的主要内容，在教育活动中运用行为规范恰当地处理与学生、学生家长、同事以及教育管理者的关系。

3. 在教育教学活动中，依据教师职业行为规范，爱国守法、爱岗敬业、关爱学生、教书育人、为人师表。

三、考情分析

单位：分

考情分析		近6年考情											
师德规范	爱国守法	2	0	2	2	0	0	0	0	0	0	0	0
	爱岗敬业	0	2	0	0	2	0	0	0	0	0	0	2
	关爱学生	2	0	2	2	0	0	0	0	2	2	2	2
	教书育人	0	0	0	0	2	0	0	2	0	0	0	0
	为人师表	2	2	2	2	4	2	2	2	2	0	2	2
	终身学习	0	0	0	0	0	2	2	0	2	0	2	
	材料分析题	14	14	14	14	14	14	14	14	14	14	14	14

考情分析	近6年考情											
教师职业行为	2	4	2	2	2	4	4	2	4	4	4	0
班主任工作	0	0	0	0	0	0	0	2	0	0	0	0
总计	22	22	20	22	24	22	22	22	22	22	22	22

四、地位及占分比重

职业道德在教师资格考试中的分值比重以及考核方法与模块一职业理念基本类似。（总分占比22分，单选4道，材料分析1道）该模块重点讲解了对公众眼中为人师表的教师的职业道德的要求以及教师在日常教学中如何对待学生、对待家长、对待同事以及对待自己。

第一章 《中小学教师职业道德规范》的主要内容

直击考点

● 第一节 《中小学教师职业道德规范》概述（了解）
● 第二节 《中小学教师职业道德规范》的主要内容（重要）

第一节 《中小学教师职业道德规范》概述

一、《中小学教师职业道德规范》修订的背景

新中国成立以来，国家正式颁布中小学教师职业道德规范主要有四次，2008年新修订的《中小学教师职业道德规范》（以下简称《规范》）在吸取以往师德规范的基础上，又体现了新的时代精神。

《规范》的基本内容继承了我国的优秀师德传统，并充分反映了新形势下经济、社会和教育发展对中小学教师应有的道德品质和职业行为的基本要求。《规范》对教师的职业道德起指导作用，是调节教师与学生、教师与学校、教师与国家、教师与社会相互关系的基本行为准则，体现了与时俱进的理念。

二、《中小学教师职业道德规范》修订的基本原则

（一）坚持"以人为本"

《规范》坚持"以人为本"的基本原则，意即坚持以教师为本，做到从切实符合教师

的实际情况出发，使规范的制定建立在实事求是的基础上。

（二）坚持继承与创新相结合

《规范》的修订以扬弃为主旨，将旧有《规范》不合时宜的部分进行调整，结合时代创新，充分做到了与时俱进。

（三）坚持广泛性与先进性相结合

《规范》既能够体现广大教师职业道德的基本水准，同时又能展现新时代教师职业道德的风貌，从而能够更好地激励教师不断促使自己的职业道德水平进步。

（四）倡导性要求与禁行性规定相结合

《规范》明确规定教师应当爱岗敬业、关爱学生等，同时又坚决反对利用职务之便谋取私利，因此对教师的职业行为做出了明确的倡导及禁行性的规定。

（五）他律与自律相结合

师德需要受到公众的监督，同时也需要教师内化到自己的价值体系与日常行为之中。

第二节 《中小学教师职业道德规范》的主要内容

《中小学教师职业道德规范》的主要内容

基本内容

新《规范》规定了六条教师应具备的职业道德，体现了教师职业特点对师德的本质要求和时代特征，"爱"和"责任"是贯穿其中的核心和灵魂。

1. 爱国守法

爱国守法包括热爱祖国，热爱人民，拥护中国共产党领导，拥护社会主义；全面贯彻国家教育方针，自觉遵守教育法律法规。依法履行教师职责权利；不得有违背党和国家方针政策的言行。

爱国守法是教师职业的基本要求。热爱祖国是每个公民，也是每个教师的神圣职责和义务。要实现建设社会主义法治国家的目标，需要每个社会成员知法守法，用法律来规范自己的行为，不做法律禁止的事情。

2. 爱岗敬业

爱岗敬业包括忠诚于人民教育事业，志存高远，勤恳敬业，甘为人梯，乐于奉献；对工作高度负责，认真备课上课，认真批改作业，认真辅导学生；不得敷衍塞责。

爱岗敬业是教师职业的本质要求。没有责任就办不好教育，没有感情就做不好教育工作。教师要始终牢记自己的神圣职责，志存高远，把个人的成长进步同社会主义伟大事业、同祖国的繁荣富强紧密联系在一起，并在深刻的社会变革和丰富的教育实践中履行自己的光荣职责。

【例题】1. 教师职业道德的本质要求是（　　）。

　　　A. 爱国守法　　　B. 爱岗敬业　　　C. 关爱学生　　　D. 教书育人

【答案】B

【解析】爱岗敬业是教师职业的本质要求，故选B。

【例题】2. 对于班上学习困难的学生，王老师总是不厌其烦地进行个别辅导，支持她这样
做的关键因素是其（　　　）。

A. 敬业精神　　　　B. 教学水平　　　　C. 知识水平　　　　D. 教学风格

【答案】A

【解析】教师对于学生的态度与教学、知识水平和教学风格无关，取决于教师的敬业精神，
故选A。

【例题】3. 轩辕老师编写的校本教材出现了不少错误，遭到同事的质疑，轩辕老师说：
"这不过是一本校本教材而已，没必要那么认真。"该老师的做法（　　　）。

A. 不合理，违背了终身教育的师德规范

B. 不合理，违背了爱岗敬业的师德规范

C. 合理，精心于校本教材编写不值得

D. 合理，教师的主要任务是把课上好

【答案】B

【解析】轩辕老师编写教材，出现了不少错误，面对同事的质疑还不以为然，违反了"爱
岗敬业"的教师职业道德规范。故选B。

3. 关爱学生

关爱学生包括关心爱护全体学生，尊重学生人格，平等公正对待学生；对学生严慈相
济，做学生的良师益友；保护学生安全，关心学生健康，维护学生权益；不讽刺、挖苦、
歧视学生，不体罚或变相体罚学生。

关爱学生是师德的灵魂，没有爱就没有教育。关爱每一名学生，对待学生一视同仁，
尊重学生的人格和自尊心；同时对学生严格管理、严格要求。

【例题】1. 汪老师在班上设立"坏学生"榜，那些爱打闹、不能按时交作业的学生都榜上
有名。汪老师的做法（　　　）。

A. 不合理，没有认真备课上课

B. 不合理，没有尊重学生人格

C. 合理，体现了对学生的严格要求

D. 合理，有助于维护教师权威

【答案】B

【解析】汪老师的做法没有体现关爱学生。

【例题】2. 刘老师很少留意那些考试成绩一般的学生，而把主要精力用于培养成绩优秀的
学生。刘老师的做法（　　　）。

A. 有助于学生的个性发展　　　　　　　B. 有助于教学任务完成

C. 违背了公正施教的要求   D. 违背了严慈相济的要求

【答案】C

【解析】根据题干，刘老师并没有做到关爱学生，违背了公平平等对待每个学生的要求。

4. 教书育人

教书育人包括遵循教育规律，实施素质教育；循循善诱，诲人不倦，因材施教，培养学生良好品行，激发学生创新精神，促进学生全面发展；不以分数作为评价学生的唯一标准。

教书育人是教师的天职。教师必须做到在传授知识的同时，注意实施素质教育；根据学生的差异因材施教，最终达到促进学生全面发展的目的。

5. 为人师表

为人师表包括坚守高尚情操，知荣明耻，严于律己，以身作则；衣着得体，语言规范，举止文明；关心集体，团结协作，尊重同事，尊重家长；作风正派，廉洁奉公；自觉抵制有偿家教，不利用职务之便谋取私利。

为人师表是教师职业的内在要求，"为人师表"对教师工作具有特殊的重要意义。教师要坚守高尚情操，知荣明耻，严于律己，以身作则，在各个方面率先垂范，做学生的榜样，以自己的人格魅力和学识魅力教育影响学生；要关心集体，团结协作；尊重同事，尊重家长；作风正派，廉洁奉公。

【例题】下列选项中，不违背教师职业道德规范的是（   ）。

A. 王老师收了学生家长赠送的购物卡

B. 赵老师收到了不少学生制作的贺卡

C. 李老师经常让学生家长开车送其回家

D. 宋老师每天都给学生布置过量练习题

【答案】B

【解析】师德规范要求教师要为人师表，很显然只有 B 选项符合题意。

6. 终身学习

终身学习包括崇尚科学精神，树立终身学习理念，拓宽知识视野，更新知识结构；潜心钻研业务，勇于探索创新，不断提高专业素养和教育教学水平。

终身学习是教师专业发展不竭的动力。终身学习是时代发展的要求，也是由教师职业特点所决定的。教师必须树立终身学习理念，拓宽知识视野，更新知识结构；潜心钻研业务，勇于探索创新，不断提高专业素养和教育教学水平。

【例题】1. 从教20多年的李老师教学经验十分丰富，但他还是很注意学习新知识，勇于探索创新，不断提高自己的专业素养和教育教学水平。这说明李老师具有（   ）。

A. 爱护学生的情怀   B. 遵纪守法的自觉

C. 团结协作的精神   D. 终身学习的意识

【答案】D

【解析】李老师具有活到老、学到老的宝贵品质。

【例题】2. "活到老，学到老"，要求教师坚持（　　）的职业道德规范。

    A. 为人师表　　　　B. 关爱学生　　　　C. 终身学习　　　　D. 教书育人

【答案】C

【解析】作为教师应该随时补充自己的知识，切身实践"终身学习"的精神，是教师职业发展的不竭动力。故选C。

【例题】3. 四十多岁的赵老师又一次拒绝了学校要他参加暑期培训的安排，并说："我都快要退休了，还学什么！"这表明该老师缺乏（　　）。

    A. 终身学习的理念　　　　　　　　　　B. 热爱学生的情怀

    C. 诲人不倦的品格　　　　　　　　　　D. 严谨教学的精神

【答案】A

【解析】题干中赵老师拒绝参加学校组织的培训，没有树立终身学习的意识和理念。故选A。

【材料分析题一】

    一位语文教师在作文评讲课上朗读一位学生的作文时，将文中的"神荼郁垒"（分别是两个降伏恶魔的神）的"荼"读成"图"，并板书，强调不能与"茶"混淆。该学生当即指正，不应该读"图"，应读shu，与"如火如荼"的"荼"读法不同，并说是爷爷教自己的。这位老师只觉得脸上红一阵白一阵，但随即装出若无其事的样子说："不可能，没有这样的读法。"另一位学生连忙查新华字典，说上面并无shu的读音，为老师解了围。后来这位老师在电视节目中看到了这四个字的正确读法，应该是"shenshuyulu，"四个字自己竟然读错了三个，受到了强烈的震动。第二天，他就在全班学生面前作了慎重的订正，并坦诚叙述自己从不知道的经过，检讨了怕"输面子"的内心活动。学生对此报以热烈的掌声。事后好几位学生老实地说："我们知道您读错了音，但就是不敢向您讲。"这位老师深有感慨，并就此公开发表了题为《为教戒装》的体会文章。

    问题：请从教师职业道德的角度，评析材料中语文老师教师的教育行为。

【答题思路】

    正如模块三教师职业道德的分值及考核方式与模块一职业理念基本一致，在材料分析题的回答方式上两个模块也是雷同的。

    材料分析题的答题结构是总——分——总，首先对材料中教师的职业道德给予肯定或者否定的评价，然后根据《中小学教师职业道德规范》的主要内容的标准来解释说明这名教师的职业道德高尚在哪里，或者他（她）的师德哪些方面做得不符合标准。

【解析】（1）材料中的语文老师先是在课堂上选择故意忽略同学的不同意见，随后发现错误，并在全班同学面前承认了自己的错误，这位老师不会因为之前的错误受到同学们不好

的评价，反而因为改正错误进一步赢得了同学们的尊重。（总）

（2）教师职业道德要求教师要为人师表，这是教师职业道德的内在要求（分论点一）。为人师表中要求教师要严于律己、以身作则。要求教师在职业道德活动中对自己要严格要求，要以自己的行为作为他人，特别是学生的楷模。

（3）该语文老师知错能改，赢得了同学们的尊重，做到了关爱学生、爱岗敬业。教师通过对自己教学行为的反思，及时发现自己的缺点和不足，并及时纠正，不断实现自我更新，对学生施以积极的教育影响，促进了学生的健康成长，同时更好地评价了自己，促进了自己的职业发展。

总而言之，该老师的行为较为符合师德规范标准的要求。（总）

【材料分析题二】

学校组织秋游，关老师带领学生到动物园参观。大家在参观猴山时发现老猴子抢小猴子的东西吃，于是纷纷议论："老猴子怎么抢小猴子的东西吃呢""它怎么不爱护小猴子呢""猴子又不是人""人有时候也会抢东西吃"……听着同学们的议论，老师若有所思。

返校后，关老师组织全班同学进行讨论，同学们踊跃发言。

"老猴子抢小猴子的东西吃就是不对。"

"《动物世界》里面说，这是动物的生存竞争，属于动物的本能，无所谓好坏。"

"动物间可以这样，我们人可不能这样。"

关老师赞同道："对！动物之间可以抢东西吃，而人不能，因为人类社会是讲文明的，我们要尊老爱幼。"

小松站起来追问道："有的人捕杀猴子，卖到酒店，他们这样做对吗？"

关老师回答："他们这样做是不对的，爱护动物是我们每一个人的责任，我们不能仅停留在保护动物的口号上，而应思考如何与动物和谐相处，做一个负责任、有爱心的人。"

问题：请结合材料，从教师职业道德的角度，评析关老师的教育行为。

【解析】关老师的教育行为符合教师职业道德的相关要求，值得肯定。（总）

首先，关老师的行为体现了教书育人。教书育人要求老师在工作中遵循教育规律，实施素质教育。循循善诱，诲人不倦，因材施教。培养学生的良好品行，不以分数作为评价学生的唯一标准。材料中关老师通过全班同学讨论学习，激发学生的创新精神，培养学生的良好品行。

其次，关老师的行为体现了关爱学生。关爱学生要求老师要关心、爱护全体学生，尊重他们的人格，平等公正对待学生。对学生严慈相济，做学生的良师益友。材料中关老师组织学生通过讨论学习，引导学生尊老爱幼，保护动物，促进了学生的全面发展。

最后，关老师的行为体现了为人师表。为人师表要求老师坚守高尚情操，团结协作，尊重同事，尊重家长。作风正派，廉洁奉公。材料中关老师以身作则，教育学生尊老爱幼，给学生树立榜样。

总之，关老师的行为体现了崇高的教师职业道德，这种精神值得弘扬，需要每个老师学习。（总）

第二章 《中小学班主任工作规定》的内容解读

直击考点

● 第一节 《中小学班主任工作规定》的内容（了解）
● 第二节 对《中小学班主任工作规定》的评价（了解）

第一节 《中小学班主任工作规定》的内容（了解）

一、制定目的及意义

目的：加强班主任工作，发挥班主任的重要作用；保障班主任的合法权益；全面推进素质教育。

意义：在我国国民经济社会改革进一步深入的大背景下，《中小学班主任工作规定》的出台有利于基础教育更好地实现"由全面普及转向更加重视提高质量，由规模发展转向更加注重内涵的发展"的转变。

二、内容解读

《中小学班主任工作规定》有7章22条，对班主任的配备与选聘、职责与任务、待遇与权利、培养与培训、考核与奖惩进行了规定。

三、对班主任工作的新要求

一是坚持以人为本、德育为先的目标导向。

二是要注重公平，面向班集体每一个学生。

三是要关心学生的全面发展。

四是要建立平等互信的师生关系。

五是要遵循学生的年龄特点和身心发展规律。

六是要建立完善的班级管理制度。

七是要积极进行班集体文化建设。

八是要指导和组织学生积极参加社会实践活动。

九是要大胆创新工作方式。

四、《中小学班主任工作规定》的主要内容（了解即可）

第一章　总　则

第一条　为进一步推进未成年人思想道德建设，加强中小学班主任工作，充分发挥班主任在教育学生中的重要作用，制定本规定。

第二条　班主任是中小学日常思想道德教育和学生管理工作的主要实施者，是中小学生健康成长的引领者，班主任要努力成为中小学生的人生导师。

班主任是中小学的重要岗位，从事班主任工作是中小学教师的重要职责。教师担任班主任期间应将班主任工作作为主业。

第三条　加强班主任队伍建设是坚持育人为本、德育为先的重要体现。政府有关部门和学校应为班主任开展工作创造有利条件，保障其享有的待遇与权利。

第二章　配备与选聘

第四条　中小学每个班级应当配备一名班主任。

第五条　班主任由学校从班级任课教师中选聘。聘期由学校确定，担任一个班级的班主任时间一般应连续1学年以上。

第六条　教师初次担任班主任应接受岗前培训，符合选聘条件后学校方可聘用。

第七条　选聘班主任应当在教师任职条件的基础上突出考查以下条件：

（一）作风正派，心理健康，为人师表；

（二）热爱学生，善于与学生、学生家长及其他任课教师沟通；

（三）爱岗敬业，具有较强的教育引导和组织管理能力。

第三章　职责与任务

第八条　全面了解班级内每一个学生，深入分析学生思想、心理、学习、生活状况。关心爱护全体学生，平等对待每一个学生，尊重学生人格。采取多种方式与学生沟通，有针对性地进行思想道德教育，促进学生德智体美全面发展。

第九条　认真做好班级的日常管理工作，维护班级良好秩序，培养学生的规则意识、责任意识和集体荣誉感，营造民主和谐、团结互助、健康向上的集体氛围。指导班委会和团队工作。

第十条　组织、指导开展班会、团队会（日）、文体娱乐、社会实践、春（秋）游等形式多样的班级活动，注重调动学生的积极性和主动性，并做好安全防护工作。

第十一条　组织做好学生的综合素质评价工作，指导学生认真记载成长记录，实事求是地评定学生操行，向学校提出奖惩建议。

第十二条　经常与任课教师和其他教职员工沟通，主动与学生家长、学生所在社区联系，努力形成教育合力。

第四章　待遇与权利

第十三条　学校在教育管理工作中应充分发挥班主任的骨干作用，注重听取班主任意见。

第十四条　班主任工作量按当地教师标准课时工作量的一半计入教师基本工作量。各地要合理安排班主任的课时工作量，确保班主任做好班级管理工作。

第十五条　班主任津贴纳入绩效工资管理。在绩效工资分配中要向班主任倾斜。对于班主任承担超课时工作量的，以超课时补贴发放班主任津贴。

第十六条　班主任在日常教育教学管理中，有采取适当方式对学生进行批评教育的权利。

第五章　培养与培训

第十七条　教育行政部门和学校应制订班主任培养培训规划，有组织地开展班主任岗位培训。

第十八条　教师教育机构应承担班主任培训任务，教育硕士专业学位教育中应设立中小学班主任工作培养方向。

第六章　考核与奖惩

第十九条　教育行政部门建立科学的班主任工作评价体系和奖惩制度。对长期从事班主任工作或在班主任岗位上做出突出贡献的教师定期予以表彰奖励。选拔学校管理干部应优先考虑长期从事班主任工作的优秀班主任。

第二十条　学校建立班主任工作档案，定期组织对班主任的考核工作。考核结果作为教师聘任、奖励和职务晋升的重要依据。对不能履行班主任职责的，应调离班主任岗位。

第七章　附　则

第二十一条　各地可根据本规定，结合当地实际情况，制定中小学班主任工作的具体实施办法。

第二十二条　本规定自发布之日起施行。

第二节　对《中小学班主任工作规定》的评价（了解）

一、《中小学班主任工作规定》颁布的意义

一直以来，班主任工作琐碎、辛苦而又得不到认可，导致许多班主任工作积极性受挫，《中小学班主任工作规定》的颁布肯定了班主任的地位，给予了班主任充分的权利，同时提到了班主任待遇的落实，因此具有十分重要的现实意义。

二、对《中小学班主任工作规定》的评价

（一）肯定了班主任的地位

《中小学班主任工作规定》明确规定了班主任是中小学生的人生导师，同时明确指出班主任有批评教育学生的权利。这些条款充分肯定了班主任在教学中的重要地位。

（二）落实了班主任的待遇

《中小学班主任工作规定》第十四条明确规定了班主任工作量按当地教师标准课时工作量的一半计入教师基本工作量。各地要合理安排班主任的课时工作量。这就从制度上保障了班主任教师的待遇和权益。

（三）明确了班主任的工作内容与职责

《中小学班主任工作规定》从奖惩、晋升、聘任等角度明确了班主任工作的内容与职

综合素质（中学）

责。为班主任的职业发展提供了清晰的指引。

总而言之，《中小学班主任工作规定》的出台填补了解决班主任管理工作待遇问题的空白，极大地激励了班主任工作的热忱。

第三章　教师的职业行为要求

一、教师的行为规范（了解）

（一）教师的思想行为规范

（1）热爱社会主义祖国，拥护中国共产党的领导，认真学习和宣传马列主义、毛泽东思想。热爱教育事业。

（2）执行教育方针，遵循教育规律，尽职尽责，教书育人。

（3）正直诚实，作风正派，为人师表，遵纪守法。

（4）树立正确的人生观和价值观，发扬无私奉献精神，不做有损国格、人格的事。

（5）积极参加政治学习和宣传活动，做社会主义精神文明的建设者和传播者。

（二）教师的教学行为规范

（1）要有端正的教学态度，严肃认真地对待教学工作中的每一项内容。

（2）钻研业务，熟悉教材，认真备课；要善于激发学生的求知欲，组织好课堂教学，创造生动活泼的课堂气氛，尽量避免对学生进行灌输性教学。

（3）精心编排练习，认真批改作业，及时纠正错误。定时做好教学质量检查工作，及时补缺补漏。

（4）按时上课下课，不迟到、不缺课、不拖堂。

（5）上课语言文明、清晰流畅，表达准确简洁；板书整洁规范，内容简练精确。

（6）既要严格要求学生，又要尊重学生，对待学生要一视同仁。热情、耐心地回答学生提问。不能讽刺、挖苦学生。

（7）教学计划应符合教学进度的要求，不能随意删增内容、加堂或缺课，不能占用学生的自习课或复习考试时间、增加学生的学习负担。

（三）教师的人际行为规范

（1）教师与学生之间要做到：热爱学生，关心学生，尊重学生；严格要求，耐心教导，循循善诱，不偏不袒；不以师生关系谋取私利。

（2）教师之间要做到：互相尊重，切忌嫉妒；相互学习，取长补短；平等相待，不亢不卑；乐于助人，关心同事。

（3）教师与领导之间要做到：尊重领导，服从安排；顾全大局，遵守纪律；互相理解，互相支持；秉公办事，团结一致。

（4）教师与家长之间要做到：尊重家长，理解家长；经常家访，互通情况；密切配合，教育学生。

（四）教师的仪表行为规范

衣着整洁，朴实大方，服饰要符合职业特点，体现教师为人师表的好形象。

举止稳重大方、潇洒自然、彬彬有礼。切忌轻浮粗俗、拘谨呆板。

【拓展知识点】　　　　　　　　　**着装的 TPO 原则**

着装礼仪是职场礼仪的重要环节，作为为人师表的教师，自然要注重自己的着装规范。而 TPO 原则是一个非常简单易行的着装原则。TPO 是三个英语单词首字母的缩写，它们分别代表时间（time）、场合（occasion）和地点（place），即着装应该与当时的时间、所处的场合和地点相协调。

（1）时间原则：不同时段的着装规则对女士尤其重要。男士有一套质地上乘的深色西装或中山装足以包打天下，而女士的着装则要随时间而变换。白天工作时，女士应穿着正式套装，以体现专业性；晚上出席酒会就需多加一些修饰，如换一双高跟鞋，戴上有光泽的佩饰，围一条漂亮的丝巾；服装的选择还要适合季节气候特点，保持与潮流大势同步。

（2）场合原则：衣着要与场合协调。与顾客会谈、参加正式会议等，衣着应庄重考究；听音乐会或看芭蕾舞，则应按惯例着正装；出席正式宴会时，则应穿中国的传统旗袍或西方的长裙晚礼服；而在朋友聚会、郊游等场合，着装应轻便舒适。试想一下，如果大家都穿便装，你却穿礼服就有欠轻松；同样，如果以便装出席正式宴会，不但是对宴会主人的不尊重，也会令自己颇觉尴尬。

（3）地点原则：在自己家里接待客人，可以穿着舒适而整洁的休闲服；如果是去公司或单位拜访，穿职业套装会显得专业；外出时要顾及当地的传统和风俗习惯，如去教堂或寺庙等场所，不能穿过于暴露或过短的服装。

二、职业行为中的倡导性行为和禁止性行为（了解）

1. 倡导性行为

倡导性的职业行为有"自觉遵守教育法律法规"，"志存高远，勤勉敬业，甘为人梯，乐于奉献"等。

2. 禁止性行为

禁止性的职业行为要求有"不得有违背党和国家政策的言行""不讽刺挖苦学生，不体罚或变相体罚学生"等。

【例题】下列哪一点属于《中小学教师职业道德规范》中的禁行性内容（　　　）。

　　A. 体罚或变相体罚学生　　　　　　B. 衣着得体，语言规范，举止文明

　　C. 遵循教育规律，实施素质教育　　D. 爱岗敬业

【答案】A

【解析】禁止性内容指不提倡的，选项中 A 符合题意。B、C、D 均是要求教师做到的

内容。

三、教师职业活动中的几种主要关系（高频单选题）

（一）教师与学生的关系

1. 师生关系的概念

师生关系是指教师和学生在教育、教学活动中结成的相互关系，包括彼此所处的地位、作用和态度等。

师生关系可以说是教师最主要的人际关系，在师生交往中，教师的态度、方式等无一不体现了教师的师德素养。新时期，对教师在师生交往中的师德素养有着明确的要求，要求教师为了学生健康全面地发展，爱护、尊重学生，把学生当作独立、自主的个体，建立民主、平等的师生关系；保证公正、公平地对每一个学生；明确认识学生是发展中的个体，体谅、宽容学生的缺点；同时又要严格要求学生，在不伤害学生身心健康的前提下慎重使用惩戒，对于体罚，一定要杜绝使用。

2. 师生关系的内容

（1）教学上的授受关系。

①从教育内容的角度说，教师是传授者，学生是接受者。

②学生主体性的形成，既是教育的目的，也是教育成功的条件。

③对学生指导、引导的目的是促进学生的自主发展。

（2）人格上的平等关系。

①学生作为一个独立的社会个体，在人格上与教师是平等的。

②学生与教师是一种朋友式的友好帮助的关系。

③社会道德上的相互促进关系。

3. 师生关系的基本类型

（1）民主型。

在这种类型中，教师热爱、关心、尊重和信任学生，善于同学生交流，尊重学生的意见，能够发扬教学民主；学生尊敬教师，接受指导，学习积极性高，善于独立思考，能够主动自觉地进行学习，师生之间呈现积极的双向交流，师生关系和谐，课堂气氛活跃。

（2）专制型。

在这种类型中，教师有很强的教学责任心，但教育方法简单，不讲求教学方式，不允许学生发表不同意见，往往以教师的主张、决定为准。学生对教师只能是听取和服从，缺乏学习的积极性，表面畏服，背后抗拒，处于被动地位。师生之间缺乏情感的沟通，易发生冲突，进而引起学生情绪的不愉快，造成师生关系的疏远、紧张甚至对立。

（3）放任型。

在这种类型中，教师对工作不负责，对学生也缺乏感情，对学生的问题不闻不问，采取放任自流的态度。学生对教师也持无所谓的态度，消极对待教师的要求。师生之间交往甚少，交流有限，关系冷漠，既缺少相互期望和帮助，也无明显的冲突和对抗。

4. 良好师生关系的特征

（1）民主平等。

学生的健康成长有赖于教师的指导和帮助，教师教学的成效也有赖于学生的积极配合与支持。因此，良好师生关系的特征之一就是民主平等。

（2）尊师爱生。

尊师爱生意味着师生之间应该彼此尊重、相互友爱，这是建立良好师生关系的感情基础。

（3）心理相容。

心理相容指的是教师与学生之间在心理上协调一致，并相互接纳。师生心理相容，教师的教育才会被学生接受，才能使师生间的情感得到升华。

（4）教学相长。

教师应当了解自己的学生，听取学生反馈的意见，从学生中汲取智慧，促使自己不断学习、不断进步，使自己的知识和教育技能得以发挥和发展。学生要勤于思考、敢于质疑、善于学习，积极参与教育活动，从而促进知识的丰富、技能的提高和品德的发展。

5. 良好师生关系的建立

（1）树立正确的师生观。

教师不仅要将学生当成教育的对象，更要将学生看作学习的主人，教师要高度尊重学生的人格，尊重学生的自主性、主动性和积极性。

（2）提高教师自身的素质。

教师要积极提高个人素质、增强教学能力、展现人格魅力。

（3）发扬民主平等的精神。

真正的教师威信不能单靠行政手段来建立，教师也不能以"权威"自居，而是要发扬民主的精神，以平等的态度对待学生，营造一个轻松、民主的教学氛围。

（4）正确处理师生矛盾。

师生之间发生矛盾时，教师要善于控制自己的情绪，耐心听取学生的意见，冷静全面地分析矛盾。

（5）宽容学生的缺点。

宽容学生是教育本质的要求，是帮助学生改正缺点的前提。教育的对象——学生的主要特点就是未成熟或待发展，学生成长的过程就是一个不断尝试、探索的过程。在这些过程中难免会出现错误，教育的宗旨就是不断纠正这些错误，最大限度地促进学生的健康成长和全面发展。学生接受教育的目的是要不断发展、完善自己，这是其身心发展特点所决定的。

中小学生年龄特点的一个很重要的方面就是对道德评价标准往往掌握不准，分辨是非的能力较差，坚强的意志品格尚未形成。在某些方面可以说就是"无知"，这也是其缺点形成的主要原因，因此不可避免地会犯错，教师最重要的是帮助他们改正。很多时候人不犯错误就根本意识不到错误的存在，对犯错误的学生，宽容是教师爱的体现，是了解学生必备的心理素质。教师宽容本身就是教育，是构建良好师生关系的重要条件。

（6）慎用惩戒。

现实中惩戒和体罚常常被人混为一谈，这也是人们反对惩戒的主要原因。惩戒是以不损害学生的身心健康为前提的，体罚则必然对学生的身心健康造成伤害。教育中的惩戒是从关心、爱护学生出发，为了学生的健康发展，在尊重学生人格和不伤害其身心健康的基础上，依据有关规定对学生实行的一种否定性评价或强制性纠正措施，目的在于使学生认识到自己的过失并改正。在教育教学中，由于体罚是不科学、不民主的有害的惩戒儿童的教育方法，所以我们坚决反对体罚、慎用惩戒。

（7）拒绝体罚。

我们要慎重使用惩戒，不仅因为惩戒本身是一种消极的教育手段，还有一个很重要的原因就是许多教师和家长打着惩戒的旗号，对学生进行体罚。前面已经讲过体罚和惩戒的本质区别在于体罚伤害了学生的身心健康，我国多部法律明文规定禁止体罚，但是禁而不止，在教育教学中，体罚依然存在。因此我们要了解体罚及其危害，从而在实际中杜绝体罚，这也是新时期对教师职业道德的基本要求。

（二）教师与家长的关系

1. 平等尊重

教师与家长应该是一种平等、尊重的关系。教师要尊重家长，以平等的态度与家长交往，不能因为学生在学校的过失而任意对家长进行训斥。

2. 合作共育

学生是教师和家长共同培养的对象，二者的有效协作和沟通，可以更好地促进孩子的健康成长。

3. 及时沟通

（1）教师要积极主动地与家长建立联系，通过家访、家长会、联系手册、电话、通信、网络等多种形式与家长互通情况，共同商讨、协调教育方法、步骤。

（2）教师要树立服务意识，尊重家长，不要伤害家长的感情，要全面、客观地介绍孩子在校学习、生活的情况，热情、耐心地与家长进行沟通，要虚心地听取家长的批评和建议，经常向家长征求意见。

【例题】苟老师任教的班级有20多位学生考上了大学，每位家长自愿拿出1 000元表达谢意。苟老师的正确做法是（　　）。

A. 接收，尊师重教优良传统的体现　　B. 接收，教师社会地位提高的体现

C. 接收，教师辛勤劳动所得　　　　　D. 婉拒，这是变相的腐败行为

【答案】D

【解析】根据题干，苟老师在与家长的沟通中，应该做到为人师表，不能收受家长的好处，偏私对待学生。

（3）要及时地通报学生的思想、学习、生活动态，特别是出现异常情况或突发事件时，要第一时间与家长沟通，及时分析原因，商讨对策，共同实施最有效的教育方法。

（4）由于家长对自己的孩子了如指掌，家长不仅熟悉他的思想品德、学习状况，而且熟悉他的性格、爱好，了解他的愿望与要求。如果教师能经常和家长进行沟通，就有利于掌握学生的情况，使教育在家长的配合下做到有的放矢，达到事半功倍的效果。

对于教师批评学生，有时过火或出现不当行为，家长切不可当着孩子的面挑剔，甚至指责教师。家长应与教师当面交谈，要充分理解教师都是真心诚意希望自己教的学生成才，盼望孩子积极向上、天天进步，这种心情是绝对不用怀疑的。只有给教师充分的理解与信任，才会同心协力地把孩子培养好。

4. 教师与家长需要换位思考

家长偏爱自己的孩子是人之常情，作为教师，首先应该对这一点给予充分理解。

因此，双方在孩子的问题上，需要心平气和一起来沟通，教师对孩子及家长不要横加指责。

(三) 与同事的关系

1. 与同事要积极合作，共同发展

积极合作是指任何一名教师的工作只是整个教育工作的一部分，教师之间必须形成合作关系，才能顺利完成教育教学任务。

共同发展是指教师一起发展，教师之间的交往与协作不能以损害他人的利益和工作效果为前提。

【例题】1. 夏老师和汤老师都在积极准备参加市小学教学基本技能大赛，首次参加比赛的夏老师向汤老师请教，汤老师因担心夏老师在比赛中超过自己，就说自己也不清楚。汤老师的做法表明地（　　）。

　　A. 具有帮助同事自我创新的意识　　　B. 缺乏尊重同事人格的品质

　　C. 具有促使同事自主发展的意愿　　　D. 缺乏与同事互助合作的精神

【答案】D

【解析】汤老师担心夏老师超过自己，而不去帮助同事，说明缺乏团队协作的精神。

【例题】2. 新入职的王老师想去优秀教师华老师班上听课学习经验。华老师笑容可掬地说：“你是名牌大学毕业的高材生，我的课上得不好，就不要去听了。”这表明华老师（　　）。

　　A. 缺乏专业发展意识　　　　　　　　B. 缺乏团结协作精神

　　C. 能够尊重信任同行　　　　　　　　D. 鼓励同事自我提升

【答案】B

【解析】本题考查教师职业道德规范的内容。华老师拒绝王老师听课的请求，言语中有“情绪”的表现，不利于共同发展、团结合作。故选 B。

2. 相互尊重

互信互尊是指每一名教师都应理解其他教师的工作责任和工作环境，以平等的态度信任和尊重其他教师。教师在与同事相处时，要以尊重、信任为基本前提，既要有对自己正确的评价，也要有对他人全面、客观的评价。

【例题】年级组长匡老师从教 30 年，每逢他们组有新入职老师，匡老师都会把自己的教案直接提供给他们，要求他们严格按照自己的教学设计开展教学，并坚持推门听课。匡老师的做法（　　）。

　　A. 有利于与同事搞好关系　　　　　　B. 有利于教学质量提升

　　C. 不利于新教师成长　　　　　　　　D. 不利于自身的专业发展

【答案】C

【解析】根据题意，年级组长虽然关心新同事，但是方法不得当，这样不利于新教师的成长，故应该选择 C。

（四）教师与领导的关系

1. 尊重领导

教师对领导要以诚相待，不猜疑领导，不背地里议论领导，要懂得维护领导的尊严，才能取得领导的好感和信任。

2. 服从领导

领导与教师只是职务上的差异，人格上是完全平等的。因此，服从不是对领导百依百顺，而是在与领导意见相左时，顾全大局。

3. 支持领导

教师必须支持领导的安排和决策，教师要创造性地完成领导分配的工作任务，使领导的工作设想付诸实施。

4. 关心领导

领导不仅需要教师政治上的信任、工作上的支持，还需要教师生活上的关心。

【课外拓展阅读一】 **2016 年感动中国教师——支月英**

1980 年，江西省奉新县边远山村教师奇缺，时年只有 19 岁的南昌市进贤县姑娘支月英不顾家人反对，远离家乡，只身来到离家两百多公里、离乡镇 45 公里、海拔近千米且道路不通的泥洋小学，成了一名深山女教师。

一到白洋，她发现这里的条件比想象中还要艰苦。学校地处江西省奉新县和靖安县两县交界的泥洋山深处，交通不便，离最近的车站都有 20 多里地，师生上学全靠两条腿在崇山峻岭间爬行。山村生活条件异常艰苦，食品稀缺。支月英像当地人一样，自己动手种菜。

当地老百姓十分疑虑：这外地姑娘能坚持下来吗？是不是想过渡一下，过不久就会溜掉？这话不假，山旮旯太偏、太穷，前些年，教师如同走马灯似的来了又走。但过了一年又一年，乡亲们不但看到支月英坚持了下来，还看到无论刮风下雨、结冰打霜，她都一个个送孩子回家，像自己亲人一般对待。于是乡亲们议论开了："这位老师靠得住，肯定会用心思教好我们的孩子！"但也有不同声音："莫想啊，顶多再过两年就会走掉，我们这地方哪能留住这般好老师啊！"冬去春来，寒来暑往，这位外乡的女教师，用自己 35 年的倾心守望，兑现了自己的承诺，成为深山乡村人人尊敬的人民教师。

【课外拓展阅读二】 **"校长开房请找我，放过小女孩"**
——公众对于校长失德事件的愤慨

2013 年 5 月 27 日，女权工作者叶海燕在海南万宁市第二小学门口举牌抗议，此前该校校长陈在鹏因带 6 名小学女生开房被诉。

对受害女童表达最起码的道义声援，有人缺位了，但"流氓燕"站出来了，叶海燕作为一个为妇女争取权益的社会工作者已经是形神皆备。

有人可能会嘀咕，说她这是炒作。她就算是炒作，也是站在火辣辣的太阳下"炒作"，以自虐的方式"炒作"，不管怎么说，这是一种仗义，以卑微拯救卑微，或者更准确地说是以牺牲替代牺牲，这不是仗义还能是什么？

事件原因：2013年5月8日，海南省万宁市后郎小学6名就读6年级的小学女生集体失踪，引起老师和家长的极度恐慌，事后记者获悉，原来这6名小学女生被万宁市第二小学校长陈在鹏及万宁市一政府单位职员冯小松带走开房。

各方评论：叶海燕的声音不是仅对一个校长发出的，她是对那些运用权力对弱小者肆意侵凌的"长"（包括但不仅限于校长）们发出的卑微的请求，当她一个人这么做的时候，或许可以解读为炒作，但是当更多的网友模仿她，为了"放过小学生"这个起码的也是崇高的目标请求"校长"作践自己的时候，说明在中国"自轻自贱"的人有很多，这些卑微的声音听起来很怯懦，但是汇聚起来，就和地下的岩火一样。

我们当然在乎校长荒淫，更愤怒于他们染指年幼的孩子；我们当然在乎食品掺假，也更愤怒于他们给婴儿食用的奶粉掺毒；即使城管殴打小贩，我们也希望他们对年长的自食其力者格外开恩。"开房找我"表达的是对权力滥用的无限叹息，对官德不修的无限嘲讽，对风气不正的无限悲哀，但所有的"无限"，也只是想换取"适可而止"而已。

【模块三 总结概览】

总体而言，模块三师德部分是综合素质五个模块中内容相对简单的一个章节，分值在22分左右。

建议考生结合例题，把《中小学教师职业道德规范》的主要内容背熟，这样利用教材中的材料分析题的参考答案作为模板加以熟悉，材料分析题这14分基本可以拿到。

此外要牢记，作为一个老师，对待学生要民主平等、关爱，对待家长要互相尊重，对待同事要团结协作，对待领导要尊重。

【实战演练】

一、单项选择题

1.《中小学班主任工作规定》明确指出，班主任应该（　　）。

A. 每班聘任1个　　B. 每班聘任2~3个　　C. 随机　　　　D. 每班聘任1个以上

2. 数学老师经常私自收家长的好处，从教师职业道德角度看，数学老师的行为违反了（　　）。

A. 爱岗敬业　　　　B. 严谨治学　　　　　C. 廉洁从教　　　　D. 终身学习

3. 张老师经常教育学生们要爱护环境，但是学生们不听，有一次张晓明把香蕉皮扔到地上，张老师路过的时候，顺便捡了起来扔到垃圾桶，晓明很羞愧。张老师做到了（　　）。

A. 热爱学生　　　　B. 教书育人　　　　　C. 依法执教　　　　D. 为人师表

4. 某校赵老师多次收受学生家长现金、礼品等财物，数额多达8万元，经查证，学校对其采取解聘处理，并追究其法律责任。从教师职业道德角度分析，赵某的行为违背了（　　）。

  A. 热爱学生   B. 爱岗敬业   C. 廉洁从教   D. 严谨治学

5. 张老师只关心学习好的同学，而对其他同学则不闻不问，这说明张老师（　　）。

  A. 违背了公正施教的要求   B. 有助于教学任务的完成

  C. 有助于学生的个性发展   D. 违背了严慈相济的要求

  6. 上官老师对工作认真负责，是学校有名的严厉的教师。一天，由于小夏上课捣乱，而且拒绝认错并与万老师发生冲突，上官老师情急之下打了小夏同学一巴掌。小夏的母亲第二天来学校找上官老师。该老师最合适的做法是（　　）。

  A. 跟家长说自己是为了教育小夏同学，拒绝道歉

  B. 与家长辩论，同时建议家长把小夏同学领回家

  C. 对家长不予理睬，认为家长不理解教师的辛苦

  D. 首先道歉，然后与家长一起讨论如何教育小夏

  7. 一节语文课上，班上两名学生发生争吵并动手打了起来。语文老师不分青红皂白就责骂了其中一名学生，而没有批评另一名学生。因为后者成绩优秀，在班里担任学习委员。语文老师的行为（　　）。

  A. 做到了严慈相济   B. 有失平等公正

  C. 做到了奖惩分明   D. 有失"以学生为本"

  8. "学为人师，行为世范"说明教师要（　　）。

  A. 为人师表 B. 终身学习 C. 教书育人 D. 廉洁从教

  9. 张老师积极参加学校组织的研修培训，这说明他做到了（　　）。

  A. 终身学习 B. 关爱学生 C. 教书育人 D. 爱国守法

  10. 赵老师很少留意那些家境一般的学生，而把主要精力用于培养家境优渥的学生。赵老师的做法（　　）。

  A. 有助于学生的个性发展   B. 有助于教学任务的完成

  C. 违背了公正施教的要求   D. 违背了严慈相济的要求

  11. 张老师班级里的学生都知道，考得好就能挑个好位置，而考差了不仅要被罚站，而且只能坐后面。该老师的做法违反了《中小学教师职业道德规范》中的（　　）。

  A. 爱国守法   B. 教书育人

  C. 关爱学生   D. 爱岗敬业

  12. 无论顺境逆境，无论开心与否，朱老师始终保持微笑，这体现了朱老师（　　）。

  A. 身体素质良好   B. 职业心理健康

  C. 教学水平高超   D. 学科知识丰富

  13. 下列选项中，符合教师与家长交往的道德规范是（　　）。

  A. 当学生犯错误情节严重时，教师可以责备家长管教无方

  B. 当对学生进行纪律处分时，教师应事先与家长充分沟通

  C. 在家长不为难的时候，教师可以要求家长提供财物支持

  D. 对家庭经济困难的学生，教师应当尽可能避免登门家访

  14. 荀老师对待教学一丝不苟，认真敬业，这体现了（　　）的要求。

  A. 爱岗敬业 B. 教书育人 C. 爱国守法 D. 终身学习

15. 中考前夕，王老师得到了一套很好的复习资料，但拒绝与其他教师分享。王老师的做法表明她不能（　　　）。

　　A. 诚恳待人　　　　B. 团结协作　　　　C. 尊重同事　　　　D. 平等待人

16. 以下对班主任的表述正确的是（　　　）。

　　A. 所有任课教师都可以担任

　　B. 所有任课教师都必须担任

　　C. 学校选聘的专职人员可以担任

　　D. 学校根据聘任条件选聘的任课教师可以担任

17. 齐老师上课时喜欢全程用多媒体，他认为这是一种很好的教学方式。不过学生却认为他的效果虽然很好，但是用多媒体教学速度太快了，跟不上。如果你是齐老师，你会（　　　）。

　　A. 听取学生意见，适度放慢教学速度

　　B. 听取学生意见，以学习最差的学生能听懂为宜

　　C. 听取学生意见，以学习最好的学生能够充分应用为宜

　　D. 批评学生不懂教学，这样的教学方式是最好的、效率最高的

18. 当一位新入职的老师向经验丰富的张老师借教案上课时，张老师拒绝了，说道："我的教案不一定适合你，这个周末我们一起来探讨。"这表明张老师（　　　）。

　　A. 注重帮助同事的方法　　　　　　　　B. 缺乏团结协作的品质

　　C. 缺乏良性竞争的能力　　　　　　　　D. 善于保护自己的隐私

19. 五十多岁的胡老师又一次拒绝了学校要他参加暑期培训的安排，并说："我都快要退休了，还学什么！"这表明胡老师缺乏（　　　）。

　　A. 终身学习的理念　　　　　　　　　　B. 热爱学生的情怀

　　C. 诲人不倦的品格　　　　　　　　　　D. 严谨教学的精神

20. 小海家长给刘老师送贵礼，托其给小海换座位，刘老师收礼并换了座位，其做法（　　　）。

　　A. 体现了礼尚往来的良好品德　　　　　B. 体现了关心学生

　　C. 利用职权谋私　　　　　　　　　　　D. 严慈相济

二、材料分析题

21. 支教下乡结束时，一个孩子拉着王老师怯生生地问道："老师，您明天还教我们吗？"看着孩子满怀渴望、充满期待的眼神，王老师心里一动，便决定到这所偏远乡村小学支教，没想到，这一教便是 10 年。

这所小学老师少，王老师利用业余时间，不断加强学习，丰富自己。课堂上，他的"十八般武艺"全都派上了用场，善教数学的他同样能演绎语文的精彩，美术、体育、科学等课也上得有模有样。课外，他带领孩子们练书法、打乒乓、办小报、玩双杠……于是，孩子们的许多"第一次"纷至沓来，第一次升旗仪式，第一次诗词朗诵会，第一次校园钢笔字展览，第一次乒乓球赛等等。在丰富的实践活动中，学校里的留守儿童也变得开朗多了。

王老师的幽默、热情、多才深深吸引了孩子们，他们变得越来越爱上学、爱读书，学习成绩大都突飞猛进。

毕业的学生在给王老师的贺卡上写道："王老师，是您给了我们阳光般的温暖、前行的力量，让我们的童年多彩而快乐！谢谢您！"

问题：请从教师职业道德的角度，评析王老师的教育行为。

22. 从教二十余年，洪老师的很多事迹让学生们终生难忘。

一年秋天，学生们刚开始上课，外面突然下起了倾盆大雨，班上三名学生晒在宿舍外面的被褥被淋湿了，洪老师就让他们晚上住在自己家里，还给他们做饭吃；一名学生从几十里外的山日乘坐汽车来校时，生活费被盗，洪老师除与有关部门协调外，还自己掏钱替学生垫付伙食费；有一次，校外不良青年来到学校，拿刀威逼学生，索要学生财物，她奋不顾身地保护学生，而后积极向有关部门呼吁，净化校园周边环境，同时向学生讲解自我保护的方法。

有一年春季刚开学，一位老人把她的孙女小芳领到洪老师的面前。老人说："小芳以前一直跟着打工的父母在外地，转了几次学，学习成绩不好。她害怕老师和同学们嫌弃她，希望老师多费心。"洪老师说："小芳是我的学生，我会尽心去教的。只要她肯努力，踏实学，认真做事，就是好学生。"在洪老师有针对性的帮助和指导下，小芳进步很快，初中毕业时以优异成绩考上了高中。

洪老师很注重对自己的教育教学成败进行反思总结。她的教育随笔《我的表扬何以会成为学生的压力》《如何让文言文不再枯燥难学》《如何让学生在青春期不恐慌》《班主任怎样才能赢得任课教师的支持》相继获奖，大家都说她是名副其实的好老师。

参考答案及解析

一、单项选择题

1. A【解析】根据《中小学班主任工作规定》，每个班聘任1个班主任。一般聘期为连续一学年以上。

2. C【解析】教师应该洁身自好，廉洁自律，根据题干，该名数学老师经常私自接受家长的好处，违背了廉洁从教的要求。

3. D【解析】该老师用身体力行的实际行动感化了学生，体现了身正为范的精神。

4. C【解析】该名老师利用职务之便谋取私利，违背了廉洁从教的要求。

5. A【解析】《中小学教师职业道德规范》要求教师应该关爱学生，题干中的老师只关心学习优秀的学生，违背了公正对待学生的要求。

6. D【解析】上官老师打了学生，这是有错在先。同时，与家长沟通的时候，要懂得尊重家长，换位思考。

7. B【解析】根据题干的要求，教师区别对待两名学生，只是因为他们的成绩不同，这显然有失公平。

8. A【解析】"学为人师，行为世范"是百年名校北京师范大学的著名校训，体现了作为人民教师应该为人师表的师德要求。

9. A【解析】教师应该利用业余时间不断提升自身的专业水平、开阔视野，这是终身学习的体现。

10. C【解析】赵老师的做法违背了公正施教的原则。

11. C【解析】因为学习成绩而让差生坐不到好座位，还要挨罚，说明教师没有做到关爱学生。

12. B【解析】朱老师面对顺境逆境宠辱不惊，体现了良好的心理素质。

13. B【解析】教师的职业行为要求对待家长要懂得尊重，在孩子接受重大处分之前，应当和其家长做好充分的事前沟通。

14. A【解析】一丝不苟体现的是爱岗敬业的要求。

15. B【解析】教师的职业行为要求教师要与同事团结协作，题干中的老师拒绝与同事分享，没有做到团结协作。

16. D【解析】班主任是从任课教师中根据一定条件选聘出来的。

17. A【解析】齐老师应该尊重学生的意见。

18. A【解析】题干中的老师不仅注重团结协作，同时还注意帮助同事的方式方法，体现了崇高的师德风范。

19. A【解析】胡老师拒绝参加进修培训，缺乏终身学习的理念。

20. C【解析】题干中的老师利用职务之便谋取私利。

二、材料分析题

21.【参考答案】材料中王老师的做法是恰当的，践行了教师职业道德中的爱岗敬业、关爱学生和终身学习。

（1）王老师践行了"爱岗敬业"的职业道德。所谓爱岗敬业是指教师要忠于人民教育事业，勤恳敬业，甘为人梯，乐于奉献。材料中的王老师支教10年，把自己的青春与时间奉献给了这个乡村，体现了自己的爱岗敬业，把爱洒向教育。

（2）王老师践行了"关爱学生"的职业道德。所谓关爱学生是指教师要关心爱护全体学生，尊重他们的人格，平等公正地对待学生，对学生严慈相济，做学生的良师益友。材料中的王老师幽默、热情，对待学生耐心细致，充分体现了其对学生的爱。

（3）王老师践行了"教书育人"的职业道德。所谓教书育人是指教师循循善诱，诲人不倦，因材施教，培养学生的良好品行，激发学生的创新精神，促进学生全面发展。材料中的王老师不仅关注学生对于学科知识的掌握，也通过练书法、打乒乓球、办小报等活动锻炼了学生的其他方面，做到了教书育人。

（4）王老师践行了"终身学习"的职业道德。所谓终身学习是指教师树立终身学习理念，拓宽知识视野，更新知识结构，潜心钻研业务，勇于探索创新，不断提高自己的专业素养和教育教学水平。材料中的王老师利用业余时间学习来提升自己的专业素养，课上采用多种教学方法来传授学科知识，课下带领学生做各种课外活动，充分体现了这一点。

总之，材料中王老师的行为充分体现了作为教师应有的职业道德，值得广大教师学习。

22.【参考答案】洪老师的教育行为符合教师职业道德的相关要求，值得我们大家学习。

首先，洪老师的行为体现了关爱学生。关心爱护全体学生，尊重学生人格，平等公正对待学生。对学生严慈相济，做学生的良师益友。保护学生安全，关心学生健康，维护学生权益。洪老师不仅让学生在自己家里住，给学生垫付伙食费，同时在学生需要保护的时候，奋不顾身地保护学生并教给学生防身术等，都体现了他对学生的关爱之情。其次，洪老师的行为体现了教书育人。教书育人要求教师在工作中遵循教育规律，实施素质教育。

循循善诱，诲人不倦，因材施教。培养学生良好的品行，激发学生的创新精神，促进学生全面发展。不以分数作为评价学生的唯一标准。洪老师尽心尽力地教授小芳，使得学生小芳在学业上取得了进步，充分体现了作为教师应有的教书育人职业道德。

最后，洪老师的行为体现了终身学习。终身学习要求教师崇尚科学精神，树立终身学习理念，拓宽知识视野，更新知识结构。潜心钻研业务，勇于探索创新，不断提高专业素养和教育教学水平。洪老师积极总结自己的教学经验，通过教育随笔反思自己的教学成果，不断探索创新，体现了终身学习的理念。

总之，洪老师的行为体现了崇高的教师职业道德规范，这种精神值得大力弘扬，需要每个老师学习。

免费领取通关视频

模块四 文化素养

一、章节安排

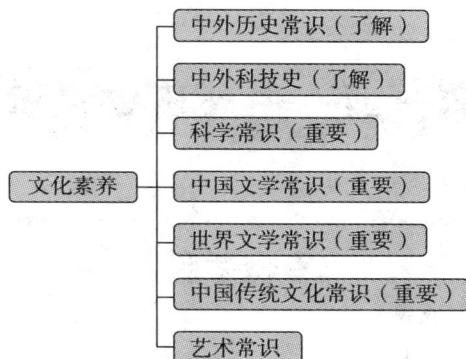

文化素养
- 中外历史常识（了解）
- 中外科技史（了解）
- 科学常识（重要）
- 中国文学常识（重要）
- 世界文学常识（重要）
- 中国传统文化常识（重要）
- 艺术常识

二、考试目标

1. 了解中外科技发展史上的代表人物及其主要成就。
2. 了解一定的科学常识，熟悉常见的科普读物。
3. 了解一定的文学知识和文化常识。
4. 了解中外文学史上重要作家的作品。
5. 了解一定的艺术鉴赏常识。
6. 了解艺术鉴赏的一般规律，并能有效地运用于教育教学活动。

三、考情分析

单位：分

考情分析	近6年考情											
历史知识	0	2	0	0	2	2	2	2	4	4	4	2
中国文化艺术	6	8	12	6	10	6	12	10	4	8	8	4
世界文化艺术	6	4	0	6	0	6	0	2	4	2	2	6
科技知识	4	4	4	6	6	4	4	4	6	4	4	6
总计	16	18	16	18	18	18	18	18	18	18	18	18

注：文化艺术包括文学、中国传统文化、艺术（音乐、美术、戏曲、电影、书法等）。

四、地位及占分比重

本模块以单选题的方式考查考生，共计9道单选题，18分。主要考查教师的基本文化素养，包括对古今中外的历史、文学、传统文化、科技、艺术等领域知识的了解。在2013年以前，本模块的难度较低，基本为考生所熟知的常识，如"图穷匕见"这个成语是和荆轲刺秦王有关系的。但是2014年以后，该模块的题目难度逐年增加，所考查的常识有相当部分是考生的知识盲区，因此有一定的知识储备是必要的。

本模块的特点是分值分布分散、知识点较多，对于考生备考来讲是一个很大的挑战，特别是之前的知识背景与所考知识相距比较远的考生更为吃亏，因此建议考生在考前需要记忆一下历年真题中的文化素养部分知识，因为从历年考试来看，综合素质文化素养是有出过考过的原题的。教材中的知识信息量比较多，考生主要是抓住每个部分的思路与线索，明晰思路。

第一章　中外历史常识

直击考点

● 第一节　中国古代史（重要）
● 第二节　中国近代史（了解）
● 第三节　中国现代史（了解）

第一节　中国古代史

在正式开始学习中国古代历史之前，让我们先来看一下中国古代历史发展线索。这里有一段歌谣，把我国的历史沿革做了简单的区分。

夏商与西周，东周分两段。

春秋和战国，一统秦两汉。

三分魏蜀吴，二晋前后沿。

南北朝并立，隋唐五代传。

宋元明清后，皇朝至此完。

一、先秦

"先秦"是秦朝"席卷天下"形成统一的多民族的封建国家以前的漫长历史时期。这是中国历史的开篇、中华文明的源头。距今约170万年的元谋人是已知的我国境内最早的远古居民。（注：元谋在我国今云南省元谋县）

(一) 氏族公社

距今五六千年前，氏族公社进入繁荣时期。山顶洞人已过渡到氏族公社时期。黄河流域和长江流域的半坡人和河姆渡人分别发明了种植粟和水稻的方法，处于母系氏族公社时期。距今约四五千年，山东大汶口文化的居民进入父系氏族公社时期，出现了私有财产和贫富分化，产生了阶级和阶级压迫。

氏族公社具有以下特征和职能：生产资料的氏族占有制是氏族社会生产关系的基础，母系氏族公社时期，氏族内部没有贫富贵贱之分，氏族成员共同劳动和消费。到父系氏族公社时期，已有贫富和贵贱的分化；有以族长为首的管理机构，族长一般由氏族成员选举或撤换；氏族内部禁婚；死后遗产须留在氏族内，由同族成员继承；同氏族人有相互援助、保护及执行血亲复仇的义务；氏族有自己的名称、共同的宗教节日和墓地。随着私有制和阶级的产生，氏族公社就趋于解体。在阶级社会初期，部分文明和地区仍不同程度地保存着氏族公社的某些残迹。在氏族公社阶段，尚没有学校的雏形，教育与生产并没有脱离开来。

(二) 夏、商、西周奴隶制王朝

约公元前 2070 年，禹的儿子启废除"禅让制"，实行世袭制，建立了夏朝。夏朝是我国最早的奴隶制国家。夏历是我国最早的天文历法。夏朝最后一个皇帝夏桀猖狂，导致朝纲混乱。

约公元前 1600 年，商汤推翻了夏桀的统治，建立商朝。商朝中期，商王盘庚迁都殷（今河南安阳小屯），因此商朝也叫殷朝。公元前 1046 年，周武王在牧野打败纣王，灭了商朝，建立周朝，定都镐京，史称西周，周朝同样也是奴隶制王朝。

周厉王时发生了"国人暴动"，起义的平民和奴隶攻入王宫，周厉王出逃，于是出现了"共和行政"的局面。

西周末年，社会矛盾进一步加深，公元前 771 年，少数民族犬戎攻入镐京，杀死周幽王，西周灭亡。周幽王的儿子周平王继位后，将王都迁到洛邑，史称东周。东周分为春秋和战国两个时期。

【知识点拓展】 　　　　　　　典故——烽火戏诸侯

"烽火戏诸侯"是中国历史上著名的故事。西周末年，周幽王为博褒妃一笑，不顾众臣反对，竟数次无故点燃边关告急用的烽火台，使各路诸侯长途跋涉，匆忙赶去救驾。结果，各路诸侯被戏而回，懊恼不已。幽王从此便失信于诸侯，最后，当边关真的告急之时，他点燃烽火却再也没人赶来救他了。不久，幽王便死于刀下，西周灭亡。西周第九代国君是周厉王，贪财好色，昏庸残暴，激起了公元前 841 年的"国人（平民）暴动"。周朝从此衰落下去，社会动荡不安。

(三) 春秋五霸和战国七雄（重点内容，高频单选题）

公元前 770 年至公元前 476 年的春秋时期，是我国奴隶社会的瓦解时期。先后起来争霸的诸侯有齐桓公、宋襄公、晋文公、秦穆公、楚庄王，史称"春秋五霸"。公元前 475 年至公元前 221 年的战国时期，是我国封建社会形成时期，出现了齐、楚、燕、韩、赵、魏、秦"战国七雄"争霸的局面。

第一章　中外历史常识

【知识点拓展】

1. 纸上谈兵——赵括（战国赵）：形容只会按照书本生搬硬套，不能联系实际

2. 老马识途——管仲（春秋）：比喻做事很有经验

3. 围魏救赵——孙膑

4. 负荆请罪——廉颇（战国赵）：比喻诚心诚意地承认错误

5. 完璧归赵——蔺相如

6. 头悬梁，锥刺骨——苏秦

7. 凿壁偷光——匡衡

8. 退避三舍——晋文公（考过）

9. 焚书坑儒——秦始皇（考过）

10. 韦编三绝——孔子

11. 卧薪尝胆——勾践

12. 商鞅变法——商鞅（考过）

13. 逝者如斯夫——孔子

14. 班门弄斧——鲁班

15. 一鼓作气——曹刿

16. 不食周粟——伯夷、叔齐

17. 东施效颦——西施

【例题】 春秋五霸里最先称雄的是（   ）。

    A. 赵　　　　　　B. 燕　　　　　　C. 韩　　　　　　D. 齐

【答案】 D

【解析】 齐桓公任用管仲为相，促进了国家的统一，"九合诸侯，一匡天下"，最先成为霸主。齐桓公是公元前685年即位的。他在政治、经济上进行了一系列改革，使齐国强大起来。由于齐桓公率兵击退戎族、狄族的进攻，又率齐、鲁、宋等八国之师破蔡伐楚，阻止楚军北进，他的威信由此大增。公元前651年，他大会诸侯于葵臣（今河南考城），订立盟约，成为中原第一个霸主。

【2016年上半年真题】

    战国时代有七个强大的诸侯国争雄称霸，史称"战国七雄"。下列选项中，不属于"战国七雄"的是（   ）。

    A. 齐国　　　　　B. 鲁国　　　　　C. 楚国　　　　　D. 秦国

【答案】 B

【解析】 战国七雄分别为：齐、楚、燕、韩、赵、魏、秦，没有鲁国。

（四）商鞅变法（重要）

    公元前356年，秦孝公任用商鞅实行变法，使秦迅速成为战国后期最富强的封建国家。商鞅变法的内容主要有：承认土地私有，允许自由买卖；奖励耕织，实行军功爵制，建立县制，由国君直接派官吏治理。

（五）百家争鸣

春秋战国时代，社会处于大变革时期，产生了各种思想流派，如儒家、法家、道家、墨家、兵家等，他们著书讲学，互相论战，出现了学术上的繁荣景象，后世称为"百家争鸣"。儒家的创始人是孔子，他的理论的核心是"仁"。墨家学派的创始人是墨子，主张"兼爱""非攻"。道家学派的创始人是老子，政治上提倡"无为而治"。法家学派代表新兴地主阶级的利益，早期代表人物有李悝、商鞅等人，后期法家代表人物韩非是专制主义中央集权理论的集大成者，代表作是《韩非子》。兵家的鼻祖是春秋晚期杰出的军事家孙武，著有《孙子兵法》。

【课外拓展阅读】　　　　　　商鞅其人其事

2 700年前，华夏民族进入了凡有血气、皆有争心的大争之世，谦谦上古贵族君子风的春秋时代落下帷幕，攻掠征伐、尸横遍野的战国时代隆重登场。时为西北边陲蕞尔小国的秦国饱受六国摧残挞伐，已在灭国边缘。秦献公身死战场，年纪轻轻的仲公子渠梁在危难时刻继位，他深藏屈辱，在六国的夹攻下苟延残喘，发誓变法崛起。秦孝公渠梁广招天下贤能之士。天不亡秦，曾在魏国并不得志的卫鞅辗转来到秦国，并凭借一身才学和对天下局势的清醒认识而得到秦孝公重用。卫鞅在秦国掀起了影响深远且饱受争议的变法，一代强秦由此崛起。

商鞅（约公元前395年—公元前338年），战国时期政治家、改革家、思想家，法家代表人物，卫国（今河南省安阳市内黄县梁庄镇）人，卫国国君的后裔，姬姓公孙氏，故又称卫鞅、公孙鞅。后因在河西之战中立功获封商于十五邑，号为商君，故称为商鞅。

商鞅首先制定了什伍连坐之法，令基层百姓互相监督，而且编为基层的军事单位；鼓励军功，在战场上立功者予以重赏而私下斗殴则从重处罚；勤于耕田织布的，国家进行奖励，从事私人工商业的，要捉拿为国家做苦役；宗亲王室如果没有军功，将不得有爵位，不能享受宗室的待遇。

新法推行以后，众多老贵族反对，更有甚者，太子也触犯了法律。

太子犯法事件，成为保守派向商鞅示威的借口，他们想知道商鞅要如何处理太子的案子。商鞅明白其中的利害，向秦孝公进言说："我制定的新法能不能顺利实行，关键在于上面的人能不能遵从。现在太子也犯法了，如国不惩处，国家很难变富强。"

秦孝公见商鞅如此说，便听从了他的建议。因为太子的身份特殊，不能对他进行在脸上刺字或者当众杖责的惩罚。最后就对太子的太傅公子虔用刑。

商鞅在秦国做了十年的宰相，宗亲皇室贵族们对他多有怨恨，因为他制定的新等级制度让他们的地位岌岌可危。有人因此劝告他，希望他为自己寻找退路。这时，有个叫赵良的名士见到商鞅，作了长篇的劝说，希望他不要贪慕虚名，应急流勇退，方可稍得安全，赵良还特别指出商鞅所面临的危急局面，不仅来自皇亲国戚们的怨恨，而且也来自自己功高震主所造成的臣君难容的危难性。但商鞅过分相信自己的能力，而且觉得自己制定的法令严明如山，谅那些贵族也做不了什么。可他就是因为这种致命的自负，使得贵族们的仇恨与日俱增，并最终在秦惠公继位之时招致杀身之祸。他的家人也被杀害。

他死之后，因为他的法令确实对秦国的强盛有巨大的用处，所以变法被保留下来，继续沿用。

二、秦汉、魏晋南北朝

（一）秦统一六国（重要）

公元前221年，秦建立起我国历史上第一个统一的中央集权的封建国家。秦采取的巩固统一的措施有：建立专制统治，地方实行郡县制；统一货币、文字和度量衡；加强思想控制，"焚书坑儒"；修筑长城；进军和开发岭南。秦王朝是我国第一个统一的多民族国家。在胜利击败匈奴贵族的侵扰之后，为了巩固在战场上取得的成果，秦始皇又命蒙恬主持修筑了我国历史上最大的军事防御工程——万里长城。

（二）焚书坑儒

秦始皇三十四年（公元前213年），博士淳于越反对当时实行的"郡县制"，要求根据古制，分封子弟。丞相李斯加以驳斥，并主张禁止百姓以古非今，以私学诽谤朝政。秦始皇采纳李斯的建议，下令焚烧《秦记》以外的列国史记，对不属于博士馆的私藏《诗》《书》等也限期交出烧毁；有敢谈论《诗》《书》的处死，以古非今的灭族；禁止私学，想学法令的人要以官吏为师。此即为"焚书"。第二年，两个术士（修炼功法炼丹的人）侯生和卢生暗地里诽谤秦始皇，并亡命而去。秦始皇得知此事，大怒，派御史调查，审理下来，将犯禁者四百六十余人，全部坑杀。此即为"坑儒"。

（三）楚汉战争（高频单选题）

楚汉战争是公元前206年至公元前202年，项羽、刘邦为争夺政权进行的一场大规模战争。公元前202年，刘邦将项羽重重包围于垓下，四面楚歌的项羽"无颜面对江东父老"，在乌江拔剑自刎。公元前202年6月，楚汉之争以刘邦的胜利而结束，重新归于统一的中国建立了西汉王朝。

【知识点拓展】　　　　　　　　　胯下之辱（韩信）

狡兔死，走狗烹；飞鸟尽，良弓藏；敌国破，谋臣亡

四面楚歌、垓下之围、霸王别姬、无颜见江东父老、破釜沉舟（项羽）

卷土重来、十面埋伏、约法三章

破釜沉舟

【2016年上半年真题】

下列成语不是来源于项羽事迹的是（　　　）。

综合素质（中学）

A. 胯下受辱   B. 无颜见江东父老

C. 霸王别姬   D. 破釜沉舟

【答案】A

【解析】胯下受辱指的是韩信，而不是项羽。

（四）西汉

公元前 202 年，刘邦赢得"楚汉之争"，建立了汉王朝。西汉初年实行"休养生息"政策，出现了"文景之治"，国家实力得到初步恢复。汉武帝罢黜百家，独尊儒术；削弱相权，加强皇权；开发边疆，征讨匈奴，设立西域都护府等，使西汉强盛起来。

（五）罢黜百家，独尊儒术

董仲舒于公元前 134 年提出，汉武帝颁行。罢黜百家，独尊儒术，是汉武帝实行的封建思想统治政策，让儒学成为封建正统思想，也是儒学在中国文化中居于统治地位的标志，而道家等诸子学说则在政治上遭到贬黜。

【例题】1. 下列人物中，被誉为"飞将军"的我国古代名将是（ ）。

  A. 李广   B. 周亚夫   C. 霍去病   D. 蒙恬

【答案】A

【解析】李广是被称为飞将军的古代名将。王昌龄在其《出塞》里提道："但使龙城飞将在，不教胡马度阴山。"

【例题】2. "鸿雁传书"这一典故源自（ ）。

  A. 文姬归汉 B. 霸王别姬   C. 苏武牧羊   D. 楚汉相争

【答案】C

【解析】据《史记》记载，汉武帝时，使臣苏武被匈奴拘留，并押在北海苦寒地带多年。后来，汉朝派使者要求匈奴释放苏武，匈奴单于谎称苏武已死。这时有人暗地告诉汉使事情的真相，并给他出主意让他对匈奴说：汉皇在上林苑射下一只大雁，这只雁足上系着苏武的帛书，证明他确实未死，只是受困。这样，匈奴单于再也无法谎称苏武已死，只得把他放回汉朝。从此，"鸿雁传书"的故事便流传成为千古佳话，而鸿雁也就成了信差的美称。

（六）东汉

公元 25 年，光武帝刘秀建立东汉，随后生产逐步恢复，经济得到发展，史称"光武中兴"。东汉后期，土地兼并现象依旧严重，外戚、宦官专权，导致黄巾起义爆发，汉献帝被曹操"挟天子以令诸侯"，公元 220 年，东汉灭亡。

（七）两汉对外交往（重要）

汉代张骞两次出使西域，打开了从长安（今陕西西安）经新疆、中亚直抵地中海东岸的道路，被称为"丝绸之路"，中国绚丽的丝织品经此源源西运。随着东西方交往的密切，佛教也于公元 1 世纪时传入中国。

【例题】汉武帝派（　　）出使西域。

　　A. 苏武　　　　　B. 鉴真　　　　　C. 张骞　　　　　D. 郑和

【答案】C

【解析】汉武帝派张骞出使西域。

【知识点拓展】　　　　　　　　　　一带一路

　　"一带一路"（One Belt and One Road，简称 OBAOR；或 One Belt One Road，简称 OBOR；或 Belt And Road，简称 BAR）是"丝绸之路经济带"和"21 世纪海上丝绸之路"的简称。

　　"一带一路"不是一个实体和机制，而是合作发展的理念和倡议，是依靠中国与有关国家既有的双多边机制，借助既有的、行之有效的区域合作平台，旨在借用古代"丝绸之路"的历史符号，高举和平发展的旗帜，主动地发展与沿线国家的经济合作伙伴关系，共同打造政治互信、经济融合、文化包容的利益共同体、命运共同体和责任共同体。

（八）三国两晋南北朝（三国时期重要，高频单选题）

　　公元 222 年，魏、蜀、吴三国鼎立的局面形成。280—316 年西晋时期，中国再次统一。4 世纪初到 5 世纪前期，北方进入十六国的长期战乱，南方则是偏安江东的东晋王朝。439 年，北魏统一黄河流域，后分裂为东魏和西魏，东魏又为北齐代替，西魏为北周所篡夺。北魏、东魏、西魏、北齐、北周总称为"北朝"。420 年，刘宋取代东晋，此后历经宋、齐、梁、陈四个朝代，史称"南朝"。南朝和北朝合称为"南北朝"。

【知识点拓展】

　　三足鼎立　过关斩将　望梅止渴（曹操）　锦囊妙计　舌战群儒（诸葛亮）　草船借箭　单刀赴会　暗度陈仓　志大才疏　望梅止渴　桃园结义　三顾茅庐　刮骨疗毒（华佗）　对酒当歌（曹操）　伯仲之间　士别三日（吕蒙）　七擒孟获

【2017 年上半年真题】

　　下列历史故事与曹操有关的是（　　）。

　　A. 破釜沉舟　　　　　　　　　　　B. 望梅止渴

　　C. 三顾茅庐　　　　　　　　　　　D. 草木皆兵

【答案】B

【例题】下列成语中与士别三日有关的历史人物是（　　）。

　　A. 吕蒙　　　　　B. 曹操　　　　　C. 诸葛亮　　　　　D. 周瑜

【答案】A

【解析】吕蒙原是一介武夫，经孙权劝学后，渐有学识，鲁肃称之士别三日，"非复吴下阿蒙"。现以"士别三日"形容大有长进、焕然一新，即更刮目相待。这原是吕蒙回答鲁肃的话，后用来形容对人重视，另眼相待。

三、隋唐、两宋

(一) 隋朝

公元 581 年，隋文帝杨坚建立隋朝。隋文帝时期经济繁荣发展，史称"开皇之治"。隋炀帝统治残暴，导致农民起义爆发，公元 618 年，隋朝灭亡。隋朝时期开凿了古代世界上最长的京杭大运河。

(二) 唐朝

公元 618 年，李渊建立唐朝。唐太宗开创了"贞观之治"，唐玄宗开创了"开元盛世"，极大地推进了社会经济的恢复和发展。经济上，实行并改进均田制和租庸调制。农业方面，兴修大型水利工程，农耕技术提高，水稻广泛采用育秧移植。

(三) 贞观之治

公元 626 年，唐太宗李世民即位，实行了一系列改革：内政方面继承了宰相制，发展、完善并确立了三省六部制和科举选士制；经济方面推行均田制，实行租庸调制。这一时期社会秩序安定，经济繁荣，历史上称为"贞观之治"。

(四) 开元盛世

开元盛世是唐玄宗（李隆基）统治前期所出现的大好局面。唐玄宗治国初期，以开元作为年号，那时他励精图治，并且任用贤能，发展经济，提倡文教，使得天下大治，成为当时世界上最强盛的国家，史称"开元盛世"。

(五) 安史之乱

安史之乱是安禄山、史思明起兵反对唐王朝的一次叛乱，是唐朝由盛而衰的转折点。安史之乱自唐玄宗天宝十四年（755 年）开始至唐代宗宝应元年（762 年）结束，前后达 7 年之久。战乱使社会遭到了一次浩劫，民生凋敝。安史之乱使唐王朝自盛而衰，一蹶不振。此后中央王朝已经无力再控制地方，藩镇割据，各自为政，后来这种状况遍及全国，并最终导致唐朝灭亡。

【例题】某官员出身寒微，通过科举考试走上仕途，下列选项中，该官员生活的朝代可能是（   ）。
    A. 西汉   B. 东汉   C. 东晋   D. 唐代
【答案】D
【解析】中国的科举制发端于我国的隋唐时期。

(六) 两宋

公元 960 年，后周大将赵匡胤发动陈桥兵变，建立宋朝，定都汴京（今属河南开封）史称"北宋"。公元 1127 年，金军攻陷开封，并掠去徽、钦二帝及大量财物。至此，北宋王朝宣告灭亡。同年赵构在临安（今杭州）重建宋朝，史称南宋，1276 年元军攻占南宋都城临安，南宋灭亡。五代时期经济中心开始南移，两宋时期，太湖流域成为重要的粮仓。北宋兴起的景德镇后来成为著名的瓷都。北宋前期四川地区出现了世界上最早的纸币"交子"。

【例题】 与赵匡胤有关的典故是（　　）。

　　A. 祸起萧墙　　　B. 闻鸡起舞　　　C. 黄袍加身　　　D. 奇货可居

【答案】 C

【解析】 后周时，赵匡胤在陈桥兵变，部下诸将给他披上黄袍，拥立为天子。后比喻发动政变获得成功。

四、元、明、清

（一）元代

1271 年，元世祖忽必烈改国号为大元，建立元朝。元政府为管理疆域，实行有效的统治，在地方设行中书省，简称"行省"或"省"，作为中央的派出机构和地方最高行政机构，行省后来发展成为行政区的名称，初步奠定了明清乃至今天省区的规模，对后世产生了深远的影响；设宣政院管辖藏族地区事务，西藏地区正式成为我国领土的一部分；设澎湖巡检司，管辖澎湖与琉球（今台湾地区）。

（二）明朝

1368 年，朱元璋灭元，建立明朝。明朝君主专制空前强化：中央废除丞相，撤销中书省，六部直接对皇帝负责，军政由五军都督府和兵部共辖，司法、监察互相制约；地方废除行省，设三司直属中央各部；设锦衣卫和东西厂，实行严密的特务统治；设置了一套严密的户籍制度，实行连坐，加强对人民的控制；实行严格的八股取士，禁锢人民的思想。1644 年，李自成率农民军攻破北京，明朝灭亡。

（三）清朝

中国最后一个封建帝制国家。1616 年，努尔哈赤建立后金政权。皇太极时，改国号为"清"。1644 年清朝入关，建立多民族的统一王朝。清朝承袭明制，继续强化专制中央集权体制，在地方则恢复省的建置。清朝时期，加强了对今西藏、新疆、蒙古及东北、西南等边疆地区的统治，并在台湾设置府县。康熙、雍正和乾隆时期，清朝达到鼎盛，即所谓的"康乾盛世"。嘉庆、道光后，社会危机四起，清封建统治逐渐衰落。1840 年，鸦片战争爆发，中国进入近代史时期。1911 年，辛亥革命成功，清朝灭亡。

【课外拓展阅读】　　　　　　**盛唐诗人的气象万千**
《饮中八仙歌》

知章骑马似乘船，眼花落井水底眠。
汝阳三斗始朝天，道逢麴车口流涎，
恨不移封向酒泉。左相日兴费万钱，
饮如长鲸吸百川，衔杯乐圣称世贤。
宗之潇洒美少年，举觞白眼望青天，
皎如玉树临风前。苏晋长斋绣佛前，
醉中往往爱逃禅。李白一斗诗百篇，
长安市上酒家眠。天子呼来不上船，

自称臣是酒中仙。张旭三杯草圣传，

脱帽露顶王公前，挥毫落纸如云烟。

焦遂五斗方卓然，高谈雄辩惊四筵。

第二节　中国近代史

中国近代风云变幻，历经沧桑，经历了百年战争，前有清王朝的腐朽统治，后有连年的军阀割据，加之外敌入侵，最终在勤劳勇敢的中国人民的奋勇抗争下，迎来了和平的曙光。

主要历史发展线索：

1840年（中国近代史开端）—1919年（新民主主义革命）—1949年（新中国成立）

1. 鸦片战争（重要）

英国资产阶级以向中国输出鸦片作为侵略中国的手段。鸦片的泛滥给中国社会造成了严重危害。道光皇帝派林则徐到广东查禁鸦片。1839年6月，虎门销烟标志着禁烟运动取得胜利。英国政府以保护通商为借口，于1840年6月发动了第一次鸦片战争。战争以中国的战败告终。1842年8月，清政府被迫同英国签订丧权辱国的《南京条约》，规定了割让香港、赔款、开放通商口岸、协定关税等条款。这是中国近代史上第一个不平等条约，它使中国领土完整和主权遭到破坏，中国的封建经济日益解体，开始走上半殖民地半封建社会的道路。鸦片战争成为中国近代史的开端。

2. 洋务运动（重要）

中国资本主义萌芽最早出现于洋务派创办的洋务企业中。清政府中以左宗棠、曾国藩、李鸿章等为代表的洋务派官僚为挽救清王朝的封建统治，发动了以"中学为体，西学为用"为宗旨，以引进西方先进生产技术、军事装备和科学文化为主要内容的自救运动。19世纪60年代为"自强"阶段，重点兴办军事工业；70—90年代为"求富"阶段，重点兴办民用工业。洋务运动由于带有浓厚的封建性、买办性和垄断性，不能从根本上挽救清王朝，但在客观上对中国资本主义的产生和发展有一定刺激作用。

【例题】 以下属于洋务运动代表人物的是（　　　　）。

　　A. 张之洞　　　　　B. 张作霖　　　　　C. 梁启超　　　　　D. 顾炎武

【答案】 A

【解析】 张之洞是洋务运动的代表人物。张之洞（1837—1909），字孝达，号香涛、香岩，

第一章　中外历史常识

又号壹公、无竞居士，晚自号抱冰，人称张香帅，河北南皮人，清朝洋务派代表人物之一。张之洞先为清流以敢谏闻名，号称"牛角"，其战斗力非常生猛。后任山西巡抚和各地学官，后来长期任总督。

3. 维新运动

甲午战争后，由于民族危机的加深和民族资本主义的初步发展，维新思想迅速传播。以康有为、梁启超为代表的资产阶级维新派，在光绪皇帝的支持下，发动了一场旨在挽救民族危亡、发展民族资本主义的变法——维新运动。1895年5月2日，康有为联络在北京应试的1 300多名举人上书光绪皇帝，即"公车上书"，揭开了变法维新运动的序幕，成为资产阶级改良主义思潮政治运动的起点。

4. 辛亥革命（重要）

孙中山是中国资产阶级民主革命的先行者，1894年11月，他组织了第一个资产阶级的革命团体——兴中会。1895年2月，孙中山在香港成立兴中会总机关，在入会誓词上明确提出"驱除鞑虏，恢复中华，创立合众政府"的革命主张。1905年7月，孙中山在东京建立中国同盟会，确立同盟会的革命纲领是"驱除鞑虏，恢复中华，创立民国，平均地权"，资产阶级领导的民主革命运动从此进入高潮。不久，孙中山又在《民报》发刊词中，把这个纲领归结为民族、民权、民生三大主义。这既是孙中山民主革命思想的集中概括，也是资产阶级革命的基本政治纲领。

5. 向西方学习的思潮

近代中国尖锐的民族矛盾和社会危机给思想领域带来了深刻影响，先进分子掀起了向西方学习的思潮。林则徐组织编译《四洲志》，是中国近代史上睁眼看世界的第一人。魏源提出"师夷长技以制夷"，是洋务思潮和洋务运动的前驱。徐继畬编纂《瀛寰志略》，最先提出西方共和制符合中国"天下为公"的古道，最早提出实现中国近代化的惊世主张。19世纪70年代，早期改良思想家王韬、薛福成、郑观应等提出学习西方，实行政治经济改革，谋求国家独立富强，为维新变法奠定了思想基础。

6. 新文化运动

为反对思想文化领域的尊孔复古潮流，陈独秀、李大钊、鲁迅、胡适等一批资产阶级激进民主主义知识分子掀起了新文化思想启蒙运动。1915年9月，陈独秀在上海创办《青年杂志》。《青年杂志》自2卷1号起改名为《新青年》。新文化运动的主要内容是提倡民主和科学，反对专制与迷信。

7. 马克思主义在中国的传播

1919年5月，李大钊在《新青年》上刊出一期由他主编的《马克思主义研究专号》，并发表《我的马克思主义观》一文，对马克思主义作了比较全面、系统的介绍。1920年年3月和5月，北京和上海分别成立了马克思学说研究会和马克思主义研究会。

8. 五四运动（重要）

1919年5月4日，北京大学等13所大专院校的学生3 000多人在天安门前集会并举行游行示威，提出"外争国权，内惩国贼"等口号，一致要求惩办曹汝霖、章宗祥、陆宗舆三个亲日派卖国贼，并拒绝在巴黎和会的"和约"上签字。学生的爱国行动遭到北洋军阀政府的镇压，却迅速得到全国各界的支持。五四运动取得了胜利。五四运动在中国近代史上具有划时代的重要意义，是中国新民主主义革命的开端。

9. 中国共产党的诞生（重要）

1920年8月，中国共产党上海早期组织建立，其成员有陈独秀、李达、李汉俊、陈望道等。这实际上是中国共产党的发起组织。1920年10月，李大钊、张国焘等在北京建立了共产党早期组织。这是北方最早的党组织。1921年7月23日至8月初，中国共产党第一次全国代表大会在上海（最后一天转移至浙江嘉兴南湖的游船上）举行。大会决定，党定名为中国共产党，党的奋斗目标是"推翻资产阶级的政权"，建立"无产阶级专政"，"以达到阶级斗争的目的——消灭阶级，废除资本私有"。大会制订了工作计划，选举了陈独秀、张国焘、李达三人组成的中央局，陈独秀为书记。中共一大的召开宣告了中国共产党正式成立。中国自从有了中国共产党，革命的面貌焕然一新了。

10. 北伐战争

1925年5月30日，上海发生英国巡捕在南京路上枪杀示威群众的五卅惨案。消息传到南方，引发了有25万人参加的规模宏大的省港大罢工。

鉴于革命形势迅速发展，广州国民政府决定北伐。北伐的对象是吴佩孚、孙传芳、张作霖三派势力。根据事先制定的集中兵力、各个歼敌的战略方针，1926年5月，国民革命军先头部队出兵湖南。7月9日，正式出师北伐。在沿途人民群众的大力支持下，北伐军势如破竹。1926年年底，北伐战争胜利的大局已定。

【课外拓展阅读】 <center>施剑翘刺杀孙传芳</center>

1935年11月13日下午，天津城南一座禅院的大殿佛堂里香烟缭绕，男女居士们正襟危坐，参禅听经，突然响起三声枪声，一名老头在座位上像一截枯树般应声倒了下去。被刺身亡的老头是民国初年声名显赫的军阀孙传芳。

此事一出，平津轰动。第二天，各报除纷纷报道了孙传芳被刺的重大新闻外，还刊登了女刺客施剑翘事先拟好的《告国人书》。至此，人们才明白事件的真相。

施剑翘（1905—1973），安徽桐城人。1925年，其养父施从滨担任山东军务帮办兼奉系第二军军长，在当年11月的直奉大战中兵败被俘。五省联帅孙传芳下令处斩施从滨，并悬其首于安徽蚌埠车站。死讯传来，施剑翘悲愤不已，立誓为父报仇。

但是当时，一个毫无背景的弱女子，要想杀死孙传芳这样的军阀，实在让人难以想象。因此，施剑翘起先是将复仇的希望寄托在堂兄施中诚身上。施中诚担任烟台警备司令的要职，凭借他的力量，伺机刺杀孙传芳是有可能的。但是，因为眷恋锦绣前程，施中诚拒绝了。随后，她写了封长信，与施中诚断绝了兄妹关系。

几年之后，施剑翘认识了施中诚在保定军校的同学、时任山西军阀阎锡山部的谍报股长施靖公。当施靖公得知施剑翘因父仇未报而悲愤难消时，立刻表示，如果有机会，自己愿替施剑翘报仇雪恨。施剑翘被施靖公的言语感动，并最终以身相许。但是婚后，施靖公完全沉迷于温柔之乡，把先前的承诺忘得一干二净，甚至当施剑翘提醒他时，他也百般推托。1935年6月，施剑翘忍无可忍，毅然带着孩子离开山西太原，回到天津娘家。

此后的施剑翘，不再幻想有某位仗义侠士替她报父仇，决心亲自动手。

1935年中秋节，施剑翘在法租界大光明电影院门口认出了孙传芳的黑色轿车。散场后，她首次近距离地见到了孙传芳。但是，因为散场时观众太多，不便出手，她只能眼看着杀父仇人离开。此后，施剑翘多次到孙传芳位于英租界的豪宅周围探察，发现那里戒备森严，实在无法下手。情急之下，施剑翘甚至想到了化名到孙传芳的家里当佣人。就在这时，昔日叱咤风云的五省联帅摇身一变，成了天津居士林的副林长。施剑翘经过多方探询跟踪，最终摸清了孙传芳的行踪规律。1935年10月，施剑翘取名"董慧"，潜入居士林冒充居士，打算寻找时机刺杀孙传芳。

1935年11月13日，正是讲经日。此前的三期道会，施剑翘都参加了，每一次也都做好了充分的准备，可是因为与会的居士众多，场面混乱，不便下手。当天，施剑翘见来的居士比以前少了许多，心中不免暗喜。

这天，富明法师领诵《大佛顶首楞严经》。施剑翘本来坐在后面，离孙传芳较远，后来她借口后面的炉火太热而转移到前面。当众居士跟着富明法师齐声奉诵的时候，孙传芳也闭目盘坐在前排的蒲团上一起吟诵。施剑翘看到机会来临，就悄悄从皮包里取出勃朗宁手枪，对准孙传芳的脑袋迅速地扣动了扳机。随着"砰！砰！砰！"三声枪响，孙传芳立即毙命。众居士被这突如其来的事变吓得魂飞魄散。施剑翘倏地站起身，大声说道："各位朋友不要怕，我为父亲报仇，决不会伤及无辜！孙传芳是我打死的，一人做事一人当，不会连累大家。"说完这话，她从小包里掏出一大把传单，散发给大家，只见上面写道："各位先生注意：一、今天施剑翘（原名谷兰）打死孙传芳，是为先父施从滨报仇。二、详细情形请看我的《告国人书》。三、大仇已报，我即向法院自首。四、血溅佛堂，惊骇各位，谨以至诚向居士林及各位先生表示歉意。"和传单一起分发的还有《告国人书》。分发完后，施剑翘借用电话给家中报告了大功告成的喜讯，又找到寺中的东海和尚，让他去通知警察局来人，自己决意自首。

第二天，案件被移送到天津地方法院检察处。在侦讯中，施剑翘不讳事实，直陈了杀人经过和原因。最后，法院判处其有期徒刑七年。关于施剑翘行刺一案的议论，当时，社会各界较为一致的说法是，施剑翘刺杀罪恶累累、劣迹斑斑的大军阀孙传芳，其志可嘉，其情可悯。当时的全国妇女会、旅京安徽学会等团体纷纷通电呼吁，希望最高法院能对施剑翘援例特赦。另外，此案还惊动了大名鼎鼎的冯玉祥将军。辛亥革命时期，冯玉祥曾与施剑翘的生父施从云一起奋勇战斗过。他闻讯后立刻联合民国元勋李烈钧、张继等人，请求南京政府特赦为父报仇的孝女、为民除害的侠女施剑翘，以敦化人伦，弘扬正气。有的报纸还披露了冯玉祥曾单独向蒋介石请求特赦施剑翘的消息。

结果，在施剑翘入狱不到一年的时候，也就是在1936年10月14日这一天，国民政府主席林森向全国发表公告，决定赦免施剑翘。

施剑翘被赦免不久，抗日战争爆发。她随即奔赴南方，为抗战将士筹措慰劳品，并兴办小学，做了不少有益于国家、人民的工作。新中国成立后，施剑翘于1952年移居北京，一直以居士身份在碧云寺修行。1957年，施剑翘当选为北京市政协特邀委员，1973年病逝。

11. 八七会议

面对蒋介石、汪精卫集团反共面目的公开暴露，陈独秀等人采取退让政策。这进一步助长了蒋介石、汪精卫集团的反革命气焰。在革命危急关头，中共中央于1927年8月7日在汉口召开了紧急会议，即八七会议。八七会议总结了大革命失败的教训，坚决纠正了陈独秀的右倾错误，确定了土地革命和武装反抗国民党反动派统治的总方针。

12. 农村包围城市道路的创立

毛泽东在1928年10月和11月写了《中国的红色政权为什么能够存在?》和《井冈山的斗争》两篇文章，提出了"工农武装割据"的光辉思想。1930年1月，他在《星星之火，可以燎原》中，第一次指明了党的工作要以农村为中心的思想。这样，毛泽东提出了关于农村包围城市、武装夺取政权的明确观点。

13. 土地革命战争

大革命失败后，中国共产党走上武装反抗国民党统治的道路。1928年4月，毛泽东率领的秋收起义部队与朱德、陈毅领导的部分南昌起义部队在井冈山胜利会师，创立了第一个农村革命根据地。中国共产党还在江西、福建、湖南、湖北、广西等地发动武装起义，开辟农村革命根据地。

中央革命根据地建立之后，蒋介石调集军队向红军发动多次"围剿"。在毛泽东军事思想的指导下，根据地取得了前四次反"围剿"斗争的胜利。1933年10月，蒋介石对中央根据地发动了第五次"围剿"。在王明"左"倾冒险主义思想影响下，李德等人先推行"军事冒险主义"策略，后在敌人的猖狂进攻面前采取"拼命主义"，最后发展成"逃跑主义"，导致中央红军第五次反"围剿"失败。1934年10月，中央红军主力被迫退出中央革命根据地，突围转移，开始长征。1936年10月，红军第一、二、四方面军在甘肃会宁胜利会师，长征结束。

14. 遵义会议

1935年1月15日至17日，中共中央在遵义召开了政治局扩大会议，集中力量解决具有决定意义的军事问题和组织问题。会议重新肯定了以毛泽东为代表的马克思主义军事路线，改组了中央领导，增选毛泽东为中央政治局常委。

遵义会议的伟大意义：（1）结束了"左"倾教条主义在中央的统治，开始确立了以毛泽东为代表的新的中央的正确领导，使党的路线重新转到正确的轨道上来，从而在极端危急的历史关头，挽救了红军，挽救了党，挽救了中国革命；（2）是中国共产党独立自主地运用马克思列宁主义原理，解决中国革命问题的一次极为重要的会议；（3）是中国共产党历史上一个生死攸关的转折点，是中国共产党在政治上开始走向成熟的标志。

15. 瓦窑堡会议

1935年12月17日，中共中央在陕北瓦窑堡召开政治局会议。会议通过了《中共中央关于目前政治形势与党的任务的决议》，批评了"左"倾关门主义，决定建立最广泛的抗日民族统一战线。会后，毛泽东在中国共产党活动分子会议上作了《论反对日本帝国主义的策略》的报告，对党的抗日民族统一战线策略作了全面深刻的说明。为了争取一切可能的力量参加这个统一战线，报告提出以"人民共和国"的口号代替"工农共和国"的口号，并规定了各种政策。

16. 抗日战争（重要，高频单选题）

1931年9月18日晚，日本挑起九一八事变，后东北三省沦陷，全国范围的抗日救亡运动逐渐高涨。1937年7月，日本帝国主义发动了卢沟桥事变，中国军队奋起抵抗，揭开了全面抗战的序幕。九一八事变之后，中日之间的民族矛盾上升为主要矛盾。1935年中国共产党发表著名的《八一宣言》，推动了抗日民族统一战线的形成。同年12月，瓦窑堡会议确定了抗日民族统一战线的策略方针。1936年12月西安事变的和平解决标志着抗日

第一章　中外历史常识

民族统一战线初步形成。经过全中国人民长期艰苦卓绝的斗争，1945 年 8 月 15 日，日本宣布无条件投降。中国人民抗日战争的胜利，是中国人民近百年来第一次取得的反对帝国主义斗争的完全胜利。抗日战争是中国新民主主义革命的重要阶段，它的胜利，为人民革命在全国胜利打下了基础。

17. 人民解放战争（重要）

1946 年 6 月，全面内战爆发。中国人民解放军先后粉碎国民党的全面进攻和重点进攻，1947 年 6 月刘邓大军千里跃进大别山转入战略进攻阶段，到 1948 年 8 月进入战略决战。人民解放军连续发动辽沈、淮海、平津三大战役，奠定了解放战争胜利的基础。

18. 中共七届二中全会

1949 年 3 月中共中央在西柏坡召开了七届二中全会。会议对中国革命和建设的重大问题作了历史性决策：（1）关于工作重心必须由农村转移到城市；（2）关于在新形势下加强党的建设的问题。七届二中全会具有重大历史意义，它制定了迅速取得全国胜利的各项方针和革命胜利后的各项基本政策，为夺取全国胜利和胜利后由新民主主义社会转变为社会主义社会做了政治上、思想上的准备。

第三节　中国现代史

1. 中华人民共和国的成立

1949 年 10 月 1 日下午，首都 30 万军民齐集天安门广场，隆重举行开国大典。在国歌声中，毛泽东主席在庆祝典礼上亲手升起第一面五星红旗，宣读了《中华人民共和国中央人民政府公告》，庄严宣告中华人民共和国中央人民政府的正式成立。

2. 巩固新生政权的三大运动

中华人民共和国成立初期，为彻底完成新民主主义革命的历史任务，巩固新生的人民政权，中国共产党领导全国人民开展了土地改革、抗美援朝和镇压反革命三大政治运动。

1950 年，中央人民政府颁布《中华人民共和国土地改革法》，在全国开展土地改革运动。1950 年 10 月，中国人民志愿军赴朝作战，并于 1953 年 7 月取得抗美援朝战争的胜利。1950 年 10 月 10 日，中共中央发出《关于镇压反革命活动的指示》，1951 年春，镇压反革命运动达到高潮。

这些斗争的胜利，使新中国人民民主专政的政权更加巩固，为国民经济的恢复和发展创造了条件。

3. 社会主义改造和过渡时期总路线

经过三年经济恢复之后，1952 年年底，中共中央按照毛泽东的建议，提出了党在过渡时期的总路线："党在这个过渡时期的总路线和总任务，是要在一个相当长的时期内，逐步实现国家的社会主义工业化，并逐步实现国家对农业、对手工业和对资本主义工商业的社会主义改造。"

按照党在过渡时期总路线规定的任务，中华人民共和国对农业、手工业和资本主义工商业的社会主义改造，到 1956 年基本上完成。社会主义三大改造的胜利完成，为中国从新民主主义社会向社会主义社会过渡创造了条件。

4. 社会主义建设总路线和"大跃进"、人民公社化运动

1957年9月20日，中共八届三中全会在北京召开。八届三中全会在批评1956年反冒进的同时，改变了八大一次会议在经济建设上既反保守又反冒进的方针。1958年5月召开的八大二次会议，正式提出"鼓足干劲、力争上游、多快好省地建设社会主义"的总路线。这条总路线反映了广大人民群众迫切要求尽快改变中国经济文化落后状况的普遍愿望。但它是在急于求成的思想指导下制定的，片面强调经济建设的发展速度，过分夸大人的主观意志的作用，忽视了经济建设所必须遵循的客观规律。会后，"大跃进"运动在全国范围内开展起来。

"大跃进"表现在工业方面，首先是钢产量指标的不断提高。在农业上，主要是对农作物产量的估计严重浮夸。与此同时，在全国农村普遍建立人民公社。大办人民公社的过程，实际上是大刮以"一平二调"为主要特点的"共产风"的过程，使农村生产力遭到严重破坏。再加上自然灾害，1959—1961年，中国经济进入三年严重的困难时期。

5. "文化大革命"

1966年5月中共中央政治局扩大会议和同年8月八届十一中全会相继通过《五·一六通知》和《关于无产阶级文化大革命的决定》，这两次会议的召开是"文化大革命"全面发动的标志。此后，全国掀起批判"资产阶级反动路线"的狂潮，红卫兵运动突起，并在全国范围内进行"大串联"，带动了各地的内乱，使地方党组织陷入瘫痪。

1976年，"文化大革命"进入第10个年头，以四五运动为标志的群众运动反映了广大人民群众对"四人帮"的强烈义愤。9月9日，毛泽东逝世，10月，以华国锋、叶剑英、李先念等为代表的中央政治局，采取断然措施，将王洪文、张春桥、江青、姚文元实行隔离审查，并发出《关于王洪文、张春桥、江青、姚文元反党集团事件的通知》。粉碎"四人帮"反革命集团的胜利，标志着历时10年的"文化大革命"从此结束。

"文化大革命"结束后，在全国范围内开展了关于真理标准问题的大讨论，批判了"两个凡是"的错误思想。这些推动了各条战线的拨乱反正，各级组织部门开始放手开展平反冤假错案工作。

6. 中共十一届三中全会的伟大转折

1978年12月18日至22日，中共十一届三中全会在北京举行。全会的中心议题是讨论把全党的工作重点转移到社会主义现代化建设上来。邓小平在会议闭幕式上作了题为《解放思想，实事求是，团结一致向前看》的重要讲话。

第四节 世界历史

在学习世界历史之前，我们也先来看一下整体的发展趋势。

主要历史线索： 地理大发现——文艺复兴——资产阶级革命——工业革命——两次世界大战——两极格局——多级格局

1. 四大文明古国

古埃及、古巴比伦、古印度、古代中国是世界四大文明古国。古埃及的文明表现在：

象形文字，十进位制的计算方法，制定世界上最早的太阳历等。古巴比伦王国的文明表现在：楔形文字，制定汉谟拉比法典，用肉眼观测月食等。古印度的文明表现在：《罗摩衍那》和《摩诃婆罗多》两部世界著名史诗，建筑和雕刻艺术发达。古代中国的文明集中表现在：火药、指南针、印刷术和造纸术四大发明。

2. 地理大发现（重要）

西方史学家对15—18世纪欧洲航海者一系列航海活动的通称。1492年，哥伦布航抵"美洲"，开辟了欧美航线；1498年，达·伽马开辟自西欧绕过非洲南端直达印度的航路；1519—1522年麦哲伦与其同伴首次环球航行。新航路的开辟和美洲的发现，扩大了世界市场，开始了西方国家殖民掠夺的狂潮。欧洲的商业中心逐渐由地中海地区转移到大西洋沿岸。由此加速了西欧封建制度的解体和资本主义关系的增长，预示着世界史上一个新时代的来临。

3. 文艺复兴（重要）

14世纪中叶至17世纪初在欧洲发生的思想文化运动。这个运动始于意大利，后扩大到英国、法国、德国、西班牙等欧洲国家。文艺复兴冲破了黑暗的中世纪的重重禁锢，是新兴资产阶级反封建斗争在意识形态领域的反映。在人文主义思想指引下，文学艺术出现了前所未有的繁荣局面，以实验为基础的近代自然科学、唯物主义哲学、新的政治学、史学和教育学相继出现，产生了一大批多才多艺的代表人物，使文艺复兴时代成为硕果累累、人才辈出、灿若群星的时代。

【2017年下半年真题】

贞德是法国历史上著名的民族英雄，被后人赞为"圣女"，她曾率领法国军队对抗外国入侵，并多次打败侵略者，事迹发生的时期是（　　　）。

A. 普法战争时期　　　　　　　　B. 英法百年战争时期

C. 第一次世界大战时期　　　　　D. 欧洲三十年战争时期

【答案】B

【解析】圣女贞德是法国的军事家，天主教圣人，被法国人视为民族英雄。在英法百年战争（1337—1453年）中她带领法国军队对抗英军的入侵，最后被捕并被处决。

4. 英国革命

英王查理一世于1640年冬召集议会，企图通过征收新税，以讨伐苏格兰起义，遭到议会反对，议会反而要求限制王权，标志着英国资产阶级革命的开始。1642年，查理一世挑起内战，清教徒克伦威尔率议会军打败王党，成立共和国。1688年，辉格党人联合一部分托利党人发动政变，赶走詹姆士二世，邀请信奉新教的荷兰执政威廉和玛丽共同入主英国，史称"光荣革命"。1689年，威廉三世和玛丽共同继位，标志着英国资产阶级革命的完成。

5. 美国独立

1773年，以"波士顿倾茶事件"为导火索。1775年春，英军与北美民兵在莱克星顿交火，北美独立战争开始。1776年7月4日，大陆会议通过《独立宣言》，英属北美殖民地正式宣告独立。1777年，美国取得萨拉托加大捷，1781年英军投降，1783年英国承认美国独立。

6. 美国内战

即美国南北战争。独立后，美国北部资本主义经济和南部以奴隶劳动为基础的种植园经济都得到迅速发展，南北政治、经济对立日趋严重。1860 年 11 月，北方资产阶级代表人物林肯当选总统，激起了南部种植园奴隶主的不满，在 1861 年年初发动了 11 州叛乱，并在南部建立了政府，向北方发动军事进攻。战争初期，南方军队由于准备充分，取得了一些军事胜利。1862 年，林肯政府采取了一系列民主措施，通过了《宅地法》和《解放黑人奴隶宣言》，激发了广大民众的革命积极性，使战争形势发生了根本的变化。此后北方转入反攻，取得了一系列重大军事胜利。1865 年 4 月 3 日攻占了南部同盟首都里士满，4 月 9 日，南方投降，内战结束。南北战争是美国历史上的第二次资产阶级革命。它消灭了黑人奴隶制度，维护了联邦统一，为资本主义的进一步发展扫除了障碍。

7. 法国大革命（重要）

1789 年 5 月，法王路易十六召开三级会议，第三等级要求制定宪法，限制王权，实行改革。路易十六调集军队准备镇压，激起了巴黎人民的武装起义。同年 7 月 14 日，革命群众攻占巴士底狱，法国大革命爆发，制宪会议颁布《人权宣言》。1792 年，推翻君主制，建立吉伦特派当权的法兰西第一共和国。1793 年 5—6 月，实行雅各宾派的革命专政。

1794 年热月政变发生，大革命中断。法国大革命摧毁了法国封建专制制度，促进了法国资本主义的发展；其革命的彻底性震撼了欧洲封建体系，推动了欧洲各国革命的发展。

【例题】下列不属于发生在法国大革命时期的历史事件是（   ）。

    A. 攻占巴士底狱   B. 热月政变

    C. 通过《人权宣言》   D. 启蒙运动

【答案】D

【解析】启蒙运动是发生在 17—18 世纪的资产阶级的思想解放运动，包含了法国大革命时期，但不能属于法国大革命。

8.《人权宣言》（法国）

全名为《人权和公民权宣言》。它是法国资产阶级革命的纲领性文件。在法国资产阶级革命爆发之前，1789 年 7 月 9 日，第三等级的代表把国民议会改为制宪议会，8 月 26 日通过《人权和公民权宣言》，后来被简称为《人权宣言》。宣言开宗明义地指出，"人在权利上是生来并永远平等的"。《人权宣言》宣布了资产阶级的政治主张：自由、财产、安全和反抗压迫是天赋不可剥夺的人权；言论、信仰、著述和出版自由；人民主权、代议制和三权分立；法律面前人人平等、罪刑法定主义和无罪推定；私有财产神圣不可侵犯。《人权宣言》是在法国启蒙思想、美国《独立宣言》的指导和影响之下产生的，它提出的"自由、平等、博爱"的口号成为法国资产阶级推翻封建统治的革命口号。《人权宣言》在当时鼓舞了人民的革命情绪，成为反封建专制制度的旗帜，也推动了欧洲人民的反封建斗争。

9. 第一次工业革命——蒸汽时代（重要）

亦称产业革命，有些著作也称科技革命。第一次工业革命通常指资本主义机器大工业代替工场手工业的过程。它于 18 世纪 60 年代首先发生在当时资本主义最发达的英国，从棉纺织业发明织布机、纺纱机开始，逐步发展到采掘、冶金、机器制造和运输行业等部门也广泛使用大机器，至 18 世纪 80 年代，由于蒸汽机的发明和采用，工业革命得到进一步发展。第一次工业革命是"蒸汽时代"的开始。19 世纪 30 年代末，英国基本完成第一次产业革命。随后，美国、法国、德国、日本等主要资本主义国家也在 19 世纪内先后进行了工业革命。工业革命是资本主义社会政治经济发展的必然结果。

10. 俄国 1861 年改革

俄国废除农奴制度的改革。19 世纪中期，农奴制已成为俄国资本主义发展的严重障碍。农民运动不断高涨，克里米亚战争的失败进一步加深了国内矛盾，农奴制危机日益严重。沙皇亚历山大二世政府被迫颁布了废除农奴制的法令，即《关于农民脱离农奴依附关系的法令》和《1861 年 2 月 19 日宣言》。规定农民有人身自由；土地仍归地主所有；农民为获得人身自由和份地必须交付高额赎金。这样，农民获得"自由"时受到了残酷的剥削。这场由农奴主实行的自上而下的资产阶级改革，使俄国获得了发展资本主义所必需的劳动力、市场和资金，加速了俄国资本主义的发展，但也使俄国保留了浓厚的封建残余。

11. 日本明治维新

19 世纪中叶，一向奉行"锁国政策"的日本，遭到美国、英国、法国、俄国等国的侵略，面临着严重的民族危机。日本人民仇视外国侵略者，更痛恨和侵略者相勾结的幕府。于是农民和市民纷纷起义，开展"倒幕"运动。倒幕派取得胜利后，建立起以明治天皇为首的日本新政府。明治天皇废藩置县，建立起一个统一的中央集权的国家，为发展资本主义扫除了障碍。自此以后，明治天皇主政，进行了一系列改革，使日本走上了发展资本主义的道路。

12. 巴黎公社

1871 年 3 月 18 日巴黎工人起义胜利后建立的工人政权，是推翻资产阶级统治，建立无产阶级专政的第一次尝试。

法国在普法战争中失败后，1870 年 9 月 4 日巴黎爆发革命，成立了法兰西第三共和国。革命后成立的国防政府及随后以梯也尔为首的政府实行卖国和镇压工人的政策，社会矛盾尖锐。1871 年 3 月 18 日，巴黎无产阶级发动武装起义，夺取了政权。28 日公社宣告成立。公社打碎了旧国家机器，进行了无产阶级民主的实验：废除资产阶级常备军，代之以人民武装——国民自卫军，建立了选举产生的治安委员会，取代警察局；通过了政教分离法令；废除议会制，实行立法、行政合一的公社委员会制；采取措施防止国家机关工作人员由社会公仆变成人民的主宰。在经济和文教方面，实行了许多旨在保护工人利益的措施和改革。但公社没有没收法兰西银行。没有同农民结成联盟，没有及时向凡尔赛的梯也尔反动政府发动进攻等。在凡尔赛政府勾结普军的猛攻下，起义于 5 月 28 日被镇压。

13. 第二次工业革命（重要）——电力时代

第二次工业革命在 19 世纪最后 30 年展开，至 20 世纪初完成。第二次工业革命时期，科学技术的发展成就应用于工业，主要表现在三个方面：电和石油的发现及广泛应用；内燃机和电动机的发明；远距离通信手段的发明与完善。在 19 世纪科学技术向纵深发展的基础上，在理论上出现了新的突破。第二次工业革命以电力的广泛应用为显著特点，其结果使世界由"蒸汽时代"跨进了"电气时代"。内燃机的发明是第二次工业革命应用技术上的又一重大成就。内燃机的创制与广泛应用带动了石油开采业和石油化工业的迅速发展。在通信领域，电话、无线电报的发明，加强了世界各地的联系。在冶金工业中，贝塞麦、马丁、汤麦斯炼钢法被广泛应用。新技术也广泛应用到化学、冶金、造船和机械制造产业。

14. 第一次世界大战（重要），1914—1918 年

第一次世界大战是 1914—1918 年帝国主义国家两大集团——同盟国与协约国之间为瓜分世界、争夺殖民地和霸权而进行的战争。1914 年 6 月 28 日，萨拉热窝事件成为第一次世界大战的导火线。战争过程主要是同盟国（德意志帝国和奥匈帝国）和协约国（英国、法国、意大利、俄罗斯帝国和塞尔维亚）之间的战斗。中国段祺瑞统治下的北洋政府，在英法的支持下，参加了协约国，对同盟国宣战。1918 年 11 月，大战以同盟国失败而告终。这场大战削弱了英国、法国、意大利等国的势力，使美国成为世界头号经济强国；其间俄国爆发十月革命，动摇了资本主义世界体系，开始了无产阶级社会主义革命的新时代。

【例题】第一次世界大战的起止时间是（　　　）。

　　　　A. 1840—1842 年　　　B. 1914—1918 年　　　C. 1937—1945 年　　　D. 1945—1949 年

【答案】B

【解析】第一次世界大战起止时间是 1914—1918 年，第二次世界大战是 1939—1945 年。

15. 十月革命（重要）

1917 年 11 月 7 日（俄历 10 月 25 日），以列宁为首的布尔什维克党领导工人阶级和革命士兵，举行武装起义，推翻俄国资产阶级临时政府，成立了世界上第一个工兵代表苏维埃政府。十月革命建立了世界上第一个无产阶级专政的社会主义国家。

16. 第二次世界大战（重要），1939—1945 年

1939 年 9 月，德军突袭波兰，大战全面爆发。1940 年秋，德国、意大利、日本组成法西斯集团。德国进攻苏联，日本发动太平洋战争，使第二次世界大战达到最大规模。1942 年年初，中国、美国、英国、苏联等 26 个国家的代表签署《联合国家宣言》，组成世界反法西斯同盟。1943 年春，斯大林格勒战役扭转了第二次世界大战的局势。1943 年 9 月，意大利投降，法西斯轴心国开始瓦解。1945 年 5 月 8 日，德国宣告无条件投降。1945 年 8 月 15 日，日本宣布无条件投降。至此，第二次世界大战结束。战争进一步削弱了帝国主义，促成了战后欧亚社会主义阵营的形成，诞生了一大批新兴民族独立国家。

17. 万隆会议

1955 年在印度尼西亚万隆召开的第一次亚非会议上，周恩来为加强亚非团结，倡导和平共处，提出"求同存异"的主张，得到与会各国的热烈反响。会议闭幕时，发表了《亚非会议最后公报》，提出指导国际关系的十项原则，其核心内容是一年前由中国和印度首先倡导的"互相尊重主权和领土完整，互不侵犯、互不干涉内政、平等互利、和平共处"五项原则。

18. 苏联解体和东欧剧变

1985 年 3 月，戈尔巴乔夫当选为苏共中央总书记后，推行的经济改革寸步难行，转而进行政治改革，但却激化了苏共党内斗争，造成了社会的不安定。矛盾的尖锐化导致了1991 年"八一九"事件，改变了苏联国内政治力量的对比。苏共被排挤出政权，国家政

权发生了根本的变化。各加盟共和国分离势力急剧增长，纷纷宣布独立。12月8日，俄罗斯、乌克兰、白俄罗斯三国领导人在明斯克签署协定，宣布成立独立国家联合政体。独联体随后又扩大到原苏联绝大部分加盟共和国。

自1989年起，东欧各社会主义国家局势发生剧烈的动荡。随着各国内部矛盾的激化，加之西方国家有预谋的策动和戈尔巴乔夫的纵容，各国反共势力急剧膨胀，东欧各国的共产党和工人党在短时间内纷纷丧失政权，社会制度发生了根本性变化。

第二章　中外科技史

直击考点

● 第一节　中国古代科技代表人物及其成就（重要）
● 第二节　新中国科技成就（了解，重点在计算机和航天领域）
● 第三节　外国科技代表人物及其成就（重要）

第一节　中国古代科技代表人物及其成就

1. 中国古代的四大发明

指南针（航海）。

火药（军事）。

造纸术（东汉蔡伦改进造纸术）。

印刷术（北宋平民毕昇发明创造）。

2. 中国古代的天文历法成就

东汉末：张衡，漏水转浑天仪，地动仪，木鸟。

南北朝：祖冲之《缀术》《大明历》。制造出指南针、千里船。

元朝：郭守敬《授时历》把一年定为365.242 5天，是当时世界上最先进、最精密的历法。

【例题】下图所示为中国古代发明的一种仪器，其名称是（　　　）。

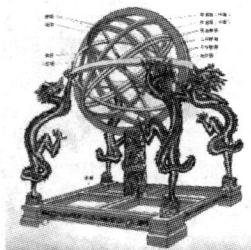

　　　　A．日晷　　　　　　B．司南　　　　　　C．地动仪　　　　　D．浑天仪

【答案】 D

【解析】 图中所示为浑天仪。浑天仪是浑仪和浑象的总称。浑天仪浑仪是测量天体球面坐标的一种仪器，而浑象是古代用于演示天象的仪表。浑天仪的发明者是阆中人落下闳，后又被我国东汉天文学家张衡改进。故选 D。

　　3．中国古代的数学成就

　　度量衡：大约发明于原始社会末期，在日常生活中用于计量物体长短、容积轻重的统称。

　　汉朝：《周髀算经》记载勾股定理的计算公式。

　　《九章算术》堪称世界数学名著，标志着中国古代数学体系的初步形成。

　　魏晋：刘徽——提出计算圆周率的方法。

　　南北朝：祖冲之——精确计算圆周率。

　　唐朝：僧一行——首次测定子午线长度。

　　4．中国古代的医药成就（重要）

　　春秋之前：《黄帝内经》，中国现存最早的中医理论专著，成为中国医药学发展的理论基础和源泉。

　　春秋战国：扁鹊《难经》，创立了中医学的切脉诊断方法，开启了中医学的先河。被后世尊称为脉学之宗，创立了望闻问切的疗法。

　　东汉末：

　　华佗：称为"外科圣手""外科鼻祖"。发明了世界上最早的麻药"麻沸散"，发明了"五禽之戏"体操，继承和发扬了中医综合诊断的传统。

　　张仲景：《伤寒杂病论》，称为"医圣"。

　　神农氏：被后世尊称为我国农耕和医药的始祖，《神农本草经》第一部完整的药物学专著。

　　明朝：李时珍：《本草纲目》不仅是一部药物学著作，也是一部伟大的博物学、生物学和化学著作。达尔文称赞它是"中国古代的百科全书"。

　　唐朝：

　　"药王"孙思邈，《千金方》是古代中医学经典著作，中国最早的临床百科全书。

　　苏敬，《唐本草》，世界上最早由国家编定和颁布的药典。

　　中国传统医学四大经典著作：《黄帝内经》《难经》《伤寒杂病论》《神农本草经》。

【例题】 张仲景是东汉名医，被后世尊称为"医圣"，他的著作记载有"人工呼吸法"，奠定了中医治疗学的基础。该著作是（　　　　）。

　　　　A．《千金方》　　　B．《伤寒杂病论》　　　C．《黄帝内经》　　　D．《神农本草经》

【答案】 B

【解析】 张仲景的代表作是《伤寒杂病论》。

5. 水利工程

春秋战国时期，都江堰水利工程（李冰父子）和郑国渠（郑国）。

6. 农学

北魏：贾思勰《齐民要术》，世界农学史上最早的专著之一，是中国现存的最完整的农书。

明朝：徐光启《农政全书》堪称中国农业科学遗产的总汇。宋应星《天工开物》，世界上第一部关于农业和手工业生产的综合性著作，被誉为"中国17世纪的工艺百科全书"。

7. 地理学

《山海经》——中国最早的一部地理学著作。

"马王堆"汉墓彩色城邑图——中国现存最早的实测地图。

《水经注》——郦道元。

《徐霞客游记》——徐霞客。

8. 建筑

长城、河北赵县安济桥（赵州桥）、山西应县佛宫寺木塔（世界现存最高的木结构建筑）。

【例题】《徐霞客游记》是一部以日记体为主的地理著作，记述了明末地理学家徐霞客三十多年的旅行经历。下列表述不正确的是（   ）。

　　A. 详细考察并科学记述了喀斯特地貌的特征

　　B. 纠正了文献记载有关水道源流的一些错误

　　C. 调查了西域地理并重现了汉代丝绸之路

　　D. 如实地记述了所到之处的人文地理情况

【答案】C

【解析】《徐霞客游记》是一则以日记体为主的地理著作，明末地理学家徐霞客经过34年旅行，写有天台山、雁荡山、黄山、庐山等名山游记17篇和《浙游日记》《江右游日记》《楚游日记》《粤西游日记》《黔游日记》《滇游日记》等著作，但是他的作品并没有涉及丝绸之路的内容。

第二节　新中国科技成就

◆ 1953年7月15日，中国第一座汽车制造厂长春第一汽车制造厂在吉林长春奠基，新中国汽车工业开始起步。

◆ 1958年6月，中国第一座原子能反应堆建成，两年后正式运转，标志着中国跨入原子能时代。

◆ 1959年9月26日，大庆油田第一口油井喷射出石油。时值国庆10周年，所以该油田以大庆命名。

◆ 1961年，中国通过接种牛痘疫苗消灭了天花。天花是世界上传染性最强的疾病之一。

◆ 1964年10月16日下午3时，中国成功地爆炸了第一颗原子弹，成为世界第五个拥有核武器的国家。

◆ 1965 年 9 月 17 日，中国首次人工合成了结晶牛胰岛素，实验的成功使中国成为第一个合成蛋白质的国家。（重要）

◆ 1967 年 6 月 17 日，中国成功爆炸第一颗氢弹，这是中国核武器发展方面的又一次飞跃。

◆ 1970 年 4 月 24 日，中国成功发射第一颗人造地球卫星。卫星用 20 009 兆周的频率，播送《东方红》乐曲。

◆ 1973 年，袁隆平用九年时间选育了首个在生产上大面积应用的强优高产杂交水稻组合，被誉为"杂交水稻之父"。（重要）

◆ 1983 年 12 月 22 日，中国第一台每秒运算一亿次以上的巨型计算机银河—Ⅰ型，由国防科技大学研制成功。（重要）

◆ 1988 年 9 月 7 日，中国发射一颗试验性卫星风云一号。这是中国自行研制和发射的第一颗极地轨道气象卫星。

◆ 1988 年 10 月 16 日，中国首座高能加速器北京正负电子对撞机对撞成功。这是中国高科技领域的又一重大突破。

◆ 1991 年 12 月 15 日，中国大陆第一座核电站秦山核电站并网发电。

◆ 1999 年 7 月 7 日，中科院遗传所人类基因组中心注册参与国际人类基因组计划。

◆ 1999 年 11 月 20 日 6 时 30 分，神舟一号飞船在酒泉卫星发射基地顺利升空。从 1999 年起，神舟一号飞船经过了 4 次无人飞行的成功试验。

◆ 2003 年 10 月 15 日，神舟五号飞船载着中国第一位宇航员杨利伟升上太空，"神舟"载人飞行成功。

◆ 2005 年 10 月 12 日，中国航天员费俊龙、聂海胜乘坐神舟六号载人飞机成功进入太空。

◆ 神舟七号是中国第三个载人航天器，是中国"神舟"号系列飞船之一。2008 年 9 月 25 日，翟志刚、刘伯明和景海鹏坐神舟七号成功进入太空。神舟七号飞船由轨道舱、返回舱和推进舱构成。翟志刚出舱作业，刘伯明在轨道舱内协助，实现了中国历史上第一次太空漫步，令中国成为第三个有能力把人送上太空并进行太空漫步的国家。

◆ 2011 年 11 月 1 日，"神八"与此前发射的"天宫一号"目标飞行器进行了空间交会对接。这标志着我国已经成功突破了空间交会对接及组合体运行等一系列关键技术。（重要）

◆ 2012 年 6 月 16 日 18 时 37 分，神舟九号飞船搭载男航天员景海鹏、刘旺和女航天员刘洋在酒泉卫星发射中心发射升空。2012 年 6 月 18 日约 11 时转入自主控制飞行，14 时左右与"天宫一号"实施自动交会对接，这是中国实施的首次载人空间交会对接。（重要）

◆ 2012 年 6 月 16 日 18 时 56 分，执行我国首次载人交会对接任务的神舟九号载人飞船，在酒泉卫星发射中心发射升空后准确进入预定轨道，顺利将 3 名航天员送上太空。

◆ 2006 年 7 月 1 日，青藏铁路全线建成通车。青藏铁路全长 1 956 公里。

◆ 2007 年 4 月 14 日，中国成功发射了第一颗北斗导航卫星。

◆ 2007 年 10 月 24 日，中国第一颗自主研制的月球探测卫星"嫦娥一号"发射升空。

◆ 2010 年 10 月 1 日，"嫦娥二号"卫星成功发射升空，揭开了中国探月工程二期的序幕。通过轨道修正、月球面前空中"刹车"等，"嫦娥二号"一步步靠近月球，从距月面 100 千米的轨道突然探身至近月面 15 千米，给月面虹湾拍下了特写靓照。

◆ 2013 年 12 月 2 日，长征三号乙运载火箭载着"嫦娥三号"月球探测器在西昌升空。12 月 5 日，"嫦娥三号"携带的"玉兔"月球车在月球开始工作，标志着中国首次地外天体软着陆成功。这也是人类时隔 37 年再次在月球表面展开探测工作。

◆ 2013 年，清华大学薛其坤院士领衔的团队成功观测到"量子反常霍尔效应"，被杨振宁称为诺贝尔奖级的科研成果。"量子反常霍尔效应"的实现既是理论物理领域的突破，又具有极高的商用价值。

◆ 2013 年 6 月，国防科技大学研制的中国超级计算机"天河二号"以每秒 33.86 千万亿次的浮点运算速度，成为全球最快的超级计算机，并且比第二名快了近一倍。

【例题】1. 中国研制的第一台每秒运算一亿次的巨型计算机是（　　　）。

    A. 银河—Ⅰ   B. 银河—Ⅱ   C. 巨浪—Ⅰ   D. 巨浪—Ⅱ

【答案】A

【解析】1983 年 12 月 22 日，国防科技大学研制成功我国第一台亿次巨型计算机银河—Ⅰ型，运算速度每秒 1 亿次。银河机的研制成功，标志着我国计算机科研水平达到了一个新高度。故选 A。

【例题】2. 下列选项中，不属于 21 世纪科技方面所取得的重要成就的是（　　　）。

    A. 世界上首次人工合成牛胰岛素

    B. "超高音速航空器"试飞成功

    C. "天河一号"超级计算机研制成功

    D. "嫦娥三号"探测器在月球软着陆

【答案】A

【解析】世界上首次人工合成牛胰岛素是在 1965 年，不是 21 世纪。

第三节　外国科技代表人物及其成就

◆ 阿基米德——古希腊伟大的数学家、几何学家、天文学家，在几何学方面，他得出了球体、圆柱体的体积和表面积的正确计算公式，提出了抛物线所围成的面积和弓形面积的计算方法。在力学方面，证明了杠杆定律，为静力学奠定了基础，并利用这一原理设计制造了许多机械。他在研究浮体的过程中发现了浮力定律，即著名的阿基米德定律。

◆ 哥白尼——波兰天文学家，1543 年出版了天文学著作《天体运行论》，确立了日心说，引起了一场巨大的、持久的、深刻的学术思想革命，使人类开始重新认识宇宙、地球、物体的运动乃至人类自身在宇宙中的位置。

◆ 开普勒——德国天文学家，根据丹麦天文学家第谷·布拉赫等人的观测资料和星表，通过他本人的观测和分析后，发现了行星运动定律，即开普勒第三定律。

◆ 伽利略——意大利物理学家、天文学家，在天文方面，伽利略发现了木星的四颗卫星，为哥白尼学说找到了确凿的证据，标志着哥白尼学说开始走向胜利。在物理方面，伽利略在比萨斜塔上做了"两个铁球同时落地"的著名试验，从此推翻了亚里士多德"物体下落速度和重量成比例"的学说，纠正了这个持续了 1 900 年之久的错误结论。

◆ 牛顿——英国物理学家，在出版的不朽著作《自然哲学的数学原理》里用数学方法阐明了宇宙中最基本的法则——万有引力定律和三大运动定律。这四条定律构成了一个统一的体系，被认为是"人类智慧史上最伟大的一个成就"，由此奠定了之后三个世纪中物理界的科学观点，并成为现代工程学的基础。

◆ 哈维——英国生理学家，血液循环理论的提出者。他根据实验，证实了动物体内的血液循环现象，并阐明了心脏在循环过程中的作用，指出血液受心脏推动，沿着动脉血管流向全身，再沿着静脉血管返回心脏，环流不息。

◆ 笛卡儿——法国哲学家、科学家和数学家，他对现代数学的发展作出了重要的贡献，因将几何坐标体系公式化而被认为是解析几何之父。

◆ 帕斯卡——法国数学家、物理学家，他的数学研究最突出的成就是著名的帕斯卡定理，即圆锥曲线内接六边形其三对边的交点共线。在物理学方面，他在帕斯卡定理的基础上发明了注射器，并创造了水压机。为了纪念这位科学家，国际单位制规定"压强"单位为"帕斯卡"，简称"帕"。

◆ 富兰克林——美国科学家、发明家，他最先提出了避雷针的设想，由此而制造的避雷针避免了雷击灾难，破除了人们对雷电的迷信。

◆ 罗蒙诺索夫——俄国著名科学家，被誉为"俄国科学史上的彼得大帝"。罗蒙诺索夫是最早应用天平来测量化学反应质量关系的化学家，经过大量的实验之后，1756 年，罗蒙诺索夫得到了这样一个结论：参加反应的全部物质的质量，等于全部反应产物的质量。这就是今天我们所熟知的、作为化学科学基石的质量守恒定律。

◆ 拉瓦锡——法国著名化学家，近代化学的奠基人之一，"燃烧的氧学说"的提出者。拉瓦锡根据化学实验的经验，用清晰的语言阐明了质量守恒定律和它在化学中的运用。

◆ 瓦特——英国著名发明家。1776 年制造出第一台有实用价值的蒸汽机。以后又经过一系列重大改进使之成为"万能的原动机"，在工业上得到广泛应用。

◆ 伏特——意大利物理学家，1800 年发明伏特电堆。

◆ 安培——法国物理学家，电流的国际单位安培即以其姓氏命名。他在物理学方面的主要贡献是对电磁学中的基本原理有重要发现，如安培定律、安培定则和分子电流等。

◆ 欧姆——德国物理学家，提出了经典电磁理论中著名的欧姆定律。为纪念其重要贡献，人们将其名字作为电阻单位。

◆ 法拉第——英国物理学家、化学家，近代电磁学的奠基人，也是著名的自学成才的科学家，他的主要成就是提出了电磁感应学说，发现了电场与磁场的联系，提出了磁场力线的假说，发现了电解定律，推广了专业用语等。

◆ 焦耳——英国物理学家，测定了热功当量关系，后人为了纪念他，把能量或功的单位命名为"焦耳"，简称"焦"，并用焦耳姓氏的第一个字母"J"来标记热量。

◆ 开尔文——英国物理学家，热力学的主要奠基人之一，在热力学的发展中作出了一系列重大贡献。他根据盖-吕萨克、卡诺和克拉珀龙的理论于 1848 年创立了热力学温标。他指出："这个温标的特点是它完全不依赖于任何特殊物质的物理性质。"这是现代科学上的标准温标。

◆ 史蒂芬森——英国工程师，世界上第一台蒸汽机车的制造者。

◆ 道尔顿——英国科学家，确立科学原子论，被恩格斯誉为"近代化学之父"。另外值得一提的是道尔顿患有色盲症，这种病的症状引起了他的好奇心。他开始研究这个课题，最终发表了一篇关于色盲的论文，这是曾经问世的第一篇有关色盲的论文。

◆ 达尔文——英国博物学家，进化论的奠基人，1859年出版《物种起源》这一划时代的著作，提出了生物进化论学说，从而摧毁了各种唯心的神造论和物种不变论。恩格斯将"进化论"列为19世纪自然科学的三大发现之一。

◆ 孟德尔——遗传学的奠基人，被称为"现代遗传学之父"。孟德尔通过豌豆实验，发现了遗传规律、分离规律及自由组合规律。

◆ 诺贝尔——瑞典化学家、工程师、发明家、军工装备制造商和炸药的发明者。在诺贝尔的遗嘱中，他利用其巨大财富创立了诺贝尔奖，各项诺贝尔奖项均以他的名字命名。

◆ 门捷列夫——俄国化学家，他发现了元素周期律并制定了元素周期表。

◆ 法布尔——法国著名昆虫学家、科普作家，被称为"科学诗人"，其代表作《昆虫记》誉满全球，在法国自然科学史与文学史上都占有重要地位，被誉为"昆虫的史诗"。

◆ 伦琴——德国物理学家，1895年，伦琴在维尔茨堡大学发现了X射线。

◆ 贝尔——美国发明家，他的主要成就是发明了有线电话，被誉为"电话之父"。

◆ 爱迪生——美国发明家，拥有众多重要的发明专利，有"世界发明大王"之称，他拥有2 000余项发明，包括对世界影响极大的留声机、电影摄影机和钨丝灯泡等。

◆ 巴甫洛夫——俄国生理学家、心理学家、医师、高级神经活动学说的创始人、高级神经活动生理学的奠基人。他的主要成就是创立了条件反射学说，提出了两个信号系统学说。

◆ 弗洛伊德——奥地利著名神经病学家、精神病医生、精神分析学派的创始人，1900年出版《梦的解析》，该书现在被许多人推崇为弗洛伊德最伟大的著作。

◆ 弗莱明——英国细菌学家，青霉素的发现者。

◆ 居里夫人——法国著名科学家，研究放射性现象，发现了镭和钋两种天然放射性元素，因在天然放射性领域的贡献而成为诺贝尔奖第一位女性得主。

◆ 莱特兄弟——美国人，飞机的发明者，为人类交通工具的发展作出了巨大贡献。1903年，莱特兄弟制造的第一架飞机"飞行者1号"在美国北卡罗来纳州试飞成功。

◆ 爱因斯坦——美国物理学家，现代物理学的开创者，主要成就是提出了相对论及质能方程，解释了光电效应，推动了量子力学的发展。爱因斯坦的相对论已经成为原子能科学、宇宙航行和天文学的理论基础，被广泛运用于理论科学和应用科学之中。

◆ 魏格纳——德国气象学家、地球物理学家，1912年提出了"大陆漂移说"，被誉为"地学的哥白尼"。

◆ 沃森——美国生物学家，被称为"DNA之父"，他提出了DNA双螺旋结构，标志着现代遗传科学的诞生，并因此获得1962年诺贝尔生理学或医学奖。

◆ 霍金——英国著名数学家、理论物理学家。1973年，霍金的"黑洞"理论一经发布，立即轰动了科学界。20世纪70年代，霍金和著名科学家彭罗斯一起证明了著名的奇性定理，为此他们共同获得了1988年的沃尔夫物理学奖。

◆ 蒂姆·伯纳斯·李——万维网的发明者，被称为"互联网之父"。1989年，他成功开发出世界上第一个 Web 服务器和第一个 Web 客户机。1989 年，蒂姆为他的发明正式定名为 World Wide Web（万维网），也就是我们熟悉的 www。1991 年，万维网正式登录互联网，此后，万维网科技获得迅速的发展，深刻改变了人类的生活面貌。

【例题】1. 下图是 1895 年德国物理学家伦琴拍下的一张照片，与之相关的科技史事件是（   ）。

    A. 铀的发现   B. 中子的发现

    C. X 射线的发现   D. 镭的发现

【答案】C

【例题】2. 诺贝尔奖是根据化学家诺贝尔的遗嘱设立的，包括自然科学和人文科学的综合性、国际性和永久性系列奖项，为国际最高荣誉奖项。诺贝尔的国籍是（   ）。

    A. 瑞士   B. 德国   C. 英国   D. 瑞典

【答案】D

【解析】诺贝尔是瑞典人。

【2017 年下半年真题】

    大陆漂移说是一种解释地壳运动和海陆分布、演变的科学假说，为板块构造学说的建立和发展奠定了基础，对地球科学的发展起到了很大的推动作用。下列人物中，正式提出该学说的是（   ）。

    A. 培根   B. 洪堡   C. 魏格纳   D. 达尔文

【答案】C

【解析】魏格纳所提出的大陆漂移假说是解释地壳运动和海陆分布、演变的学说。大陆彼此之间以及大陆相对于大洋盆地间的大规模水平运动，称为大陆漂移。

第三章　科学常识

直击考点

● 第一节　天文常识（了解，注意太阳系八大行星）
● 第二节　自然地理常识（了解，注意海峡的位置）
● 第三节　理化生常识（了解）
● 第四节　生物技术（了解）

第一节　天文常识

◆ 恒星——由炽热气体组成的，能自行发光的球状天体。恒星是宇宙中最基本的天体。其主要成分是氢和氦。

◆ 太阳系——是由太阳、行星及其卫星、小行星、彗星、流星和行星际物质构成的天体系统，太阳是太阳系的中心。太阳系中有八大行星，依距太阳远近分别为水星、金星、地球、火星、木星、土星、天王星、海王星。其中，木星体积最大，木星有 61 颗卫星（颗数最多）。

◆ 本初子午线——地球仪上的零度经线叫作本初子午线，从本初子午线向东、向西各分作 180°，以东的 180° 属于东经，习惯上用 "E" 为代号，以西的 180° 属于西经，习惯上用 "W" 为代号。国际上习惯用 20°W 和 160°E 的经线圈作为划分东、西半球的界线。

◆ 地球的公转——地球绕太阳的运动，叫作公转。地球公转的方向和自转相同，都是自西向东。地球公转的轨道（也就是公转所走的路线）是一个椭圆，地球在这个巨大的椭圆轨道上，绕太阳公转一周的时间为 365 日 5 时 48 分 46 秒，为天文上通常所说的一个回归年。

◆ 地球的自转——地球自西向东绕地轴在不停地旋转着，这是地球的自转。自转的周期是一个恒星日，即 23 时 56 分 4 秒。由于地球不停地自西向东自转，地球表面就产生了昼夜交替的现象。

◆ 日食——当太阳、月球、地球运行约成一直线时，如月球阴影掠过地球，会造成日食。依目视太阳被月球遮掩的多少，可分为日偏食、日全食和日环食。当日全食发生时，我们在地球上可看到平日因强烈阳光而不易看出的闪焰、日珥等太阳表面现象。

◆ 月食——当太阳、地球、月球运行约成一直线时，如月球运行到地球阴影内，则会形成月食。依地球遮蔽阳光照射到月面的多少，可分为月偏食和月全食。当月全食发生时，我们在地球上仍可看到地球大气所折射到月面的阳光，此刻会呈现出暗红色月面的天文奇观。

◆ 极昼和极夜——极昼又称"永昼"，指极圈以内地区太阳终日不落的现象。当太阳直射北半球时，北极圈以内的地区出现极昼；当太阳直射南半球时，南极圈以内的地区出现极昼。极昼的时间长短因纬度而不同，极昼在极圈上为一天，向两极逐渐加长，在南北两极，每年有半年之久。除了南北两极以外，极昼期间的太阳在一日内仍有高度和方位的变化。极夜又称"永夜"，是指极圈以内地区太阳终日不出的现象。当太阳直射北半球时，南极圈以内的地区出现极夜；当太阳直射南半球时，北极圈以内的地区出现极夜。极夜的时间长短也因纬度而异，极夜在极圈上为一天，向两极逐渐加长，在南北两极，每年有半年之久。

◆ 极光——一种大气光学现象。当太阳黑子、耀斑活动剧烈时，太阳发出大量强烈的带电粒子流，沿着地磁场的磁力线向地球南北两极移动，它以极快的速度进入地球大气的上层。在带电粒子流的高速碰撞下，空气中原子外层的电子便获得能量。当这些电子获得的能量释放出来，便会辐射出一种可见的光束，于是形成极光。

◆ 时区——1884年国际经度会议决定，全世界按统一标准划分时区，实行分区计时。按这种办法，每隔经度15°为一个时区，全球共划分成24个时区；以本初子午线即0°经线为中央经线的时区为中时区或零时区，往东、往西各划分成12个时区。

第二节 自然地理常识

◆ 陆地地形——人们把地形分为山地、平原、高原、盆地和丘陵五种基本类型。

◆ 山地——海拔较高，一般在500米以上，地面峰峦起伏，坡度陡峻，有的山地呈条带状分布。其中最突出的是两条由若干条高大山脉组合而成的巨大山系：一条是横穿亚欧大陆中南部的阿尔卑斯—喜马拉雅山系；另一条是纵贯南北美洲的科迪勒拉山系，由落基山、安第斯山等山脉组成。

◆ 平原——海拔较低，一般在200米以下，地面平坦或起伏较小，常用"一望无际"来形容平原的坦荡。世界上面积最大的平原是南美洲的亚马孙平原。

◆ 高原——与平原在外貌上有类似之处，但海拔一般在1 000米以上，地表起伏不大，但边缘处比较陡峭。地形特点：海拔较高，起伏小，面平边陡。

◆ 丘陵——海拔一般在500米以下、200米以上，起伏和缓。地形特点：海拔较低，崎岖不平，坡度较缓。

◆ 地震——是构造运动的一种特殊形式，即大地的快速震动。当地球聚集的应力超过岩层或岩体所能承受的限度时，地壳发生断裂、错动，急剧地释放积聚的能量，并以弹性波的形式向四周传播，引起地表的震动。地震只发生在地球表面至700千米深度内的脆性圈层中。地震时，地下岩石最先开始破裂的部位叫震源。震源在地面上的垂直投影位置叫震中。从震源发出的地震波在地球内部传播的称为体波（纵波和横波），沿地面传播的称为面波，实际上也是一种纵波，对地表建筑物破坏性最大。地震释放能量的大小用震级表示，通常采用美国里克特提出的标准来划分，称为里氏级。世界地震区呈带状分布并与板块边界非常一致，板块间的相互作用是引起地震的主要因素。

◆ 喀斯特地貌——是在碳酸盐类岩石地区，地下水和地表水对可溶性岩石溶蚀与沉淀、侵蚀与沉积以及重力崩塌、塌陷、堆积等作用形成的地貌。以南斯拉夫喀斯特高原命名，在我国也叫岩溶地貌，广泛分布于桂、黔、滇。岩溶作用在地表和地下均可形成喀斯特地貌。

◆ 冰川地貌——指第四纪古冰川及现代冰川作用形成的各种侵蚀地貌形态和堆积地貌形态的总称，包括冰蚀地貌、冰碛地貌和冰水堆积地貌三大类型。

◆ 风成地貌——风力对地表物质的侵蚀、搬运、堆积所形成的侵蚀形态和堆积形态，称为风成地貌，包括风蚀地貌和风积地貌。世界上的风成地貌主要分布在干旱、半干旱的热带、温带荒漠区。风积地貌主要指各种沙丘，可分为三种基本类型：横向沙丘、纵向沙丘和多风向形成的沙丘。风力对地面物质的吹蚀和风沙的磨蚀作用，统称风蚀。风蚀作用形成风蚀地貌，风蚀地貌主要有风蚀石窝、风蚀蘑菇、雅丹地形、风蚀城堡等。

◆ 海蚀地貌——是指海水运动对沿岸陆地侵蚀破坏所形成的地貌。由于波浪对岩岸岸坡进行机械性的撞击和冲刷，岩缝中的空气被海浪压缩，因而对岩石产生巨大的压力，波浪挟带的碎屑物质对岩岸进行研磨，以及海水对岩石的溶蚀作用等，统称海蚀作用。海蚀多发生在基岩海岸。海蚀的程度与当地波浪的强度、海岸原始地形有关，组成海岸的岩性及地质构造特征，对海蚀亦有重要影响。所形成的海蚀地貌有海蚀崖、海蚀台、海蚀穴、海蚀拱桥、海蚀柱等。

◆ 雪线——多年积雪区和季节积雪区之间的界线叫雪线。雪线上年降雪量等于年消融量，所以雪线也就是降雪和消融的零平衡线。雪线以上年降雪量大于年消融量，降雪逐年加积，形成常年积雪（或称万年积雪），进而变成粒雪和冰川冰，发育成冰川。雪线是一种气候标志线。

◆ 褶皱——岩层受到地壳运动产生的强大的挤压作用，产生波状弯曲，称为褶皱。褶皱的基本形式分为背斜和向斜。背斜是指褶皱中心岩层向上隆起，两侧岩层向外倾斜；向斜是指褶皱中心向下凹陷，两侧岩层向中心倾斜。背斜成山，向斜成谷。但也可能出现背斜是谷、向斜成山的地形。这是因背斜中心部分岩层向上弯曲产生张力，导致岩层破裂，易受风化和剥蚀，被蚀成谷，称次成谷；向斜部分受挤，凹地接受风化崩落物堆积，基岩受保护，最后反而残留成山，称次成山。

◆ 断层——是地壳岩层受力而产生断裂的现象。由于地壳岩层的承受力是有一定限度的，当地壳运动时产生的挤压力和拉伸力超出了岩层脆弱部的承受力，岩层便会破裂，破裂两侧的岩块会出现显著的相互位移和错动现象，从而产生断层。在地貌上，大的断层常常形成裂谷或陡崖，如著名的东非大裂谷、我国华山北坡大断崖等。断层一侧上升的岩块，常成为块状山体或高地，这种由断层造就的山体被称作断层山，又叫断块山，如我国的华山、庐山等；另一侧则常形成谷地或低地，如我国的渭河平原、汾河谷地。在断层构造地带，由于岩石破碎，易受风化侵蚀，常常发育成沟谷、河流。

◆ 领海——是国家主权管辖的临接海岸的海域。目前，国际上对领海的宽度没有统一的标准。根据联合国 1981 年统计，148 个沿海国家中有 81 个国家规定领海宽度为 12 海里，其余为 3 海里或 200 海里。

◆ 堰塞湖——是由火山熔岩流或由地震活动等原因引起山崩滑坡体等堵截河谷或河床后贮水而形成的湖泊。中国东北的镜泊湖即是典型的熔岩堰塞湖。

◆ 水循环——地球表面的水在太阳辐射能的作用下，在水圈、大气圈、岩石圈和生物圈中通过各种途径循环往复的运动过程，称为水循环。自然界水循环每时每刻都在全球范围内进行，按其进行的领域分为以下三种情况：海陆间循环、海上内循环、内陆循环。

◆ 霍尔木兹海峡——位于亚洲西南部，介于伊朗与阿拉伯半岛之间，东接阿曼湾，西连海湾（伊朗人称之为波斯湾，阿拉伯人称之为阿拉伯湾），呈人字形。由于它是海湾与印度洋之间的必经之地，霍尔木兹海峡素有"海湾咽喉"之称，具有十分重要的战略和航运地位。海湾沿岸产油国的石油绝大部分通过这一海峡输往西欧、澳大利亚、日本和美国等地，合计承担着西方石油消费国 60% 的供应量，西方国家把霍尔木兹海峡视为"生命线"。

◆ 曼德海峡——位于亚洲阿拉伯半岛西南端和非洲大陆之间，连接红海和亚丁湾、印度洋。苏伊士运河通航后，为从大西洋进入地中海，穿过苏伊士运河、红海通印度洋的海上交通必经之地，战略地位非常重要。

◆ 直布罗陀海峡——是地中海通向大西洋的唯一出口。从波斯湾开出的油轮，经直布罗陀海峡源源不断地将石油运往欧美各国，被人们称为"西方世界的生命线"。

【例题】连接地中海和大西洋的海峡是（　　　）。

    A. 巴士海峡　　　　B. 马六甲海峡　　　　C. 麦哲伦海峡　　　　D. 直布罗陀海峡

【答案】D

【解析】直布罗陀海峡是连接地中海和大西洋的海峡。

◆ 德雷克海峡——头戴两项"世界之最"桂冠，位于南美大陆和南极洲之间。它是世界上最深的海峡，最深处达 5 248 米。同时它又是世界上最宽的海峡，南北宽达 9 704 米，成为世界各地通向南极的重要通道。

◆ 土耳其海峡——连接黑海与爱琴海、地中海，是亚洲、欧洲的分界线，也是黑海通往地中海的门户。

◆ 马六甲海峡——位于马来半岛与苏门答腊岛之间的海峡。马六甲海峡无论在经济或军事上而言，都是很重要的国际水道，其重要性可与苏伊士运河或巴拿马运河相比。马六甲海峡是印度洋与太平洋之间的重要水道，也是西亚石油到东亚的重要通道，经济大国日本常称马六甲海峡是其"生命线"。

◆ 苏伊士运河——位于埃及境内，全长 170 多千米，是连通欧、亚、非三大洲的主要国际海运航道，连接红海与地中海，使大西洋、地中海与印度洋连结起来，大大缩短了东西方航程。与绕道非洲好望角相比，从欧洲大西洋沿岸各国到印度洋缩短了 5 500～8 000 千米；从地中海各国到印度洋缩短了 8 000～10 000 千米；对黑海沿岸来说，则缩短了 12 000 千米，它是一条在国际航运中具有重要战略意义的国际海运航道，每年承担着全世界 14% 的海运贸易。

◆ 巴拿马运河——位于中美洲的巴拿马，横穿巴拿马地峡，总长 82 千米，宽的地方达 304 米，最窄的地方也有 152 米。该运河连接太平洋和大西洋，是重要的航运要道，被誉为世界七大工程奇迹之一和"世界桥梁"。

第三章　科学常识

第三节　理化生常识

（一）物理

◆ 万有引力定律——万有引力定律是解释物体之间的相互作用的引力的定律，是物体（质点）间由于它们的引力质量而引起的相互吸引力所遵循的规律。这是牛顿在前人（开普勒、胡克、雷恩、哈雷）研究的基础上，凭借他超凡的数学能力证明并在1687年于《自然哲学的数学原理》上发表的。万有引力定律的发现，是17世纪自然科学最伟大的成果之一。

◆ 电磁感应现象——电磁感应是指放在变化磁通量中的导体会产生电动势，此电动势称为感应电动势或感生电动势。若将此导体闭合成一回路，则该电动势会驱使电子流动，形成感应电流（感生电流）。1831年11月24日，法拉第向皇家学会提交的一个报告中，把这种现象定名为"电磁感应现象"，并概括了可以产生感应电流的五种类型：变化的电流、变化的磁场、运动的恒定电流、运动的磁铁、在磁场中运动的导体。这一发现进一步揭示了电与磁的内在联系，为建立完整的电磁理论奠定了坚实的基础。

◆ 能量守恒定律——能量守恒定律是指能量既不会凭空产生，也不会凭空消失，它只能从一种形式转化为别的形式，或者从一个物体转移到别的物体，在转化或转移的过程中，其总量不变。能量守恒和能量转化定律、细胞学说和进化论合称19世纪自然科学的三大发现。

◆ 紫外线——紫外线是电磁波谱中波长从10纳米到400纳米辐射的总称，不能引起人们的视觉感受。1801年，德国物理学家里特发现在日光光谱的紫端外侧一段能够使含有溴化银的照相底片感光，因而发现了紫外线的存在。自然界的主要紫外线光源是太阳。

◆ 红外线——在光谱中波长 $0.76 \sim 400$ 微米的一段称为红外线，红外线是不可见光线。所有高于绝对零度（$-273.15\,^{\circ}\mathrm{C}$）的物质都可以产生红外线，现代物理学称之为热射线。医用红外线可分为两类：近红外线与远红外线。

◆ 牛顿运动定律——牛顿运动定律是牛顿总结于17世纪并发表在《自然哲学的数学原理》的牛顿第一运动定律即惯性定律、牛顿第二运动定律和牛顿第三运动定律三大经典力学基本运动定律的总称。一切物体在没有受到外力作用的时候，总保持匀速直线运动或静止状态，这就是牛顿第一定律。物体的加速度跟物体所受的合外力成正比，跟物体的质量成反比，加速度的方向跟合外力的方向相同，这是牛顿第二运动定律。两个物体之间的作用力和反作用力在同一直线上，大小相等，方向相反，这是牛顿第三运动定律。

（二）化学

◆ 无机物——无机化合物即无机物，一般指碳元素以外各元素的化合物，如水、食盐、硫酸、无机盐等。但一些简单的含碳化合物如一氧化碳、二氧化碳、碳酸、碳酸盐、碳化物等，由于它们的组成和性质与其他无机化合物相似，因此也作为无机化合物来研究。绝大多数无机化合物可以归入氧化物、酸、碱、盐四大类。

◆ 有机化合物——有机化合物主要由氧元素、氢元素、碳元素组成。有机化合物是生命产生的物质基础，包括脂肪、氨基酸、蛋白质、糖、血红素、叶绿素、酶、激素等。生物体内的新陈代谢和生物的遗传现象都涉及有机化合物的转变。此外，许多与人类生活有密切关系的物质，例如石油、天然气、棉花，染料、化纤、天然和合成药物等，均属有机化合物。

◆ 糖类——糖类是自然界中广泛分布的一类重要的有机化合物。日常食用的蔗糖、粮食中的淀粉、植物体中的纤维素、人体血液中的葡萄糖等均属糖类。糖类在生命活动过程中起着重要的作用，是一切生命体维持生命活动所需能量的主要来源。植物中最重要的糖是淀粉和纤维素，动物细胞中最重要的多糖是糖原。

◆ 化学变化——化学变化是相互接触的分子间发生原子或电子的转换或转移，生成新的分子并伴有能量的变化的过程；化学变化实质是旧键的断裂和新键的生成。化学变化过程中常常伴随着物理变化。在化学变化过程中通常有发光、放热，也有吸热现象等。

◆ 酸——电离时生成的阳离子全部是氢离子（H＋）的化合物叫作酸，25℃时，其稀溶液的 pH 值小于 7。

◆ 碱——在水溶液中电离出的阴离子全部是氢氧根离子（理论上认为，电离时能吸收质子的物质为碱性，阴离子全为 OH－的为碱类，统称碱），与酸反应形成盐和水。

（三）生物

◆ 新陈代谢——新陈代谢是生物体内全部有序化学变化的总称。它包括物质代谢和能量代谢两个方面。

◆ 物质代谢是指生物体与外界环境之间物质的交换和生物体内物质的转变过程，可细分为同化作用（从外界摄取营养物质并转变为自身物质）和异化作用（自身的部分物质被氧化分解并排出代谢废物）。能量代谢是指生物体与外界环境之间能量的交换和生物体内能量的转变过程。

◆ 杂交水稻——选用两个在遗传上有一定差异，同时它们的优良性状又能互补的水稻品种进行杂交，生产具有杂种优势的第一代杂交种，这就是杂交水稻。杂种优势是生物界的普遍现象，利用杂种优势提高农作物产量和品质是现代农业科学的主要成就之一。

◆ 蛋白质——组成蛋白质的基本单位是氨基酸，二十种结构不同的氨基酸按照组成和排列次序的不同，构成了成千上万种大小不等、功能不同的蛋白质。蛋白质是构成细胞的主要成分，是存在于一切生物体中的高度复杂物质，具有重要的生物化学功能。蛋白质是生命的物质基础，没有蛋白质，就没有生命。

◆ 纤维素——纤维素是由葡萄糖组成的大分子多糖，不溶于水及一般有机溶剂，是植物细胞壁的主要成分。纤维素是自然界中分布最广、含量最多的一种多糖，占植物界碳含量的 50％以上。棉花的纤维素含量接近 100％，为天然的最纯纤维素来源。

第四节　生物技术

◆ 基因——基因（遗传因子）是遗传的物质基础，是 DNA（脱氧核糖核酸）分子上具有遗传信息的特定核苷酸序列的总称，是具有遗传效应的 DNA 分子片段。基因通过复制把遗传信息传递给下一代，使后代出现与亲代相似的性状。人类大约有几万个基因，储存着生命孕育生长、凋亡过程的全部信息，通过复制、表达、修复，完成生命繁衍、细胞分裂和蛋白质合成等重要生理过程。基因是生命的密码，记录和传递着遗传信息。生物体的生、长、病、老、死等一切生命现象都与基因有关。它同时也决定着人体健康的内在因素，与人类的健康密切相关。

◆ 染色体——染色体（chromosome）是细胞内具有遗传性质的物体，易被碱性染料染成深色，所以叫染色体（染色质）。本质是脱氧核苷酸，是细胞核内由核蛋白组成、能用碱性染料染色、有结构的线状体，是遗传物质基因的载体。

　　人体内每个细胞内有 23 对染色体，包括 22 对常染色体和一对性染色体。性染色体包括 X 染色体和 Y 染色体。含有一对 X 染色体的受精卵发育成女性，而具有一条 X 染色体和一条 Y 染色体者则发育成男性。因此，对于女性来说，正常的性染色体组成是 XX，男性是 XY。这就意味着，女性细胞减数分裂产生的配子都含有一个 X 染色体；男性产生的精子中有一半含有 X 染色体，而另一半含有 Y 染色体。精子和卵子的染色体上携带着遗传基因，上面记录着父母传给子女的遗传信息。同样，当性染色体异常时，就可形成遗传性疾病。

◆ 遗传——遗传是指经由基因的传递，使后代获得亲代的特征。遗传学是研究此现象的学科，目前已知地球上现存的生命主要是以 DNA 作为遗传物质。除了遗传之外，决定生物特征的因素还有环境以及环境与遗传的交互作用。

第四章　中国文学常识

直击考点

● 第一节　中国古代文学（重要）
● 第二节　中国现当代文学（重要）

第一节　中国古代文学

　　在学习中国古代文学的过程中，考生需要重点把握的线索是按照中国国代的历史朝代更迭，另外重点把握每个朝代最为经典的文学作品或者文学体裁，比如先秦时期的《诗经》《楚辞》，汉朝司马迁的《史记》，魏晋南北朝的建安文学，汉朝的汉赋，唐朝的唐诗，宋朝的宋词，元朝的元曲，元明清的小说。

一、先秦文学

（一）概述

先秦即指公元前211年秦朝统一以前的历史时期，是中国文化发生的时期。先秦文学大致上可分为夏商、西周春秋、战国三个阶段。

先秦文学主要由上古歌谣和神话、《诗经》、先秦散文、楚辞构成。

"四书"：《大学》《中庸》《论语》《孟子》。（重要）

"五经"：《诗经》《尚书》《礼记》《周易》《春秋》。

（二）《诗经》（重要，高频单选）

《诗经》是我国第一部诗歌总集，被称为"诗三百"，共有305篇，另有6篇笙诗。全书主要收集了周初至春秋中叶五百多年间的作品，最后编定成书，大约在公元前6世纪。作者包括了从贵族到平民的社会各阶层人士，绝大部分已不可考。

可分为风、雅、颂三类，"风"即音乐曲调，国风即各地区的乐调，大多是民歌。

【例题】下列关于《诗经》的表述，不正确的是（　　）。

  A. 是我国第一部诗歌总集 B. 大多都能配乐歌唱

  C. 大多以爱情为主要内容 D. 主要采用赋、比、兴的手法

【答案】C

【解析】《诗经》中的爱情诗只占了一部分，并不是大多数。

（三）先秦散文

春秋战国时期是我国古代散文蓬勃发展的阶段，出现了许多优秀的散文著作，这就是文学史上的先秦散文。先秦散文分为两种：历史散文和诸子散文。历史散文是在史官文化传统的基础上渐进产生并成熟起来的，包括《左传》《国语》《战国策》等历史著作。诸子散文是在先秦理性精神觉醒的背景下和百家争鸣的学术氛围中形成并繁荣起来的，包括儒、墨、道、法等学派的文章，其中如《论语》《墨子》《孟子》等，是孔丘、墨翟、孟轲的弟子对其师言行的记录，而《庄子》《荀子》《韩非子》等则为本人的著作。

历史散文：《尚书》、《春秋》（我国最早的编年体断代史）、《左传》、《国语》、《战国策》。

诸子散文：老子的《道德经》：辩证法思想，老子因此被称为"中国哲学之父"。

孔子的《论语》。

《左传》是我国第一部叙事详备的编年体史书、历史散文，记载春秋时期的史实，富有文学性。《曹刿论战》选自此书。

孟子的《孟子》：长于辩论，善用比喻，对后世议论性散文的发展影响很大。《梁惠王》等出自此书。

庄子的《庄子》，又名《南华经》，属诸子哲理散文，具有浓厚浪漫主义色彩，对后世文学有很大影响。

荀子的《荀子》：《劝学篇》《天论》。

韩非的《韩非子》:《扁鹊见蔡桓公》。

《吕氏春秋》:诸子哲理散文,杂家代表作。

(四) 屈原和《楚辞》

1. 屈原

屈原(约公元前 339 年—公元前 278 年),名平,字原,通常称为屈原,汉族,战国末期楚国丹阳(今湖北秭归)人。屈原一生致力于楚国政治,虽忠事楚怀王,但屡遭排挤,后因遭谗言而被流放,最终投汨罗江而死。屈原是中国最伟大的浪漫主义诗人之一,创立了"楚辞"这种文体。代表作有《离骚》《九歌》等。

"楚辞"又称"楚词",是产生于战国时期楚地(今两湖一带)的一种诗歌体裁,代表诗人为屈原。"楚辞"的创作手法是浪漫主义的,它感情奔放,想象奇特,具有浓郁的楚国地方特色和神话色彩。

2. 《楚辞》

西汉刘向把屈原的作品及宋玉等人"承袭屈赋"的作品编辑成集,名为《楚辞》,是我国第一部浪漫主义诗歌总集。《楚辞》对后世文学影响深远,不仅开启了后来的赋体,而且影响历代散文创作,是我国积极浪漫主义诗歌创作的源头。屈原的《离骚》是其中的代表作。

【例题】1. 屈原是我国文学史上伟大的爱国诗人,《楚辞》的奠基者和代表作家,其作品主要有《离骚》《天问》《招魂》《九歌》《怀沙》《哀郢》等,其中最具有代表性的是(   )。

　　　　A.《怀沙》　　　　　　　　　　B.《九歌》

　　　　C.《天问》　　　　　　　　　　D.《离骚》

【答案】D

【解析】屈原的代表作是《离骚》。

【例题】2. 下列关于《离骚》的表述,不正确的是(   )。

　　　　A. 战国时诗人屈原的代表作

　　　　B. 我国最长的浪漫爱情诗篇

　　　　C. 运用了"香草美人"的比兴手法

　　　　D. 具有积极的浪漫主义精神

【答案】B

【解析】《离骚》不是爱情诗,我国古代最长的爱情诗是《孔雀东南飞》。

二、秦汉文学

(一) 概述

秦汉包括秦代(公元前 221 年—公元前 206 年)和两汉(公元前 206 年—公元 220 年)。由于秦代历史较短,仅 15 年,文学成就不高,因此秦汉文学主要介绍两汉文学的成就。从文学样式看，秦汉文学主要在辞赋、史传文、政论文和乐府诗歌四个方面取得的成就较高，在文学史上有较为深远的作用和影响。

1. 秦代文学

秦王朝统治期间，施行极端的文化专制主义，焚书坑儒，对中国古代文化的发展造成了严重的打击，先秦时代的文书典籍几乎全遭毁灭。秦代文学上的建树很少，文学代表作品只有在统一六国之前由秦丞相吕不韦招集门客编成的《吕氏春秋》和李斯的《谏逐客书》，前者文风畅达，后者辞采华美。秦统一后出自李斯之手的泰山等地刻石为我国最早的碑文体。

《吕氏春秋》：秦国丞相吕不韦主编的集体创作作品，体制宏大、内容博杂、兼收并蓄，是先秦学术思想的一次大规模的总结，也具有较强的文学性。全书包括八览、六论、十二纪，故后世又称为"吕览"。它兼有儒、道、墨、法、农诸家学说，故《汉书·艺文志》将其列为"杂家"。书中保存了大量先秦时代的文献和遗闻轶事。它是一种系统化的、集合许多单篇的说理文，层层深入，最见条理。和先秦其他诸子散文一样，它往往以寓言故事为譬喻，因而增加了文章的形象性。

2. 汉代文学

汉代分为西汉和东汉，两汉主要的文学成就包括汉赋、散文和诗歌。

汉赋乃两汉一代之文学，是一种新兴的文体。它介于诗歌和散文之间，韵散兼行，是诗的散文化、散文的诗化。它兼收并蓄《诗经》、"楚辞"、先秦散文等诸种文体，形成了一种容量宏大且颇具表现力的综合型文学样式。贾谊的《吊屈原赋》是骚体赋，枚乘的《七发》是汉大赋正式形成的标志，司马相如的大赋是汉赋的顶峰。之后班固的《两都赋》、张衡的《二京赋》都为汉大赋力作。张衡的《归田赋》还开启了抒情小赋的先河。

两汉散文以历史散文和政论散文最为突出。司马迁的《史记》以人物为中心来反映历史，两汉诗歌以乐府诗和五言诗成就最为显著。两汉乐府诗是继《诗经》、"楚辞"之后的又一种新诗体。著名的《孔雀东南飞》是乐府诗中的叙事长篇，后人把它与北朝的《木兰诗》和唐代韦庄的《秦妇吟》并称为"乐府三绝"。《古诗十九首》则代表了汉代五言诗的最高成就。

（二）《史记》与《汉书》（重要）

1.《史记》（重要）

《史记》，原名《太史公记》，是我国历史上第一部纪传体通史，被称为"二十四史"之首，记载了上自上古传说中的黄帝时代，下至汉武帝（公元前122年）共3 000多年的历史。

全书包括十二本纪，记历代帝王政绩；三十世家，记诸侯国和汉代诸侯、勋贵兴亡；七十列传，记重要人物的言行事迹，主要叙人臣，其中最后一篇为自序；十表，大事年表；八书，记各种典章制度，记礼、乐、音律、历法、天文、封禅、水利、财用。共130篇，526 500余字。

《史记》对后世史学和文学的发展都产生了深远影响。其首创的纪传体编史方法为后来历代"正史"所传承。同时，《史记》还被认为是一部优秀的文学著作，在中国文学史上有重要地位，被鲁迅誉为"史家之绝唱，无韵之离骚"，有很高的文学价值。《史记》与司马光的《资治通鉴》并称"史学双璧"。

《史记》作者司马迁（公元前 145 年—公元前 86 年），西汉史学家、思想家、文学家。公元前 104 年（太初元年），时任太史令的司马迁与天文学家唐都等人共订"太初历"。同年，开始动手编《史记》。司马迁的著作中另一篇有名的是《报任安书》（即《报任少卿书》）。

2.《汉书》

《汉书》，又称《前汉书》，是中国第一部纪传体断代史，"二十四史"之一。《汉书》是继《史记》之后我国古代又一部重要史书，全书主要记述了上起西汉的汉高祖元年（公元前 206 年）、下至新朝的王莽地皇四年（公元 23 年）共 230 年的史事。《汉书》包括纪 12 篇、表 8 篇、志 10 篇、传 70 篇，共 100 篇，后人划分为 12 卷，共 80 万字。

《汉书》作者班固（公元 32 年—公元 92 年），东汉历史学家班彪之子，字孟坚，扶风安陵人（今陕西咸阳），生于东汉光武帝建武八年，卒于东汉和帝永元四年，年 61 岁。班固自幼聪敏，"九岁能属文，诵诗赋"，成年后博览群书，"九流百家之言，无不穷究"。著有《白虎通德论》6 卷，《汉书》120 卷，《集》17 卷。

"前四史"：西汉司马迁《史记》、东汉班固《汉书》、南朝范晔《后汉书》、西晋陈寿《三国志》。

（三）诗歌

两汉文学的诗歌主要包括汉代乐府诗歌和文人五言诗。

1. 汉代乐府诗歌

两汉乐府诗是继《诗经》、"楚辞"之后的又一种新诗体。汉乐府诗歌主要来自民间，以叙事为主，"感于哀乐，缘事而发"，具有现实主义精神。形式多种多样，有三言、四言、五言、六言及杂言种种，其中最常用的是新兴的杂言和五言诗。杂言诗句式、字数不一，有整有散，灵活多变；五言诗则形式十分整齐。其代表作有《孔雀东南飞》《陌上桑》《上邪》《十五从军行》等。

《孔雀东南飞》是《古诗为焦仲卿妻作》的别名，是汉乐府诗中最长的一篇，也是中国诗歌史上罕见的长篇叙事诗。各种艺术手段在此都作了完美的发挥，无论人物对话、动作，还是心理刻画，都十分成功，形象地塑造了一批人物形象。诗中故事情节的展开和矛盾冲突的起伏，以及浪漫色彩的结尾，在铺排上也都恰到好处。

"乐府三绝"：汉代《孔雀东南飞》、北朝《木兰诗》、唐代韦庄《秦妇吟》。

2. 文人五言诗

五言诗萌芽于民间歌谣，其形成受到北方少数民族音乐和军乐的影响，乐府民歌中的五言诗的发展更影响了当时文人的写作，于是产生了文人五言诗。班固的《咏史》被许多文学史家认为是现存最早的一首文人五言诗，当然此诗尚不成熟，但它是中国诗歌史上的里程碑。

《古诗十九首》代表了汉代五言诗的最高成就，标志着中国文人五言诗的成熟。

三、魏晋南北朝隋唐五代文学

（一）概述

1. 魏晋南北朝文学

诗歌以五、七言古、近体诗的兴盛为标志。五古在魏晋南北朝时期进入高潮，七古和

五、七言近体在唐代前期臻于鼎盛。

辞赋是这一时期文学发展的另外一个重要方面，抒情小赋的发展及其所采取的骈俪形式，使汉赋在新的条件下得到发展。

笔记体小说盛行，采用文言文，篇幅短小，记叙社会上流传的奇异故事、人物的逸闻轶事或其只言片语。

2. 隋唐五代文学

隋唐五代时期是文学发展的一个全面繁荣的新阶段，整个文坛出现了自战国以来前所未有的百花齐放、万紫千红的局面，其中诗歌的发展更是达到了高度成熟的黄金时代。唐代不到三百年的时间中，遗留下来的诗歌就将近五万首，比自西周到南北朝的一千六七百年中遗留下的诗篇数目多出两三倍以上。独具风格的著名诗人有五六十个，也大大超过战国到南北朝著名诗人的总和。

（二）建安诗歌

建安是汉献帝的年号，文学史上的建安时期，一般指建安至魏初，即公元196—220年。建安文学以诗歌的成就最为显著，这一时期许多作品从汉乐府民歌中汲取养料，反映了当时社会的动乱和人民流离失所的痛苦，体现了要求国家安定统一的愿望和理想。其情调慷慨悲凉，语言刚健有力，有鲜明的时代特色，被后人称为"建安风骨"。

建安文人诗既受乐府民歌的影响，同时又开始向文人化的精致华美转变。这在中国古典诗歌的发展史上是一个重大的开端。曹丕说"诗赋欲丽"，正反映了当时普遍的文学观念。

建安文学的代表作家有"三曹"和"建安七子"。代表作品有曹操的《短歌行》、曹丕的《燕歌行》、曹植的《白马篇》《洛神赋》等。其中《燕歌行》是现存最早、最完整的一首七言诗。

【例题】现存最早的由文人创作的完整的七言诗《燕歌行》（秋风萧瑟天气凉）的作者是（　　　）。

A. 曹操　　　　　　　B. 曹丕　　　　　　　C. 曹植　　　　　　　D. 班固

【答案】B

【解析】《燕歌行》（秋风萧瑟天气凉）的作者是曹丕。

（三）陶渊明与田园诗（重要）

陶渊明（约365—427年），字元亮，号五柳先生，谥号靖节先生，入刘宋后改名潜。东晋末期南朝宋初期诗人、文学家、辞赋家、散文家。东晋浔阳柴桑（今江西省九江市）人。曾做过几年小官，后辞官回家，从此隐居，田园生活是陶渊明诗的主要题材。

陶渊明被称为"隐逸诗人之宗"。他的创作开创了田园诗一体，为我国古典诗歌开创了一个新的境界。相关作品有《饮酒》《归园田居》《桃花源记》《五柳先生传》《归去来兮辞》《桃花源诗》等。

【知识点拓展】　　　　　　　　　　　　《桃花源记》

晋太元中，武陵人捕鱼为业。缘溪行，忘路之远近。忽逢桃花林，夹岸数百步，中无杂树，芳草鲜美，落英缤纷，渔人甚异之。复前行，欲穷其林。

林尽水源，便得一山，山有小口，仿佛若有光。便舍船，从口入。初极狭，才通人。复行数十步，豁然开朗。土地平旷，屋舍俨然，有良田美池桑竹之属。阡陌交通，鸡犬相闻。其中往来种作，男女衣着，悉如外人。黄发垂髫，并怡然自乐。

见渔人，乃大惊，问所从来。具答之。便要还家，设酒杀鸡作食。村中闻有此人，咸来问讯。自云先世避秦时乱，率妻子邑人来此绝境，不复出焉，遂与外人间隔。问今是何世，乃不知有汉，无论魏晋。此人一一为具言所闻，皆叹惋。余人各复延至其家，皆出酒食。停数日，辞去。此中人语云："不足为外人道也。"

既出，得其船，便扶向路，处处志之。及郡下，诣太守，说如此。太守即遣人随其往，寻向所志，遂迷，不复得路。

南阳刘子骥，高尚士也，闻之，欣然规往。未果，寻病终，后遂无问津者。

(四) 南北朝民歌

南朝民歌大部分保存在宋代郭茂倩的《乐府诗集·清商曲辞》中，主要有吴歌和西曲两类。南朝民歌多产生于商业都市，是市民文化的产物，内容比较单一，大多是表现男女恋情的情歌。体制小巧，多五言四句，风格委婉缠绵、清新自然。南朝民歌突出的艺术技巧就是利用汉语的谐音构成双关隐语。

北朝民歌大部分保存在宋代郭茂倩《乐府诗集·横吹曲辞》的《梁鼓角横吹曲》中，大多是北魏、北齐、北周时期的作品，多是少数民族的创作。内容或反映北方民族的游牧生活、尚武精神和粗犷的个性，或反映战争、徭役及生活的艰难，或反映婚姻爱情生活。

北朝民歌的形式较南朝民歌更为丰富，除五言外，还有四言、七言、杂言等。风格粗犷豪放，质朴刚健，虽然没有南朝民歌细腻委婉、优美精致的特点，但是在粗疏质朴中也别开了另一种艺术境界。

南朝民歌中的抒情长诗《西洲曲》和北朝民歌中的叙事长诗《木兰诗》，分别代表着南北朝民歌的最高成就。

(五) 志人小说和志怪小说

1. 志人小说

"志人"，即记录人物的逸闻琐事。志人小说主要指魏晋六朝流行的专记人物言行和记载历史人物的传闻轶事的一种杂录体小说，又称清谈小说、轶事小说。

志人小说的代表作品为南朝刘义庆的《世说新语》。

2. 志怪小说

志怪，即记录怪异，主要指魏晋时代产生的一种以记述神仙鬼怪为内容的小说，也可包括汉代的同类作品。志怪小说的内容有炫耀地理博物的琐闻，记述正史以外的历史传闻故事，讲述鬼神怪异的迷信故事等。志怪小说对唐代传奇产生了直接的影响。

志怪小说的代表作品为东晋干宝的《搜神记》。

(六) 唐诗

唐代是我国古典诗歌发展的全盛时期，唐代的诗人、诗歌作品的数量和质量都达到了前所未有的高度。唐诗形式风格多样，包括五言古体诗、七言古体诗、五言绝句、七言绝句、五言律诗、七言律诗。内容题材广泛，包括自然现象、政治动态、劳动生活、社会风习、个人感受等各个方面。艺术成就上,近体诗(包括绝句和律诗)的创造和成熟,是唐代诗歌发展史上的主要标志,它把我国古曲诗歌的音节和谐、文字精练的艺术特色推到了前所未有的高度。

1. 初唐四杰(重要)

"初唐四杰"是指我国唐代初期四位文学家王勃、杨炯、卢照邻、骆宾王,简称"王杨卢骆"。

"初唐四杰"中成就最高的是王勃,其代表作品有《滕王阁序》《送杜少府之任蜀州》等。

2. 以王维、孟浩然为代表的"田园诗派"

王维、孟浩然是盛唐山水田园诗派的代表作家,继承和发展了陶渊明、谢灵运开创的田园诗风格,擅长描绘山水田园风光,通过描绘幽静的景色,借以反映宁静的心境或隐逸的思想,达到"诗中有画,画中有诗"的艺术境界,在文学史上有极高的地位。

王维的代表作有《鸟鸣涧》《山居秋暝》等,孟浩然的代表作有《过故人庄》《宿建德江》等。

【例题】1. 下列古典乐曲与王维的送别诗歌有关的是( )。

    A. 《高山流水》   B. 《阳关三叠》   C. 《梅花三弄》   D. 《平沙落雁》

【答案】 B

【解析】《阳关三叠》,又名《阳关曲》《渭城曲》,是根据唐代诗人王维的七言绝句《送元二使安西》谱写的一首著名的艺术歌曲。

【例题】2. 下列人物中,既是诗人也是画家的是( )。

    A. 李白   B. 王维   C. 白居易   D. 李商隐

【答案】 B

【解析】 王维的诗歌被称赞为"诗中有画,画中有诗"。

3. 以高适、岑参为代表的"边塞诗派"

"边塞诗派"以描绘边塞风光、反映戍边将士生活为主,还有一些是描写战争带来的各种矛盾如离别、思乡、闺怨等。形式上多为七言歌行和五、七言绝句,诗风悲壮,格调雄浑,抒发出大唐盛世的雄伟气势。

高适、岑参是"边塞诗派"中成就最高的两位作家,此外代表作家还有王昌龄、李颀等。

高适的代表作有《燕歌行》《别董大》等,岑参的代表作有《走马川行奉送封大夫出师西征》等。

4. 伟大的浪漫主义诗人李白

李白(701—762年),字太白,号青莲居士。中国唐朝诗人,有"诗仙"之称,伟大的浪漫主义诗人。其诗大多以描写山水和抒发内心的情感为主,最擅长的体裁是七言歌行和绝句。他的诗歌创作充满了发兴无端的澎湃激情和神奇想象,既有气势浩瀚、变幻莫测的壮观奇景,又有标举风神情韵而自然天成的明丽意境,是我国古代积极浪漫主义诗歌艺术新的高峰。

李白的代表作有《蜀道难》《行路难》《梦游天姥吟留别》《将进酒》《梁甫吟》《静夜思》等。

5. 伟大的现实主义诗人杜甫

杜甫，汉族，河南巩县（今巩义市）人。字子美，自号少陵野老，杜少陵、杜工部等，世称"诗圣"，伟大的现实主义诗人。他的诗具有丰富的社会内容、强烈的时代色彩和鲜明的政治倾向，真实深刻地反映了安史之乱前后一个历史时代的政治时事和广阔的社会生活画面，因而被称为一代"诗史"。诗风沉郁顿挫，忧国忧民。语言和篇章结构富于变化，讲求炼字炼句。

杜甫的代表作品主要是"三吏"（《新安吏》《石壕吏》《潼关吏》）和"三别"（《新婚别》《垂老别》《无家别》）等。

【例题】 现实主义的杰作"三吏三别"的作者是诗人（　　）。

  A. 李白   B. 白居易   C. 杜甫   D. 岑参

【答案】 C

【解析】 "三吏"（《新安吏》《石壕吏》《潼关吏》）和"三别"（《新婚别》《垂老别》《无家别》）是杜甫的代表作品。

6. 白居易与"新乐府运动"（重要）

白居易，字乐天，晚年又号香山居士，河南新郑人，伟大的现实主义诗人。他的诗歌题材广泛，形式多样，语言平易通俗，有"诗魔"和"诗王"之称。

白居易主张"文章合为时而著，歌诗合为事而作"，在文学上积极倡导"新乐府运动"。"新乐府"针对汉乐府而言，指唐人自立新题而作的乐府诗，多咏写时事，体现现实主义精神。除白居易外，元稹、李绅、张籍、王建也是这一运动中的重要作家。

白居易的代表作有《琵琶行》《长恨歌》《卖炭翁》等。

【例题】 下列作品中，以李隆基和杨玉环爱情故事为题材的是（　　）。

  A. 白居易《长恨歌》   B. 王安石《明妃曲》

  C. 陆游《钗头凤》   D. 吴伟业《圆圆曲》

【答案】 A

【解析】 根据题干，《长恨歌》符合题意。

7. 中晚唐著名诗人

孟郊，现存诗歌500多首，以短篇的五言古诗最多。有"诗囚"之称，又与贾岛齐名，人称"郊寒岛瘦"。代表作为《游子吟》。

李贺，字长吉，世称李长吉、鬼才、诗鬼等，与李白、李商隐三人并称唐代"三李"。李贺是中唐浪漫主义诗人的代表，又是中唐到晚唐诗风转变期的重要人物。他的作品想象丰富、奇特，语言瑰丽奇峭。代表作为《李凭箜篌引》。

刘禹锡，字梦得，唐代中晚期著名诗人、文学家、哲学家，有"诗豪"之称。政治上主张革新，是王叔文派政治革新活动的中心人物之一。刘禹锡的诗简洁明快，风情俊爽，有一种哲人的睿智和诗人的挚情渗透其中，极富艺术张力和雄直气势。代表作有《陋室铭》《乌衣巷》等。

杜牧，字牧之，号樊川居士，唐代诗人。人称"小杜"，与李商隐并称"小李杜"。杜牧的文学创作有多方面的成就，诗、赋、古文都堪称名家。他的古体诗受杜甫、韩愈的影响，题材广阔，笔力峭健。他的近体诗则以文词清丽、情韵跌宕见长。其代表作品有诗歌《山行》《清明》《过华清宫》等，古文《阿房宫赋》。

李商隐，晚唐著名诗人。其诗构思新奇，风格浓丽，尤其是一些爱情诗写得缠绵悱恻，为人传诵。但有些过于隐晦迷离，难于索解。李商隐的代表作为《无题》诗。

【例题】在我国文学史上，被称为"诗仙""诗圣""诗鬼"的唐代诗人是（　　）。
　　A. 杜甫　李白　贾岛　　　　　　　　B. 李白　杜甫　李贺
　　C. 李白　杜甫　白居易　　　　　　　D. 杜甫　李白　李商隐
【答案】B
【解析】李白，字太白，唐朝诗人，有"诗仙"之称，伟大的浪漫主义诗人。杜甫，字子美，世称"诗圣"，伟大的现实主义诗人。李贺，字长吉，世称李长吉、鬼才、诗鬼等，是中唐浪漫主义诗人的代表，又是中唐到晚唐诗风转变期的重要人物。

（七）古文运动

古文运动指唐代中叶及北宋时期以提倡古文、反对骈文为特点的文体改革运动。其内容主要是复兴儒学，其形式就是反对骈文，提倡古文。"古文"的特点是质朴自由，以散行单句为主，不受格式拘束，有利于反映现实生活、表达思想。

唐代古文运动的代表人物是韩愈和柳宗元。

四、宋元明清文学

（一）宋代文学

1. 概述

宋代文学在我国文学发展史上有着重要的特殊地位，它处在一个承前启后的阶段，即处在中国文学从"雅"到"俗"的转变时期。所谓"雅"，指主要流传于社会中上层的文人文学，指诗、文、词；所谓"俗"，指主要流传于社会下层的小说、戏曲。宋代经济昌盛，文化繁荣，文学样式丰富多元，诗、词、散文、小说、戏曲都蓬勃发展，其中以宋词的历史地位最高。

2. 宋词

宋词是宋代最有特色、成就最高的文学样式，兼有文学与音乐两方面的特点。宋词基本可以分为婉约派和豪放派两大派。

（1）婉约派。

婉约派的特点是内容比较窄狭，侧重儿女风情。结构深细缜密，重视音律谐婉，语言圆润，清新绮丽，具有一种柔婉之美。代表作家有柳永、晏殊、晏几道、周邦彦、李清照、姜夔等。

柳永，字耆卿，崇安（今福建武夷山）人。北宋词人，婉约派最具代表性的人物之一。柳永的词凄婉缠绵，儿女情长，但却不靡靡。构词意境脱俗，豪放不羁。代表作有《雨霖铃》（寒蝉凄切）等。

晏殊，字同叔，北宋前期婉约派词人之一，当时著名的词人、诗人、散文家。代表作有《浣溪沙》（一曲新词酒一杯）等。

晏几道，字叔原，号小山，晏殊第七子。词风哀婉缠绵、清壮顿挫。代表作有《临江仙》（梦后楼台高锁）、《鹧鸪天》（彩袖殷勤捧玉钟）等。

周邦彦，字美成，号清真居士，北宋末期著名的词人。精通音律，曾创作了不少新词调。作品多写闺情、羁旅，也有咏物之作。格律严谨，语言典丽清雅，长调尤善铺叙，为后来格律派词人所宗。旧时词论称他为"词家之冠"。代表作有《兰陵王》（柳阴直）、《蝶恋花》（月皎惊乌栖不定）等。

李清照，号易安居士，济南章丘（今属山东）人。宋代女词人，婉约词派代表。所作词前期多写其悠闲生活，后期多悲叹身世，情调感伤，也流露出对中原的怀念。形式上善用白描手法自辟途径，语言清丽。论词强调协律，崇尚典雅，提出词"别是一家"之说，反对以作诗文之法作词。代表作有《声声慢》（寻寻觅觅）、《一剪梅》（红藕香残玉簟秋）等。

姜夔，南宋文学家、音乐家。他多才多艺，精通音律，能自度曲，其词格律严密，作品素以空灵含蓄著称。代表作有《扬州慢》（淮左名都）、《暗香》（旧时月色）等。

李煜，五代十国时南唐国君，虽不通政治，但其艺术才华却非凡。精书法，善绘画，通音律，诗和文均有一定造诣，尤以词的成就最高，被称为"千古词帝"。代表作有《虞美人》（春花秋月何时了）、《浪淘沙》（帘外雨潺潺）、《相见欢》（无言独上西楼）等。

（2）豪放派。

豪放派的特点大体是创作视野较为广阔，气象恢弘雄放，喜用诗文的手法、句法和字法写词，语词宏博，用事较多，不拘守音律，具有悲壮慷慨的高亢之调。代表作家有苏轼、辛弃疾、岳飞、陆游等。

苏轼，字子瞻，号东坡居士，眉州眉山（今属四川）人。他将北宋诗文革新运动的精神扩大到词的领域，开豪放一派之先河。代表作有《念奴娇·赤壁怀古》（大江东去）、《江城子·密州出猎》等。

辛弃疾，字幼安，别号稼轩，历城（今山东济南）人。其词抒写力图恢复国家统一的爱国热情，倾诉壮志难酬的悲愤，对当时执政者的屈辱求和颇多谴责；也有不少吟咏祖国河山的作品。题材广阔又善化用前人典故入词，风格沉雄豪迈又不乏细腻柔媚之处。代表作为《永遇乐·京口北固亭怀古》。

岳飞，字鹏举，南宋军事家。代表作为《满江红》。

3. 南宋爱国诗人陆游

陆游，字务观，号放翁，越州山阴（今浙江绍兴）人，创作诗歌很多，今存九千多首，内容极为丰富。其作品主要抒发政治抱负，反映人民疾苦，风格雄浑豪放，也不乏抒写日常生活的清新之作。其词作量不如诗篇巨大，但和诗同样贯穿了气吞残虏的爱国主义精神。陆游的诗可谓各体兼备，无论是古体、律诗、绝句都有出色之作，其中尤以七律写得又多又好。代表作有《关山月》《示儿》《书愤》等。

除诗外，陆游的词创作也有不小的成就。其词有些清丽缠绵，与宋词中的婉约派比较接近，如《钗头风》；有些抒发着深沉的人生感受，或寄寓着高超的襟怀，如《卜算子》等；最能体现陆游的身世经历和个性特色的，是那些慷慨雄浑、荡漾着爱国激情的词作，如《汉宫春》等。

4.“唐宋八大家”（重要）

唐宋八大家是唐宋时期八大散文作家的合称，即唐代的韩愈、柳宗元和宋代的苏轼、苏洵、苏辙（苏轼、苏洵、苏辙三人合称“三苏”）、欧阳修、曾巩、王安石。

唐宋八大家对古文运动的推动起到了至关重要的作用。韩愈、柳宗元是唐代古文运动的领袖，欧阳修是宋代古文运动的领袖，“三苏”等五人是宋代古文运动的核心人物。八大家在创作上取得了辉煌的成就，留下不少名篇传诵后世。

韩愈，字退之，世称韩昌黎，唐河内河阳（今河南孟县）人。唐代古文运动的倡导者，宋代苏轼称他“文起八代之衰”（指韩愈的古文提振八代的委靡文风），明人推他为唐宋八大家之首。代表作有《师说》等。

柳宗元，字子厚，世称“柳河东”，唐朝著名的文学家、哲学家、散文家和思想家。一生留诗文作品达 600 余篇，其文的成就大于诗。散文论说性强，笔锋犀利，讽刺辛辣。游记写景状物，多有寄托。代表作有《永州八记》《捕蛇者说》等。

苏轼，字子瞻，号东坡居士，眉州眉山（今属四川）人，北宋文学家、书画家。他在文学艺术方面堪称全才，诗、词、文、画、书法样样精通。其文汪洋恣肆，明白畅达，代表作有《赤壁赋》《石钟山记》等。

苏洵，字明允，号老泉，眉州眉山（今属四川）人，北宋文学家。苏洵长于散文，尤擅政论，议论明畅，笔势雄健。代表作有《权书》《衡论》等。

苏辙，字子由，眉州眉山（今属四川）人。他的文章风格汪洋澹泊，也有秀杰深醇之气。代表作有《黄州快哉亭记》《上枢密韩太尉书》等。

欧阳修，字永叔，号醉翁，又号六一居士，谥号文忠，世称欧阳文忠公。北宋卓越的文学家、史学家。欧阳修在文学创作上的成就，以散文为最高。欧阳修一生写了 500 余篇散文，各体兼备，有政论文、史论文、记事文、抒情文和笔记文等。他的散文大都内容充实，气势旺盛，深入浅出，精练流畅，叙事说理，娓娓动听，抒情写景，引人入胜，寓奇于平，一新文坛面目。代表作有《醉翁亭记》等。

曾巩，字子固，世称“南丰先生”，建昌南丰（今属江西）人。北宋诗文革新运动的积极参与者，宋代新古文运动的重要骨干，理论上主张先道而后文。代表作有《上欧阳舍人书》《上蔡学士书》等。

王安石，字介甫，号半山，封荆国公，官至宰相，主张改革变法。北宋杰出的政治家、思想家、文学家、改革家。他的散文雄健简练、奇崛峭拔，大都是书、表、记、序等体式的论说文，阐述政治见解与主张，为变法革新服务。代表作有《答司马谏议书》等。

（二）元代文学

1. 概述

元代的历史不长，和前代文学相比，元代文学中最突出的成就在戏曲方面，后人常把“元曲”和“唐诗”“宋词”并称，诗、词、散文等文学样式则相对衰微。

元曲作为“一代之文学”，题材丰富多样，创作视野宽阔，反映生活鲜明生动，人物形象丰满感人，语言通俗易懂，是我国古代文化宝库中不可缺少的宝贵遗产。元曲有严密的格律定式，每一曲牌的句式、字数、平仄等都有固定的格式要求。

2. 散曲

散曲，是一种同音乐结合的长短句歌词，是少数民族乐曲与中原正乐融合而成的一种新的诗歌形式。金元时在北方起源，故散曲又称北曲。它包括小令、套数和介于两者之间的带过曲等几种主要形式。

散曲的代表作家有关汉卿、白朴、马致远、张可久、乔吉等。

关汉卿的散曲代表作品有套数《南吕·一枝花·不伏老》，以及小令《双调·沉醉东风》等。

马致远的散曲代表作为小令《天净沙·秋思》。

元曲四大家：关汉卿、白朴、马致远、郑光祖。

关汉卿，元代杂剧作家，中国古代戏曲创作的代表人物，"元曲四大家"之首。代表作有《窦娥冤》《救风尘》《单刀会》等。

白朴，原名恒，字仁甫，后改名朴，字太素，号兰谷。元代著名的文学家、杂剧家。代表作有《梧桐雨》《墙头马上》等。

马致远，字千里，晚年号东篱，元代著名的戏剧家、散曲家。代表作有《汉宫秋》等。

郑光祖，字德辉，元代著名的杂剧家和散曲家，代表作有《倩女离魂》等。

元代四大爱情剧：关汉卿《拜月亭》、王实甫《西厢记》、白朴《墙头马上》、郑光祖《倩女离魂》。

元杂剧四大悲剧：关汉卿《窦娥冤》、白朴《梧桐雨》、马致远《汉宫秋》、纪君祥《赵氏孤儿》。

（三）明清文学

1. 概述

（1）明代文学。

综观明代文学，小说成就最高，戏曲次之，诗文相对衰微。

诗文领域，前期出现了一些揭露社会弊病、具有一定社会内容的作品，代表作家有刘基、宋濂、高启等。散文方面的代表作有归有光的《项脊轩志》等。

戏曲领域，明代后期是继元杂剧之后中国戏曲史上又一个繁荣时期，戏曲出现了创作高潮。这时期的杂剧由于形式有了变化，并运用南曲，或南北合套，有人称它为"南杂剧"，其中也出现了不少优秀或比较优秀的作品。代表作有汤显祖的《牡丹亭》等。

小说领域，明代成就很高。元、明之交产生了著名的长篇小说《三国演义》和《水浒传》。明代后期，长篇小说创作数量很大，留传下来的就有50～60部。它们大致可分为四种类型：讲史小说，如余邵鱼的《列国志传》等；神魔小说，如吴承恩的《西游记》、明许仲琳的《封神演义》等；世情小说，如兰陵笑笑生的《金瓶梅》等；公案小说，成就不高。

明代中后期，在宋元话本基础上发展起来的白话短篇小说出现了繁荣局面，后人称"拟话本"。冯梦龙的《喻世明言》《警世通言》《醒世恒言》和凌濛初的《初刻拍案惊奇》《二刻拍案惊奇》合称"三言二拍"，代表了明代拟话本创作的最高成就。

（2）清代文学。

清代文学集封建时代文学发展之大成，是古代文学的一个光辉总结。各种文体无不具备，蔚为大观，诸多样式齐头并进，全面繁荣。诗、词、散文等传统文学样式在清代得到复兴；小说、戏曲、民间讲唱等新兴文学样式在清代达到登峰造极的高度。

诗领域，清初诗人可分为两类：一类是抗清爱国志士，代表人物有顾炎武、黄宗羲、王夫之等；另一类是仕清又忏悔者，代表人物有钱谦益、吴伟业等。康熙年间的诗坛领袖王士祯创立神韵说，影响极大。乾隆年间的袁枚创性灵说，沈德潜创格调说，翁方纲创肌理说，他们的创作和理论都有各自的特点。

词领域，清代的词人、词作、词论均多于前代，被称为文学史上的"词之中兴"。以陈维崧为宗主的阳羡词派、以朱彝尊为领袖的浙西词派、以张惠言为代表的常州词派以及被称为"北宋以来，一人而已"的纳兰性德，在词创作方面都极有建树。

清代戏剧作家作品数量都十分可观。杂剧数量在1 300种左右，传奇数量约为1 100种。杂剧数量虽多于传奇，但清代戏剧的成就主要体现在传奇方面，而又以清初传奇为重头戏。清初传奇创作主要有三大流派：以李玉为首的苏州派，其身份和作品都具有较强的市民色彩；以吴伟业、尤侗为代表的文人派，其作品有较强的案头化倾向；以李渔为代表的形式派，他们讲究戏剧的娱乐功能和形式技巧。在此三派之后，代表清代戏剧最高成就的是被称为"南洪北孔"的历史剧作家洪昇的《长生殿》和孔尚任的《桃花扇》。

小说领域，小说创作的繁荣代表了清代文学的主要成就。从数量来看，据《中国通俗小说总目提要》和其他材料的统计，清代白话通俗小说的数量大约在400种；据《中国文言小说总目提要》，清代文言小说数量大约在500种。这个数字超过明代，居历代之首。从题材类型看，白话小说在明代历史演义、英雄传奇、神魔、世情四大小说类型的基础上，又衍变出才子佳人小说、才学小说、讽刺小说、公案小说等新题材。文言小说在志怪、志人、传奇等传统类型的基础上形成了"剪灯系列""虞初系列""拟唐传奇系列"。各种题材的小说异彩纷呈，百花齐放。到清代，文人独立创作的小说已十分成熟，一些优秀作家认识生活和概括生活的能力都有很大提高，产生了《聊斋志异》《红楼梦》《儒林外史》等小说史上的巅峰之作。

2. 明清小说

《三国演义》，全名《三国志通俗演义》，明代小说家罗贯中所作。此书描写的是从东汉末年到西晋初年之间近一百年的历史风云，全书反映了三国时代的政治军事斗争，反映了三国时代各类社会矛盾的渗透与转化，概括了这一时代的历史巨变，塑造了一批叱咤风云的英雄人物。《三国演义》是中国第一部长篇章回体小说，是历史演义小说的经典之作，中国古典四大名著之一。

《水浒传》，又名《忠义水浒传》，简称《水浒》，作于元末明初，作者施耐庵。此书生动地描写了梁山好汉们从起义到兴盛再到最终失败的全过程，特别是通过写众多草莽英雄不同的人生经历和反抗道路，鲜明地表现了"官逼民反"的主题。《水浒传》是中国历史上第一部用白话文写成的章回小说，是英雄传奇小说的经典之作，中国古典四大名著之一。

《西游记》，由明代小说家吴承恩编撰而成。此书描写的是孙悟空、猪八戒、沙和尚保护唐僧西天取经，历经九九八十一难的传奇历险故事。《西游记》是明代神魔小说的经典之作，中国古典四大名著之一。

《金瓶梅》，成书约在隆庆至万历年间，是中国文学史上第一部由文人独立创作的长篇小说，作者署名兰陵笑笑生。《金瓶梅》借《水浒传》中武松杀嫂一段故事为引子，通过对兼有官僚、恶霸、富商三种身份的封建时代市侩势力的代表人物西门庆及其家庭罪恶生活的描述，揭露了北宋中叶社会的黑暗和腐败。《金瓶梅》代表着明代长篇世情小说的最高水平，与《三国演义》《水浒传》《西游记》一起被称为"明代四大奇书"，它们分别开创了世情小说、历史演义小说、英雄传奇小说和神魔小说的传统。

"三言二拍"："三言"是明代冯梦龙所编的《喻世明言》《警世通言》《醒世恒言》三部白话短篇小说集的总称，是我国白话短篇小说在说唱艺术的基础上，经过文人的整理加工到文人进行独立创作的开始。它的出现标志着古代白话短篇小说整理和创作高潮的到来。"二拍"是明代凌濛初所编的《初刻拍案惊奇》和《二刻拍案惊奇》两部白话短篇小说集的总称。"二拍"与"三言"不同，基本上都是个人创作。

《红楼梦》，原名《石头记》《情僧录》《风月宝鉴》《金陵十二钗》等，成书于1784年（清乾隆四十九年）。一般认为前80回的作者是曹雪芹，后40回续作由高鹗完成。《红楼梦》是章回体长篇小说，代表了清代白话小说的最高成就，中国古典四大名著之一。

《聊斋志异》，简称《聊斋》，俗名《鬼狐传》，清代小说家蒲松龄所作。全书共有短篇小说491篇，题材广泛，内容丰富。《聊斋志异》成功地塑造了众多艺术典型，人物形象鲜明生动，故事情节曲折离奇，结构布局严谨巧妙，文笔简练，描写细腻，堪称中国古典短篇小说之巅峰。

《儒林外史》，由清代吴敬梓创作的长篇小说（也称章回小说），是我国古代讽刺文学的典范。全书共56回，约40万字，描写了近两百个人物。小说假托明代，实际反映的是康乾时期科举制度下读书人的功名和生活，成功塑造了生活在封建末世和科举制度下的封建文人群像，讽刺、抨击了封建科举、礼教的弊端。

【例题】下列选项中，不属于《水浒传》故事情节的是（　　）。

　　A. 温酒斩华雄　　　　　　　　B. 倒拔垂杨柳

　　C. 景阳冈打虎　　　　　　　　D. 醉打蒋门神

【答案】A

【解析】华雄是三国时代的人物。

第二节　中国现当代文学

中国现当代文学主要把握的是鲁迅、老舍、矛盾、巴金等著名文学家的代表作。

（一）新文化运动

新文化运动为20世纪早期中国文化界中，由一群受过西方教育的人发起的一次革新运动。

新文化运动是从1915年9月15日《青年杂志》在上海创刊开始的。陈独秀任主编，李大钊是主要撰稿人并参与编辑工作。1916年9月出版第二卷第一期时，迁往北京并改名为《新青年》。《新青年》实际上是新文化运动的思想领导中心。

在陈独秀、李大钊等人的领导下，新文化运动提倡科学，反对迷信；提倡民主，反对独裁；提倡白话文，反对文言文，宣传了西方的进步文化，后又传播了社会主义思想，反映了新型革命阶级的要求，在社会上产生了巨大的反响。陈独秀、胡适、鲁迅等人成为新文化运动的核心人物。这一运动成为五四运动的先导。

陈独秀（1879—1942），字仲甫，安徽怀宁（今属安庆市）人。创办《新青年》《每周评论》，积极提倡民主与科学，提倡文学革命，反对封建的旧思想、旧文化、旧礼教，成为新文化运动的倡导者和主要领导人之一，同时也是"五四运动"和中国共产党早期的主要领导人之一。

鲁迅（1881—1936）（重要，高频单选），原名周树人，字豫才，浙江绍兴人。伟大的文学家、思想家、革命家、中国文化革命的主将。"寄意寒星荃不察，我以我血荐轩辕"，"横眉冷对千夫指，俯首甘为孺子牛"，这是他一生的真实写照。主要作品有小说集《呐喊》（包括《狂人日记》《阿Q正传》《孔乙己》等）、《彷徨》（包括《祝福》《伤逝》等），散文集《朝花夕拾》（包括《藤野先生》《范爱农》等）。

李大钊（1889—1927），字守常，河北乐亭人。中国共产主义的先驱，伟大的马克思主义者、杰出的无产阶级革命家、中国共产党的主要创始人之一。他不仅是中国共产党早期卓越的领导人，而且是学识渊博、勇于开拓的著名学者，在中国共产主义运动和民族解放事业中占有崇高的历史地位。

胡适（1891—1962），原名嗣穈，后改名胡适，字适之，安徽徽州人。现代著名学者、诗人、历史学家、文学家、哲学家。因提倡文学革命而成为新文化运动的领袖之一。

（二）其他著名文学家及代表作

周作人（1885—1967），浙江绍兴人，中国现代著名散文家、文学理论家、评论家、诗人、翻译家、思想家，中国民俗学开拓人，新文化运动的杰出代表。其平和的散文风格展现出空灵的人生境界，可以说是中国散文的一个高峰。

郑振铎（1898—1958），浙江永嘉人，我国现代杰出的爱国主义者和社会活动家，又是著名作家、学者、文学评论家、文学史家、翻译家、艺术史家，也是国内外闻名的收藏家、训诂家。著有《插图本中国文学史》《中国俗文学史》等专著。

茅盾（1896—1981）（重要），原名沈德鸿，字雁冰，浙江嘉兴桐乡人。中国现代著名作家、文学评论家和文化活动家以及社会活动家，五四新文化运动先驱者之一，我国革命文艺奠基人之一。代表作有《子夜》、《林家铺子》、"蚀"三部曲（《幻灭》《动摇》《追求》），短篇小说"农村三部曲"（《春蚕》《秋收》《残冬》），散文《白杨礼赞》等。

叶圣陶（1894—1988），原名叶绍钧，字秉臣，江苏苏州人。著名作家、教育家、编辑家、文学出版家和社会活动家。现实主义作家，代表作有长篇小说《倪焕之》，短篇小说《多收了三五斗》《夜》，童话集《稻草人》《古代英雄的石像》等。他是中国现代文学史上最早写童话的作家。

朱自清（1898—1948），原名自华，号秋实，原籍浙江绍兴，生于江苏东海。现代著名散文家、诗人、学者、民主战士。其散文朴素缜密、清隽沉郁、语言洗练、文笔清丽，极富有真情实感。代表作有诗和散文合集《踪迹》，散文集《背影》《欧游杂记》《你我》，学术著作《经典常谈》，著名篇目有《背影》《绿》《荷塘月色》《桨声灯影里的秦淮河》

《生命的价格——七毛钱》等。

老舍（1899—1966）（重要），原名舒庆春，字舍予，满族人。1950年获"人民艺术家"称号。主要作品有长篇小说《骆驼祥子》《四世同堂》，剧本《茶馆》《龙须沟》《西望长安》等。浓郁的地方色彩、生动活泼的北京口语的运用、通俗而不乏幽默，形成了老舍的风格，他也是"京味小说"的开创者。

冰心（1900—1999），原名谢婉莹，籍贯福建福州。现代著名诗人、作家、翻译家、儿童文学家，代表作有诗集《繁星》《春水》，散文集《寄小读者》《樱花赞》等。

巴金（1904—2005）（重要），原名李尧棠。主要作品有长篇小说激流三部曲《家》《春》《秋》和爱情三部曲《雾》《雨》《电》，中篇小说《寒夜》《憩园》等，散文集《保卫和平的人们》《随想录》等。《家》等为我国现代文学史上描写封建家庭历史的最成功的作品。1982年巴金获意大利"但丁国际奖"。

曹禺（1910—1996），原名万家宝，戏剧家。主要作品有剧本《雷雨》《日出》《原野》《北京人》《明朗的天》《胆剑篇》《王昭君》等。

【例题】1. 下列作品中，不属于老舍创作的是（　　　）。
    A.《茶馆》   B.《龙须沟》
    C.《骆驼祥子》   D.《林家铺子》

【答案】D

【解析】《林家铺子》是茅盾的作品。

【例题】2. 鲁迅、巴金、老舍的作品分别是（　　　）。
    A.《孔乙己》《春》《龙须沟》
    B.《茶馆》《日出》《屈原》
    C.《祥林嫂》《林家铺子》《秋》
    D.《龙须沟》《孔乙己》《春》

【答案】A

【解析】依据题意，符合的选项是A。

第五章　世界文学常识

直击考点

● 第一节　主要国家文学家及作品（重要）
● 第二节　其他国家文学家及作品（了解）

第一节　主要国家文学家及作品

世界文学的学习中，考生可以从不同的国度把握每个国家最经典的文学作品及最负盛名的文学大家。

1. 英国文学

英国文学是文艺复兴时期欧洲文学的顶峰。早在 14 世纪，英国就产生了人文主义作家。16 世纪中叶到 17 世纪初，人文主义文学发展到繁荣时期。

英国人文主义文学最早的代表是杰佛利·乔叟（1340—1400）；其代表作《坎特伯雷故事集》利用一群从伦敦去坎特伯雷朝圣的香客，在路上为解闷而轮流讲故事的方式，写了 24 个短篇故事，真实地反映出了 14 世纪英国的社会现实。

莎士比亚是这个时期最伟大的剧作家和诗人，一生创作了 37 部剧本、2 首长诗、154 首十四行诗。主要作品有《仲夏夜之梦》《威尼斯商人》《罗密欧与朱丽叶》《哈姆雷特》《奥赛罗》《李尔王》等。莎士比亚的作品情节生动丰富、人物个性鲜明，具有广阔的社会背景和丰富多彩的个性化语言，被马克思称为"人类最伟大的戏剧天才"。

狄更斯（1812—1870），英国著名的批判现实主义作家。他一生创作了 14 部长篇小说和许多中短篇小说。他的作品广泛而生动地反映了 19 世纪英国资本主义社会，描写了维多利亚时代的精神，重要作品有《大卫·科波菲尔》《艰难时世》《双城记》《荒凉山庄》等。

萨克雷（1811—1863），英国作家。成名作和代表作长篇小说《名利场》以辛辣讽刺的手法，真实描绘了 1810—1820 年摄政王时期英国上流社会没落贵族和资产阶级暴发户等各色人物的丑恶嘴脸和弱肉强食、尔虞我诈的人际关系。

夏洛蒂·勃朗特（1816—1855），其代表作《简·爱》，描写了一位谦谨、坚强而有独立精神的女性简·爱的形象，在英国文学中独树一帜。

艾米莉·勃朗特（1818—1848），这位女作家在世界上仅仅度过了 30 年便离开了人世，但她唯一的小说《呼啸山庄》却奠定了她在英国文学史以及世界文学史上的地位。她与《简·爱》的作者夏洛蒂·勃朗特以及她的妹妹《艾格尼斯·格雷》的作者安妮·勃朗特号称"勃朗特三姊妹"，在英国 19 世纪文坛上焕发异彩。

《呼啸山庄》描写了一个爱情和复仇的故事，深刻地揭示了一系列人物悲剧性的病态心理，使小说的内容具有重大现实意义。

2. 法国文学

佛朗索瓦·拉伯雷（1494—1553），法国文艺复兴时期重要的代表作家，其代表作《巨人传》是欧洲文艺复兴时期的一部杰作，法国长篇小说的发端。

孟德斯鸠（1689—1755），法国第一个启蒙作家，主要文学作品是书信体讽刺小说。其代表作《波斯人信札》以路易十四和奥尔良公爵摄政时期两个旅法的波斯青年与家人通信的形式来评述法国的政治、宗教、社会问题。这是一部揭露性、讽刺性很强的作品。

伏尔泰（1694—1778），18 世纪法国资产阶级启蒙运动的旗手，被誉为"法兰西思想之王"。他在文学、史学、哲学、自然科学和政治等方面写了大量著作，一生热爱戏剧，主要从事戏剧创作，剧本达 50 多部。哲理小说是伏尔泰开创的一种新的写作体裁。伏尔泰一生创作了近 30 部哲理小说，这是他对世界文学最重要的贡献。

卢梭（1712—1778），法国杰出的启蒙思想家、文学家。《社会契约论》和《爱弥儿》及《忏悔录》等对后世产生了重要影响。

福楼拜（1821—1880），19 世纪中叶法国著名的批判现实主义作家，他是 19 世纪法国一位承前启后的作家。其主要代表作《包法利夫人》描写了一个在贵族资产阶级社会的腐蚀和逼迫下堕落毁灭的妇女爱玛的形象。小说通过爱玛的悲剧，控诉了恶浊鄙俗的社会。作者以现实主义的深刻描绘，指出爱玛的悲剧是社会造成的，既控诉了资本主义社会金钱关系的罪恶，又有力地揭露了资本主义社会精神的空虚和堕落。

司汤达（1783—1842），法国批判现实主义文学的奠基人之一，自称是"人类心灵的观察家"，创作了长篇小说《红与黑》，形象地展示了法国波旁王朝复辟时期广阔的社会生活和错杂的阶级矛盾，深刻地揭露和批判了封建贵族、教会的黑暗和罪恶，辛辣地嘲讽了资产阶级唯利是图的本质，表现了强烈的政治倾向。

巴尔扎克（1799—1850），是法国 19 世纪批判现实主义文学的伟大代表。他创作的《人间喜剧》《高老头》《欧也妮·葛朗台》等作品，深刻地揭露了金钱的罪恶，批判了资本主义社会中人与人之间赤裸裸的金钱关系。

莫泊桑，法国著名批判现实主义作家，被称为"短篇小说巨匠"。主要作品有长篇小说《漂亮朋友》，短篇小说《羊脂球》《我的叔叔于勒》《项链》。

雨果（1802—1885），法国浪漫主义文学运动的主将和领袖。他是法国文学史上最有才华的作家之一，他的创作反映了 19 世纪法国的重大历史进程和文学进程。雨果的《克伦威尔序言》的出版树起了浪漫主义的旗帜，成为法国浪漫主义的宣言书。其主要作品有《海上劳工》《笑面人》《九三年》《巴黎圣母院》《悲惨世界》等。

亚历山大·大仲马（1802—1870），法国浪漫主义作家，自学成才，以小说和剧作著称于世。大仲马的通俗小说大都以真实的历史作为背景，以其丰富的想象力构思了大量曲折离奇、传奇色彩浓厚的故事。《基督山伯爵》《三个火枪手》是大仲马的代表作。

亚历山大·小仲马（1824—1895），法国著名小说家大仲马的儿子。其主要作品有《私生子》《金钱问题》《放荡的父亲》《半上流社会》《阿尔米斯先生》《福朗西雍》等。小仲马的作品大都以妇女、婚姻、家庭为题材，真实地反映了社会生活的一个侧面，其代表作《茶花女》通过妓女玛格丽特同阿尔芒斯的爱情悲剧，揭露了虚伪的社会道德和门第观念。

【例题】《巨人传》的作者是（　　　）。

　　　A. 莎士比亚　　　　B. 拜伦　　　　C. 卢梭　　　　D. 拉伯雷

【答案】D

【解析】《巨人传》的作者是法国作家拉伯雷。

3. 西班牙文学

16—17 世纪是西班牙文学的"黄金时代"，在小说、戏剧方面都取得了很大成就。

塞万提斯（1547—1616）是西班牙文艺复兴时期最杰出的现实主义小说家。他 50 多岁开始写作，代表作《堂·吉诃德》。

4. 德国文学

歌德（1749—1832），18 世纪末 19 世纪初德国伟大诗人、作家和思想家。青年时期的歌德最重要的作品是小说《少年维特之烦恼》，对当时德国的丑恶现实进行了深刻的批判，向封建的德国社会发起了公开挑战。

《浮士德》是歌德以毕生心血完成的一部杰作。它与《荷马史诗》《神曲》等齐名，被文学史家认为是史诗性的巨著。《浮士德》取材于德国 16 世纪的民间传说，创作时间长达60 年之久，以诗剧的形式写成，全剧没有首尾连贯的情节，以主人公浮士德的思想发展为线索，写他探索真理的一生。

5. 俄国文学

俄国的批判现实主义作家代表人物有果戈理、陀思妥耶夫斯基、契诃夫、托尔斯泰等。果戈理的创作为楷模，极力忠实于"自然"即现实，抨击反动腐朽的农奴制和专制制度。

果戈理（1809—1852），俄国批判现实主义文学的奠基人，对俄国文学的发展起到了巨大作用。果戈理还是俄国现实主义戏剧的奠基人之一，讽刺喜剧《钦差大人》揭露了贵族官僚阶级的冷酷，对"小人物"的遭遇表示了同情。《死魂灵》是批判现实主义的典范作品，反映了俄国农奴制度崩溃时期农奴主阶级衰亡的历史，通过对封建贵族农奴主形象的描写揭示了农奴专制不可避免地走向崩溃的趋势。

陀思妥耶夫斯基（1821—1881），俄国 19 世纪杰出的作家。其主要作品《罪与罚》《白痴》《卡拉马佐夫兄弟》。《卡拉马佐夫兄弟》是作者一生创作的总结，突出反映了作者对人类存在的哲理思考。《罪与罚》标志着作者创作的高峰，为作者赢得了世界声誉。

契诃夫，以擅长剧作短篇小说著称。其主要作品有《小公务员之死》《变色龙》《套中人》《樱桃园》等。

列夫·托尔斯泰（1828—1910），俄国伟大的批判现实主义作家。他从 19 中纪中叶到20 世纪初，在俄国文坛活动了近 60 年，创作了大量的文学作品，被无产阶级革命导师列宁评价为"在自己的作品里能提出这么多重大的问题，能达到这样大的艺术力量，使他的作品在世界文学中占据第一流的位置"。其代表作有《战争与和平》《安娜·卡列尼娜》《复活》等。

《战争与和平》生动地描写了 1805—1820 年俄国社会的重大历史事件和各个生活领域。作者对人物形象的描写既复杂又丰满，常用对比的艺术方法来表述，体裁在俄国文学史上是一种创新，也超越了欧洲长篇小说的传统规范。

《安娜·卡列尼娜》通过女主人公安娜追求爱情而失败的悲剧和列文在农村面临危机而进行的改革与探索这两条线索，描绘了俄国从莫斯科到外省乡村广阔而丰富多彩的图景，先后描写了 150 多个人物，是一部社会百科全书式的作品。

《复活》是托尔斯泰的晚期代表作。作者通过男女主人公的遭遇淋漓尽致地描绘出一幅幅沙俄社会的真实图景，以清醒的现实主义态度对当时的全套国家机器进行了猛烈的抨击。

【例题】 1. 下列选项中，作家与作品对应正确的是（　　）。

A. 福楼拜——《羊脂球》　　　　　　B. 巴尔扎克——《高老头》

C. 雨果——《战争与和平》　　　　　D. 狄更斯——《包法利夫人》

【答案】 B

【解析】《羊脂球》的作者是法国短篇小说巨匠莫泊桑，《战争与和平》的作者是列夫·托尔斯泰；《包法利夫人》的作者是福楼拜。

【例题】 2. 下列作品，不属于高尔基"自传三部曲"的是（　　）。

A.《童年》　　　　B.《在人间》　　　　C.《母亲》　　　　D.《我的大学》

【答案】 C

【解析】《母亲》不属于自传体。

6. 美国文学

美国批判现实主义文学在19世纪80年代开始出现，马克·吐温、欧-亨利、杰克·伦敦等是其代表作家。

马克·吐温（1835—1910），美国批判现实主义最杰出的代表，是一位享誉世界的美国作家。他的作品揭穿了美国资本主义社会民主、自由的虚伪面目，暴露了美国社会拜金主义、种族歧视和侵略扩张的实质。马克·吐温在文学史上以一个幽默讽刺作家而闻名。其主要作品有《竞选州长》和《败坏了赫德莱堡的人》等。

欧-亨利（1862—1910），美国著名的短篇小说家，一生著有300多篇小说。他的作品常以轻松幽默的笔调描写大都市里小人物的悲欢和"相濡以沫"的友谊，揭露资本主义社会虚伪无耻、尔虞我诈的社会风气。尤其像《警察与赞美诗》《麦琪的礼物》《最后一片叶子》《没有完的故事》《黄雀在后》等代表作，列入了世界优秀短篇小说之列。

杰克·伦敦（1876—1916），美国著名现实主义作家，被称为"美国无产阶级文学之父"。他来自社会底层，因而始终是资本主义社会的坚决批判者。他的作品散发着浓郁的大自然气息，呈现出美国鲜明的民族色彩，不仅在美国本土广泛流传，而且受到世界各国人民的欢迎。著有《马丁·伊登》《野性的呼唤》《热爱生命》《一块牛排》《铁蹄》等。

【例题】 被誉为"美国生活幽默的百科全书"的小说家是（　　）。

A. 莫泊桑　　　　　　　　　　　B. 杰克·伦敦

C. 屠格涅夫　　　　　　　　　　D. 欧-亨利

【答案】 D

【解析】 欧-亨利是美国著名的短篇小说家。以短篇小说著称的是欧-亨利、契诃夫、莫泊桑。

第二节　其他国家文学家及作品

◆ 意大利文艺复兴三杰：彼特拉克、薄伽丘（代表作《十日谈》）、但丁（代表作《神

曲》）

◆ 奥地利作家卡夫卡，代表作《变形记》

◆ 哥伦比亚马尔克斯，魔幻现实主义作家，代表作《百年孤独》

◆ 日本名著《源氏物语》。

【例题】下列作品与作者对应关系不正确的一项是（　　　）。

  A.《堂吉诃德》——塞万提斯

  B.《套中人》——果戈理

  C.《浮士德》——歌德

  D.《警察与赞美诗》——契诃夫

【答案】D

【解析】《警察与赞美诗》的作者是美国短篇小说家欧·亨利。

第六章　中国传统文化常识

直击考点

● 第一节　天文历法（了解）

● 第二节　山水地理（了解）

● 第三节　风俗礼仪（重要）

● 第四节　古代教育（了解）

第一节　天文历法

  北斗——又称"北斗七星"，指在北方天空排列成斗形的七颗亮星。七颗星的名称是：天枢、天璇、天玑、天权、玉衡、开阳、瑶光。排列如斗杓，故称"北斗"。根据北斗星便能找到北极星，故又称"指极星"。《古诗十九首》："玉衡指孟冬，众星何历历。"玉衡是北斗星中的第五星。《小石潭记》中用"斗折蛇行"形容像北斗星的曲线一样弯弯曲曲。

  银河——又名银汉、天河、天汉、星汉、云汉，是横跨星空的一条乳白色亮带，由一千亿颗以上的恒星组成。陈子昂《春夜别友人》："明月隐高树，长河没晓天。"秦观《鹊桥仙》词："纤云弄巧，飞星传恨，银汉迢迢暗度。"其中的"长河""银汉"即指银河。

  农历——我国长期采用的一种传统历法，它以朔望的周期来定月，用置闰的办法使年平均长度接近太阳回归年，因这种历法安排了二十四节气以指导农业生产活动，故称农历，又叫中历、夏历，俗称阴历。古人写文章，凡用序数纪月的，大多以农历为据。如《游褒禅山记》"至和元年七月某日"，《石钟山记》"元丰七年六月丁丑"。

二十四节气（重要）——二十四节气是我国古代历法的重要组成部分。古人根据太阳一年内的位置变化以及所引起的地面气候的演变次序，把一年三百六十五又四分之一的天数分成二十四段，分列在十二个月中，以反映四季、气温、物候等情况，这就是二十四节气。每月分为两段，月首叫"节气"，月中叫"中气"。二十四节气的名称和顺序为：正月（立春、雨水）、二月（惊蛰、春分）、三月（清明、谷雨）、四月（立夏、小满）、五月（芒种、夏至）、六月（小暑、大暑）、七月（立秋、处暑）、八月（白露、秋分）、九月（寒露、霜降）、十月（立冬、小雪）、十一月（大雪、冬至）、十二月（小寒、大寒）。

为了便于记忆，人们编出了歌谣："春雨惊春清谷天，夏满芒夏暑相连，秋处露秋寒霜降，冬雪雪冬小大寒。"古诗文中常用二十四节气来纪日，如《扬州慢》："淳熙丙申至日，予过维扬。"夏至白天最长，冬至白天最短，因而古人称夏至、冬至为至日，这里指冬至。

【例题】下列节气不在夏季的是（　　　）。

    A. 惊蛰   B. 芒种

    C. 夏至   D. 小满

【答案】A

【解析】动物入冬藏伏土中，不饮不食，称为"蛰"。惊蛰，古称"启蛰"，是二十四节气中的第三个节气。这时天气转暖，渐有春雷，这时中国大部分地区进入春耕季节。

四时——指春夏秋冬四季。农历以正月、二月、三月为春季，分别称作孟春、仲春、季春；以四月、五月、六月为夏季，分别称作孟夏、仲夏、季夏；秋季、冬季依此类推。欧阳修《醉翁亭记》："风霜高洁，水落而石出者，山间之四时也。"

第二节　山水地理

◆ 中国——现为中华人民共和国的简称。但在古代文献中，它是一个多义性的词组。从春秋战国至宋元明清，多用来泛指中原地区。如司马光《赤壁之战》："若能以吴、越之众与中国抗衡，不如早与之绝。"

◆ 中华——上古时期华夏族居四方之中的黄河流域一带，故称"中华"，后常用来泛指中原地区。如《三国志》："其地东接中华，西通西域。"今已成为中国的别称。

◆ 九州——传说中的我国上古时期划分的九个行政区域，州名分别为：冀、兖、青、徐、扬、荆、豫、梁、雍。后成为中国的别称。如《过秦论》："序八州而朝同列"，秦居雍州，加上八州即九州。

◆ 赤县——古人把中国称作"赤县神州"。如毛泽东《浣溪沙·和柳亚子先生》："长夜难明赤县天"。

◆ 中原——又称中土、中州。狭义的中原指今河南省一带，广义的中原指黄河中下游地区或整个黄河流域。如陆游《示儿》诗："王师北定中原日，家祭无忘告乃翁。"指整个黄河流域。

◆ 海内——古代传说我国疆土四面环海，故称国境之内为海内。如王勃《送杜少府之任蜀州》："海内存知己，天涯若比邻。"

◆ 六合——上下和四方，泛指天下。如李白《古风》诗："秦王扫六合，虎视何雄哉！"

◆ 八荒——四面八方遥远的地方，犹称"天下"。如《过秦论》："囊括四海之意，并吞八荒之心。"梁启超《少年中国说》："纵有千古，横有八荒。"

◆ 江河——古代许多文章中专指长江、黄河。如《鸿门宴》："将军战河北，臣战河南。"《殽之战》："公使阳处父追之，及诸河。"

◆ 江东——因长江在安徽境内向东北方向斜流，故以此段江为标准确定东西和左右。所指区域有大小之分，可指南京一带，也可指安徽芜湖以下的长江下游南岸地区，即今苏南、浙江及皖南部分地区称作江东。如李清照诗云："至今思项羽，不肯过江东。"

◆ 江南——长江以南的总称，所指区域因时而异。如白居易词云："江南好，风景旧曾谙。"如王安石诗云："春风又绿江南岸，明月何时照我还。"

◆ 关中——所指范围不一，古人习惯上将函谷关以西地区称为关中。如《鸿门宴》："沛公欲王关中，使子婴为相。"《过秦论》："始皇之心，自以为关中之固。"

◆ 五岳——五大名山的总称，即东岳泰山、西岳华山、中岳嵩山、北岳恒山、南岳衡山。如李白《梦游天姥吟留别》："势拔五岳掩赤城"。

◆ 佛教四大名山——山西五台山、安徽九华山、四川峨眉山、浙江普陀山。

◆ 道教四大名山——湖北十堰的武当山、江西鹰潭的龙虎山、安徽黄山市的齐云山、四川都江堰的青城山。

◆ 中国八大古都——西安、洛阳、南京、北京、开封、杭州、安阳、郑州。其中西安是中国历史上建都朝代最多、影响力最大的都城。南京（六朝古都）、开封（七朝古都）、洛阳（九朝古都）、西安（十三朝古都。）

◆ 三秦——指潼关以西的关中地区。项羽灭秦后曾将此地封给秦军三位降将，故得名。如王勃《送杜少府之任蜀州》："城阙辅三秦，风烟望五津。"

◆ 郡——古代的行政区域。秦统一天下设三十六郡，隋唐后州郡互称，明清称府。如《过秦论》："北收要害之郡"；《琵琶行》："元和十年，予左迁九江郡司马"。

◆ 州——参见"郡"条。如《隆中对》："自董卓以来，豪杰并起，跨州连郡者不可胜数。"《赤壁之战》："荆州之民附操者，逼兵势耳"。

◆ 山水阴阳——古代以山南、水北为阳，以山北、水南为阴。如《愚公移山》："指通豫南，达于汉阴。""汉阴"指汉水南面。

◆ 古都别称（重要）——南京古代称建康、金陵、江宁、白下。如《柳敬亭传》："尝奉命至金陵。"《病梅馆记》："江宁之龙蟠……皆产梅。"《梅花岭记》："吴中孙公兆奎以起兵不克，执至白下。"扬州古代称广陵、维扬。李白《送孟浩然之广陵》："烟花三月下扬州。"姜夔《扬州慢》："淳熙丙申至日，予过维扬。"杭州古代称临安、武林，苏州古代称姑苏，福州古代称三山，成都古代称锦官城。《柳敬亭传》："余读《东京梦华录》《武林旧事》。"《枫桥夜泊》："姑苏城外寒山寺，夜半钟声到客船。"《春夜喜雨》："晓看红湿处，花重锦官城。"《〈指南录〉后序》："自海道至永嘉、来三山，为一卷。"

【例题】西安市历史悠久，其建制在各朝各代中曾有不同名称。下列选项中，不是其历史名称的是（　　）。

　　A. 镐京　　　　　　B. 西京　　　　　　C. 临安　　　　　　D. 长安

【答案】C

【解析】临安指的是杭州。

第三节　风俗礼仪（重要）

春节——我国传统习俗中最隆重的节日。此节乃一岁之首。古人又称元日、元旦、元正、新春、新正等，而今人称春节，是在采用公历纪元后。古代"春节"与"春季"为同义词。春节习俗一方面是庆贺过去的一年，一方面又祈祝新年快乐、五谷丰登、人畜兴旺，多与农事有关。迎龙舞龙为取悦龙神保佑，风调雨顺；舞狮源于震慑糟蹋庄稼、残害人畜之怪兽的传说。随着社会的发展，接神、敬天等活动已逐渐淘汰，燃鞭炮、贴春联、挂年画、耍龙灯、舞狮子、拜年贺喜等习俗至今仍广为流行。

元宵节——我国民间传统节日。又称正月半、上元节、灯节。元宵习俗有赏花灯、闹年鼓、迎厕神、猜灯谜等。宋代始有吃元宵的习俗。元宵即圆子，用糯米粉做成实心的或带馅的圆子，可带汤吃，也可炒吃、蒸吃。

寒食——我国民间传统节日。节日里严禁烟火，只能吃寒食。在冬至后的一百零五天或一百零六天，在清明前一两日。

清明——我国民间传统节日。按农历算在 3 月上半月，按阳历算则在每年 4 月 5 日或 6 日。此时天气转暖，风和日丽，"万物至此皆洁齐而清明矣"，清明节由此得名。其习俗有扫墓、踏青、荡秋千、放风筝、插柳戴花等。历代文人都有以清明为题材入诗的。

【例题】在我国既是农历节日又是节气的是（　　）。

　　A. 清明　　　　　　B. 谷雨　　　　　　C. 中秋　　　　　　D. 重阳

【答案】A

【解析】清明既是农历节日又是节气，谷雨是二十四节气之一，中秋和重阳是传统节日。故选 A。

端午——我国民间传统节日。又称端阳、重午、重五。端午原是月初午日的仪式，因"五"与"午"同音，农历五月初五遂称端午节。一般认为，该节与纪念屈原有关。屈原忠而被黜，投水自尽，于是人们以吃粽子、赛龙舟等来悼念他。端午习俗有喝雄黄酒、挂香袋、吃粽子、插花和菖蒲、斗百草，驱"五毒"等。

乞巧——我国民间传统节日。又称少女节或七夕。相传天上的织女嫁给了地上的牛郎，王母娘娘将织女抓回天庭，只许两人一年一度鹊桥相会。每年七月初七晚上，妇女们趁织女与牛郎团圆之际，摆设香案，穿针引线，向她乞求织布绣花的技巧。在葡萄架下，静听牛郎织女的谈话，也是七月初七的一大趣事。

中秋——我国民间传统节日。又称团圆节。农历八月在秋季之中，八月十五又在八月之中，故称中秋。此时秋高气爽，明月当空，故有赏月与祭月之俗。

重阳——我国民间传统节日。《易经》将"九"定为阳数，两九相重，故农历九月初九为"重阳"。重阳时节，秋高气爽，风清月洁，故有登高望远、赏菊赋诗、喝菊花酒、插茱萸等习俗。

【例题】"江边枫落菊花黄，少长登高望一乡"描述的是（　　）。

    A. 清明　　　　　　　B. 端午　　　　　　　C. 中秋　　　　　　　D. 重阳

【答案】D

【解析】登高望远是重阳节的习俗。

◆ 除夕——我国民间传统节日。农历十二月三十日晚，家家在打扫一清的屋里，摆上丰盛的菜肴，全家团聚吃"年饭"。此夜大家通宵不眠，或喝酒聊天，或猜谜下棋，嬉戏游乐，谓之"守岁"。零点时，众人争相奔出，在庭前拢火燃烧（古称"庭燎"，取其兴旺之意），并在这"岁之元，月之元，时之元"的"三元"之时抢先放出三个"冲天炮"，以求首先发达，大吉大利。此时，爆竹声、欢叫声响成一片，一派"爆竹声中除旧岁"的景象。

◆ 伯（孟）仲叔季——兄弟行辈中长幼排行的次序。伯（孟）是老大，仲是老二，叔是老三，季是老四。古代贵族男子的字前常加伯（孟）、仲、叔、季表示排行，字的后面加"父"或"甫"字表示男性，构成男子字的全称，如伯禽父、仲尼父、叔兴父等。

◆ 十二生肖——又称属相。古代术数家拿十二种动物来配十二地支，子为鼠，丑为牛，寅为虎，卯为兔，辰为龙，巳为蛇，午为马，未为羊，申为猴，酉为鸡，戌为狗，亥为猪。后以为某人生在某年就肖某物，如子年生的肖鼠，亥年生的肖猪，称为十二生肖。在古代，十二生肖常被涂上迷信色彩，一遇休戚祸福，往往牵扯进来，特别是在婚配中男女属相很有讲究，有所谓"鸡狗断头婚""龙虎不相容"等说法。

◆ 生辰八字——一个人出生的年、月、日、时，各有天干、地支相配，每项两个字，四项共八个字。根据这八个字，可推算出一个人的命运。遇有大事，都需推算八字。旧俗订婚时，男女双方互换庚帖，上有生辰八字。双方各自卜问对方的生辰八字命相阴阳，以确定能否成婚、吉凶如何。

◆ 孝悌——孝，指对父母要孝顺、服从；悌，指对兄长要敬重、顺从。孔子非常重视孝悌，把孝悌作为实行"仁"的根本，提出"三年无改于父道""父母在，不远游"等一系列孝悌主张。孟子也把孝悌视为基本的道德规范。秦汉时的《孝经》则进一步提出"孝为百行之首"。儒家提倡孝悌的目的是维护宗法等级秩序。

◆ 牺牲——古代祭祀用的牲畜，色纯为"牺"，体全为"牲"。如《左传·曹刿论战》："牺牲玉帛，弗敢加也，必以信。"

◆ 三牲——一指古代用于祭祀的牛、羊、猪，后来也称鸡、鱼、猪为三牲。一指夏、商、周三代所用牺牲的总称。

◆ 太牢、少牢——古代帝王祭祀社稷时，牛、羊、豕（猪）三牲全备为"太牢"。古代祭祀所用牺牲，行祭前需先饲养于牢，故这类牺牲称为牢；又根据牺牲搭配的种类不同而有太牢、少牢之分。少牢只有羊、豕，没有牛。由于祭祀者和祭祀对象不同，所用牺牲的规格也有所区别：天子祭祀社稷用太牢，诸侯祭祀用少牢。

◆ 顿首——古时的一种拜礼，为"九拜"之一，俗称叩头。行礼时，头碰地即起。因其头接触地面时间短暂，故称顿首。通常用于下对上及平辈间的敬礼，如官僚间的拜迎、拜送，民间的拜贺、拜望、拜别等。也常用于书信中的起头或末尾，如丘迟《与陈伯之书》："迟顿首。陈将军足下：无恙，幸甚，幸甚……丘迟顿首。"

◆ 稽首——古代的拜礼，为"九拜"之一。行礼时，施礼者屈膝跪地，左手按右手，拱手于地，头也缓缓至于地。头至地须停留一段时间，手在膝前，头在手后。这是九拜中最隆重的拜礼，常为臣子拜见君王时所用。后来，子拜父，拜天拜神，新婚夫妇拜天地父母，拜祖拜庙，拜师，拜墓等，也都用此大礼。

◆ 坐——古代席地而坐，坐时两膝着地，臀部贴于脚跟。为了表示对人尊重，坐法颇有讲究："虚坐尽后，食坐尽前。"其中的"尽后"是尽量让身体坐后一点，以表谦恭；"尽前"是尽量把身体往前挪，以免饮食污染坐席而对人不敬。

◆ 中国古代年龄别称（重要）——古人的年龄有时不用数字表示，而是用一种与年龄有关的称谓来代替。不满周岁——襁褓；2~3 岁——孩提；女孩 7 岁——髫年；男孩 8 岁——韶年；幼年泛称——总角；10 岁以下——黄口；12 岁（女）——金钗之年；十三四岁（女）——豆蔻年华；15 岁（女）——及笄之年；16 岁（女）——破瓜年华、碧玉年华；20 岁（男）——弱冠；30 岁（男）——而立之年；40 岁（男）——不惑之年；50 岁——知命之年、艾服之年；60 岁——花甲、耳顺之年、杖乡之年；70 岁——古稀、杖国之年；80 岁——杖朝之年；80~90 岁——耄耋之年；90 岁——鲐背之年；100 岁——期颐。

【例题】下列对古代年龄别称的解说，不正确的是（ ）。

    A. "豆蔻"指女子十七八岁   B. "弱冠"指男子 20 岁

    C. "花甲"指 60 岁   D. "古稀"指 70 岁

【答案】A

【解析】"豆蔻"指十三四岁的少女。

◆ 婚冠礼——古代嘉礼之一。如《周礼》："以婚冠之礼亲成男女。"古代贵族男子二十岁行冠礼后即可成婚，并享受成人待遇，女子十五岁行笄礼（笄：束发用的簪子。古时女子满十五岁把头发绾起来，戴上簪子）后也可结婚。所以把婚礼、冠礼合称为婚冠礼。

◆ 斋戒——古代祭祀或参加重大事件，事先要沐浴、更衣、独居，戒其嗜欲，以示心地诚敬，这些活动叫"斋戒"。"斋"又称"致斋"，致斋三日，宿于内室，要求"五思"（思其居处、笑语、志意、所乐、所嗜），这主要是为了使思想集中、统一。"戒"又称"散斋"，散斋七日，宿于外室，停止参加一切娱乐活动，也不参加哀吊丧礼，以防"失正""散思"。古人斋戒时忌荤，但并非忌食鱼肉荤腥，而是忌食有辛味臭气的食物，如葱、蒜等，这主要是为了防止祭祀时口中发出的臭气，对神灵、祖先有所亵渎。

◆ 六礼——中国古代婚姻的六种手续和礼仪，即纳采、问名、纳吉、纳征、请期、亲迎。

◆ 秦晋之好——春秋时，秦、晋两国国君几代都互相通婚，后称两姓联姻为结"秦晋之好"。

◆ 讳称——古人对"死"有许多讳称，主要的有：

（1）天子、太后、公卿王侯之死称薨、崩、百岁、千秋、晏驾、山陵崩等。

（2）父母之死称见背、孤露、弃养等。

（3）佛道徒之死称涅槃、圆寂、坐化、羽化、仙游、仙逝等。"仙逝"现也用于称被人尊敬的人物的死。

（4）一般人的死称亡故、长眠、长逝、过世、谢世、寿终、殒命、捐生、就木、溘逝、老、故、逝、终等。

【例题】古人有称名、称字、称官职、称籍贯以及称谥号等习惯。有些诗文中称岳飞为"岳武穆"，"武穆"是（   ）。

A. 籍贯　　　　　B. 表字　　　　　C. 谥号　　　　　D. 官职

【答案】C

【解析】岳飞被追谥武穆是在宋孝宗淳熙六年，"武穆"的取意便是"折冲御侮，布德执义"。到了宋理宗时改谥"忠武"，然后又"改称忠文"。因为武穆的谥号已经为人接受，所以史称"岳武穆"，而岳飞的文集自然就叫《岳武穆集》。

【知识拓展】

特殊称谓

桑梓：家乡。

桃李：学生。

社稷、轩辕：国家。

丝竹：音乐。

汗青：史册。

桂冠、鳌头、榜首、问鼎、夺魁：第一。

父母：高堂、椿萱、双亲。

妻父：俗称丈人，雅称岳父、泰山。

兄弟：昆仲、棠棣、手足。

老师：先生、夫子、恩师。

学生：门生、受业。

学堂：寒窗、鸡窗，同学为同窗。

女婿：东床、东坦、娇客。

百姓：布衣、黎民、庶民、白丁。

兄弟排行：伯（孟）仲叔季。

朋友称呼：贫贱之交；金兰之交；刎颈之交；忘年之交；竹马之交；布衣之交；患难之交。

岁寒三友：松竹梅。

花中四君子：梅兰菊竹。

文人四友：琴棋书画。

文房四宝：笔墨纸砚。

三纲五常：君为臣纲，父为子纲，夫为妻纲；仁义礼智信。

三皇：天皇、地皇、人皇或伏羲、女娲、神农。

五金：金银铜铁锡。

五彩：青黄赤白黑。

五味：酸甜苦辣咸。

五行：金木水火土。

五声：宫商角徵羽。

三教：儒佛道；九流：儒家、道家、阴阳家、法家、名家、墨家、纵横家、杂家、农家。

第四节　古代教育

1. 古代的学校有庠、序（乡学），汉代设太学，为古代最高学府。

太学：中国封建时代的教育行政机构和最高学府。

国子监：汉魏设太学，西晋改称国子学，隋又称国子监，从此国子监与太学互称，都是最高学府兼有教育行政机构的职能。

书院：唐宋至明清出现的一种独立的教育机构，是私人或官府所设的聚徒讲授、研究学问的场所，宋代著名的四大书院是：江西庐山的白鹿洞书院、湖南善化的岳麓书院、河南嵩山的嵩阳书院和河南商丘的应天府书院。明代无锡有"东林书院"，曾培养了杨涟、左光斗这样一批不畏阉党权势、正直刚硬廉洁的进步人士，他们被称为"东林党"。

2. 古代科举考试

隋朝时开科举，唐宋时完善，明清改科举，考《四书》《五经》，设八股取士。

（1）童生试，每年一次，不分年龄大小，合格后取得生员资格。

（2）乡试，每三年在省城举行，考取的为举人，第一名称解元。

（3）会试，每三年在京城举行，为贡士，第一名称会元。

（4）殿试，由皇帝在殿廷上亲自策问，录取三甲：一甲三名赐"进士及第"（状元、榜眼、探花）；二甲赐"进士出身"，三甲赐"同进士出身"。

第七章　艺术常识

直击考点

● 中外艺术成就

一、绘画

（一）中国

顾恺之（约348—409），字长康，小字虎头，晋陵无锡（今江苏）人。擅画人像、佛像、禽兽、山水等，有"才绝、画绝、痴绝"之称，与陆探微、张僧繇并称"画界三杰"。他的绘画的传世摹本有《女史箴图》卷、《洛神赋图》卷、《列女仁智图》卷等几种，其中以《洛神赋图》数量最多。此外，他所提出的"迁想妙得""以形写神"等艺术观点对后世影响极大。

张僧繇，吴（今苏州）人。长于写真，并擅画佛像、龙、鹰，多作卷轴画和壁画。成语"画龙点睛"的故事即出自有关他的传说。他对后世的影响很大，唐朝画家阎立本和吴道子都远师于他。

萧绎（508—555），称梁元帝，字世诚，南兰陵（今江苏常州）人。记载里说他善画佛画、鹿鹤、景物写生，技巧全面，尤其善于画域外人的形貌。传世的《职贡图》是北宋年间的摹本。

展子虔，善画人物、鞍马、楼阁、山水，尤以画山水闻名。现藏北京故宫博物院的《游春图》被认为是其传世之作，这也是现存的最早的卷轴画。

关仝（一作同），长安（今西安）人，在北宋时与李成、范宽并称"三家山水"。传世作品有《关山行旅图》与《山溪待渡图》，皆藏于台北故宫博物院。

张择端，字正道，东武（今山东）人，尤擅舟车、市桥，自成家数。故宫博物院藏所《清明上河图》是其传世名作。另外，天津艺术博物馆藏有署名"张撵端"的小幅《西湖争标图》，系伪托之作。

米芾（1051—1107），字元章，号鹿门居士、襄阳漫士、海岳外史，祖籍太原，后迁湖北襄阳，晚年定居润州。为人天资高迈、癫狂放达，冠服效唐人，有"米颠"之称。擅画水墨山水，多信笔为之，不取工细，创"米家山"画法。还喜画古圣贤像。今日所能见到的画迹，只有故宫博物院藏其书法作品《珊瑚帖》的书后所画珊瑚一枝，笔法浑然，如写字。

郑燮，字克柔，号板桥，江苏兴化人，生于1693年，卒于1765年，康熙年间秀才、雍正年间举人、乾隆年间进士。为"扬州八怪"之一，其诗、书、画世称"三绝"，画擅兰竹石。其作品有《竹兰石图》轴等。

齐白石，原名纯芝，字渭青，后改名璜，字濒生，号白石、白石山翁，湖南湘潭人，近现代中国画大师，世界文化名人。早年曾为木工，后以卖画为生，57岁后定居北京。擅画花鸟、虫鱼、山水、人物，笔墨雄浑滋润，色彩浓艳明快，造型简练生动，意境淳厚朴实。所作鱼虾虫蟹，天趣横生。其书工篆隶，取法秦汉碑版，行书饶古拙之趣，篆刻自成一家，亦能诗文。曾任中央美术学院名誉教授、中国美术家协会主席等职。代表作有《蛙声十里出山泉》《墨虾》等。著有《白石诗草》《白石老人自述》等。

张大千，别号大千居士，四川省内江市人，国画家，20世纪中国画坛最具传奇色彩的人物。绘画、书法、篆刻、诗词无所不通。早期研习古人书画，后旅居海外，在山水画方面卓有成就。画风工写结合，晚期重彩、水墨融为一体，开创了泼墨泼彩的新风格。代表作有《振衣千仞冈》《来人吴中三隐》《石涛山水》《梅清山水》《巨然茂林叠嶂图》等。

徐悲鸿，现代画家、美术教育家，与张书旗、柳子谷三人被称为画坛的"金陵三杰"。汉族，江苏宜兴人。擅长人物、走兽、花鸟，主张现实主义，于传统尤推崇任伯年，强调国画改革融入西画技法，作画主张光线、造型，讲求对象的解剖结构、骨骼的准确把握，并强调作品的思想内涵，对当时中国画坛影响甚大。所作国画彩墨浑成，尤以奔马享名于世。代表作有《八骏图》《愚公移山》等。

傅抱石，现代画家。原名长生、瑞麟，号抱石斋主人，江西新余人，擅画山水，中年创"抱石皴"，笔致放逸，气势豪放，尤擅作泉瀑雨雾之景；晚年多作大幅，气魄雄健，具有强烈的时代感。人物画多作仕女、高士，形象高古。著有《中国古代绘画之研究》《中国绘画变迁史纲》等。

【例题】下列画家中，以画马著称的是（　　　　）。

A. 齐白石　　　　　B. 吴冠中　　　　　C. 徐悲鸿　　　　　D. 黄宾虹

【答案】C

【解析】徐悲鸿作为中国现代美术的奠基者，以画马著称于世。他擅长素描、油画、中国画，并把西方艺术手法融入中国画中，创造了新颖而独特的风格。故选C。

（二）外国

达·芬奇，文艺复兴时期的一个博学者，除了是画家，他还是雕刻家、建筑师、音乐家、数学家、工程师、发明家、解剖学家、地质学家、制图师、植物学家和作家。他的天赋或许比同时期的其他人物都高，这使他成为文艺复兴时期人文主义的代表人物，也使得他成为文艺复兴时期典型的艺术家，也是历史上最著名的画家之一，与米开朗基罗和拉斐尔并称"文艺复兴三杰"。代表作有《蒙娜丽莎》《岩间圣母》《最后的晚餐》等。

拉斐尔，意大利画家、建筑师。与达·芬奇和米开朗基罗合称"文艺复兴三杰"。拉斐尔所绘的画以"秀美"著称，画作中的人物清秀、场景祥和。代表作有《西斯廷圣母》《雅典学院》《大公爵的圣母》。

米开朗基罗，意大利雕塑家、绘画家、诗人兼建筑师，他以人物"健美"著称，即使女性的身体也描绘得肌肉健壮。他的风格影响了几乎三个世纪的艺术家。代表作有雕像《大卫》《摩西》《哀悼基督》等，绘画《末日审判》等。

奥古斯特·罗丹，法国雕塑艺术家，他在很大程度上以纹理和造型表现他的作品，并倾注以巨大的心理影响力，被认为是19世纪和20世纪初最伟大的现实主义雕塑艺术家，罗丹在欧洲雕塑史上的地位，正如诗人但丁在欧洲文学史上的地位，罗丹同他的两个学生马约尔和布德尔，被誉为欧洲雕刻"三大支柱"。代表作有《思想者》《加莱义民》《青铜时代》。

毕加索，西班牙画家、雕塑家，法国共产党党员，是现代艺术的创始人，西方现代派绘画的主要代表。他是有史以来第一个亲眼看到自己的作品被收藏进卢浮宫的画家。代表作有《斗牛士》《格尔尼卡》《和平鸽》《梦》《亚威农少女》。

二、书法

（一）商朝

甲骨文已经成为比较成熟的文字，用于王室和贵族的占卜活动。我国已出土甲骨 15 万片，共发现甲骨文 4 500 余字，目前仅破译 1 500 多字。

（二）西周

金文是铸刻在青铜器上的文字。西周晚期的毛公鼎，腹内铸有铭文 499 字，是目前已发现的铭文最多的青铜器。

（三）秦朝

标准字体是小篆，民间流行更简化的隶书。

（四）汉朝

隶书是主要字体，东汉末年书法成为一种艺术，蔡邕是当时有名的书法家。

（五）曹魏

钟繇开始把隶书转化为楷书。

（六）东晋

"书圣"王羲之，代表作《兰亭序》《黄庭经》。（行书）

（七）唐代

初唐三大家：欧阳询、虞世南、褚遂良。
盛唐：颜真卿，"颜体"，代表作《多宝塔碑》《颜氏家庙碑》《祭侄文稿》。
中晚唐：柳公权，"柳体"，代表作《神策军碑》。
张旭和怀素和尚被誉为"草圣"。

（八）宋代

宋四家：苏轼、黄庭坚、米芾、蔡襄。宋徽宗赵佶也是一位杰出的书法家，以"瘦金体"著称。

（九）元朝

赵孟頫与唐朝欧阳询、颜真卿、柳公权并称为"楷书四大家"。
2009 年，中国书法、篆刻艺术双双成为联合国教科文组织人类非物质文化遗产。

三、雕塑

（一）商周

古蜀国的青铜雕塑，包括太阳神树、青铜大立人像、凸目人面像等，体现了古蜀先民高超的创造力和工艺水平。

（二）秦朝

秦始皇陵兵马俑，是迄今为止出土的世界上最大的艺术宝库，被誉为世界上"第八大奇迹"。

（三）两汉

汉阳陵（汉景帝墓），出土上万件举世无双的陶俑，以仕女俑最为著名。

河北满城的西汉中山靖王陵，出土了三件国宝级文物：长信宫灯、博山炉和金缕玉衣。

甘肃武威出土的东汉铜奔马，又名马踏飞燕，是国之重宝。

（四）魏晋南北朝时期

山西大同云冈石窟、河南洛阳龙门石窟、甘肃麦积山石窟。龙门石窟在唐代武则天时期十分兴盛。

（五）隋唐

甘肃敦煌莫高窟是我国石窟艺术的精华。

（六）北宋

重庆大足石刻在佛教造像中加入大量表现民间生活的内容。

四、手工艺

中国古代手工艺技术的成就主要体现在瓷器、纺织品、漆器、玉器等方面。

（一）青铜器

青铜器在商周时期达到了登峰造极的高度。汉代以后逐渐没落，工艺失传。在河南安阳殷墟、陕西周原、江西、湖南、四川等地出土了大量青铜器。

（二）陶瓷器

中国古代陶瓷有着悠久的历史渊源。有旧石器时代晚期距今1万多年的灰陶，有8 000多年前的磁山文化的红陶，有3 000多年前的西周硬陶，还有秦代的兵马俑、汉代的釉陶、唐代的唐三彩等。到了唐宋时期，瓷器的生产迅速发展，逐渐取代了陶器的历史地位。

唐代"南青北白唐三彩"："南青"指越窑的青瓷，"北白"指邢窑的白瓷，"唐三彩"指洛阳出土的彩陶俑。

宋代"五大名窑"：汝窑、官窑、哥窑、钧窑、定窑。

景德镇瓷器：发达于元代，在明代成为全国制瓷中心。景德镇有四大传统名瓷：青花瓷、粉彩瓷、颜色釉瓷和玲珑瓷。

（三）玉器

玉文化是古代中国独特的传统文化。中国人使用玉的历史有上万年之久。距今8 000年的红山文化辽宁查海遗址出土了大量玉佩、玉饰。内蒙古红山文化遗址出土了大量玉器。经科学家甄别，良渚玉器所用玉为新疆和田玉。而在四川三星堆古蜀国遗址，发掘出土了良渚的玉器，说明在四五千年前中国东西部已经有了经贸交流。商代玉器与青铜器一样是重要的礼器。河南安阳殷墟商代妇好墓出土了大量精美玉器。春秋战国时期，玉文化形成。玉与礼、德挂钩。河北的西汉中山靖王墓出土了两套完整的金缕玉衣。金缕玉衣是将两千多玉片用金丝编缀而成。宋、辽、金时期玉器中，实用装饰玉占重要地位，并有金石学兴起。

（四）纺织品

现存最早的家蚕丝织品出土于具有 5 000 多年历史的良渚遗址。西汉马王堆汉墓出土了仅重 49 克薄如蝉翼的素纱蝉衣。

中国四大名绣：蜀绣、苏绣、湘绣、粤绣。

南京云锦、中国蚕桑丝织技艺于 2009 年成为联合国教科文组织评选的人类非物质文化遗产。

【例题】下列选项中，未列入我国刺绣工艺中"四大名绣"的是（　　　）。

    A. 苏绣   B. 京绣   C. 湘绣   D. 蜀绣

【答案】B

【解析】中国的传统刺绣工艺品当中，常常将产于中国中部湖南省的湘绣、产于中国西部四川省的蜀绣、产于中国南部广东省的粤绣和产于中国东部江苏省的苏绣合称为中国"四大名绣"。故选 B。

五、建筑

（一）中国古建筑

中国古建筑特点是：木结构建筑为主，在造型上，人字屋顶和飞檐斗拱是最典型的东方风格。

（二）西方建筑

保留至今的杰出古代建筑典范如下：

1. 哥德式建筑风格

一种兴盛于中世纪高峰与末期的建筑风格。它由罗曼式建筑发展而来，为文艺复兴建筑所继承。发源于 12 世纪的法国，持续至 16 世纪，哥德式建筑在当代普遍被称作"法国式"，"哥德式"一词则于文艺复兴后期出现，带有贬义。哥德式建筑的特色包括尖形拱门、肋状拱顶与飞拱。

2. 巴洛克建筑风格

17—18 世纪在意大利文艺复兴建筑基础上发展起来的一种建筑和装饰风格。其特点是外形自由，追求动态，喜好富丽的装饰和雕刻、强烈的色彩，常用穿插的曲面和椭圆形空间。它能用直观的感召力给教堂、府邸的使用者以震撼，而这正是天主教教会的用意。

3. 洛可可建筑风格

于 18 世纪 20 年代产生于法国并流行于欧洲，是在巴洛克式建筑的基础上发展起来的，主要表现在室内装饰上。洛可可风格的基本特点是纤弱娇媚、华丽精巧、甜腻温柔、纷繁琐细。1699 年，建筑师、装饰艺术家马尔列在金氏府邸的装饰设计中大量采用这种曲线形的贝壳纹样，由此而得名。

4. 法国古典主义建筑

法国在 17 世纪到 18 世纪初的路易十三和路易十四专制王权极盛时期，开始竭力崇尚古典主义建筑风格，建造了很多古典主义风格的建筑。古典主义建筑造型严谨，普遍应用古典柱式，内部装饰丰富多彩。法国古典主义建筑的代表作品有巴黎卢浮宫的东立面、凡尔赛宫和巴黎伤兵院新教堂等。凡尔赛宫不仅创立了宫殿的新形制，而且在规划设计和造园艺术上都为当时欧洲各国所效法。

六、音乐

（一）中国音乐

中国的音乐文化底蕴厚重，不同时期代表人物及其代表作品能够体现中国音乐文化发展的历程。中国历代著名音乐家主要有：

伯牙，古代传说人物，生于春秋战国时期，相传琴曲《水仙操》《高山流水》是他的作品。

师旷，春秋时期晋国音乐家，相传《阳春》《白雪》《玄默》三操是他的作品。

嵇康，三国时期魏国著名文学家、哲学家、音乐家，以所弹《广陵散》知名。

雷海青，唐代著名宫廷艺人，精通琵琶，因反对安禄山被肢解示众。

李龟年，唐代宫廷乐师，作《渭州曲》。

董庭兰，唐代古琴家，以善弹《胡笳十八拍》的两种传谱著称。

姜夔，南宋著名词人、音乐家，著有《白石道人歌曲》等音乐著作。

朱权，明代戏曲理论家、剧作家和古琴家。论著有《神奇秘谱》《太和正音谱》等数十种。

王玉峰，清末民间盲艺人，创"三弦弹戏"，以能在弦上模仿谭鑫培、龚云甫等京剧名演员唱腔知名。

华彦钧，现代民间音乐家，人称"瞎子阿炳"。所作《听松》《二泉映月》《寒春风曲》等二胡曲最为曼妙。

刘天华，现代作曲家、民族乐器演奏家，所作《良宵》《光明行》《空山鸟语》等二胡曲，发展了二胡的表现手法。

聂耳，我国无产阶级革命音乐奠基者，1933年加入中国共产党。作有《义勇军进行曲》《开路先锋》《大路歌》《前进歌》《铁蹄下的歌女》等三十余首歌曲及歌剧《扬子江暴风雨》。

冼星海，现代作曲家、人民音乐家。作品有大合唱《黄河》《生产》等，歌曲有《到敌人后方去》《在太行山上》等，交响曲《民族解放》《神圣之战》，交响组曲《满江红》等。

张曙，现代作曲家，作品有《保卫国土》《洪波曲》等二百余首。

麦新，现代作曲家，其作品《大刀进行曲》《游击队歌》在群众中广泛流传。

（二）外国音乐

西方著名作曲家及其代表作品有：

约翰·塞巴斯蒂安·巴赫，德国作曲家，他的音乐作品包罗万象，除歌剧外遍及当时所有的音乐领域，并将复调音乐推上了空前的高度，尽管作品中的大部分早已失传，但仍有500多部保留下来。代表作有《b小调弥撒曲》《马太受难曲》和管弦乐《序曲》等。

弗朗茨·约瑟夫·海顿，著名的奥地利作曲家，维也纳古典乐派的最早期代表，现德国国歌的作者，两次去伦敦旅行，写了 12 部《伦敦交响乐》，这是他一生中最优秀的作品，令他从此名震欧洲。他的作曲涉及面很广，其中以交响乐和弦乐四重奏最为杰出。他在乐曲的发展中常用"主题活用的原则"。

莫扎特，奥地利作曲家，不仅是古典主义音乐的杰出大师，更是人类历史上极为罕见的音乐天才，有"音乐神童"的美誉。他短暂的一生为世人留下了极其宝贵和丰富的音乐遗产。代表作有歌剧《费加罗的婚礼》《魔笛》《唐璜》等，并首创独奏协奏曲形式。

路德维希·凡·贝多芬，德国最伟大的作曲家，维也纳古典乐派代表人物之一。代表作有九大交响曲中的第三《英雄》、第五《命运》、第六《田园》、第九《合唱》等交响曲，和《热情》《悲怆》《暴风雨》等钢琴奏鸣曲，以及舞剧《普罗米修斯》等。

【例题】下列人物中，两耳失聪后仍坚持音乐创作的是（　　　）。

    A. 舒伯特　　　　　B. 莫扎特　　　　　C. 贝多芬　　　　　D. 门德尔松

【答案】C

【解析】C 项中贝多芬是德国著名的音乐家，维也纳古典乐派代表人物之一。他的作品对世界音乐的发展有着非常深远的影响，因此被尊称为"乐圣"。从 1796 年开始，贝多芬便已感到听觉日渐衰弱，他对生活的爱和对艺术的执着追求战胜了他个人的苦痛和绝望，他扼住了命运的喉咙，在痛苦中仍然顽强地创作《英雄交响曲》。《英雄交响曲》标志着贝多芬精神状态的转机，同时也标志着他创作的"英雄年代"的开始。1818—1827 年贝多芬在耳朵失聪、健康状况恶化、精神上受到折磨的情况下，仍以巨人般的毅力创作了《第九交响曲》，总结了他光辉的、史诗般的一生并展现了人类的美好愿望。

弗朗茨·泽拉菲库斯·彼得·舒伯特，奥地利作曲家，早期浪漫主义音乐的代表人物，也被认为是古典主义音乐的最后一位巨匠。舒伯特在短短 31 年的生命中，创作了 600 多首歌曲，18 部歌剧、歌唱剧和配剧音乐，10 部交响曲，19 首弦乐四重奏，22 首钢琴奏鸣曲，4 首小提琴奏鸣曲以及许多其他作品，被称为"歌曲之王"。代表作有《魔王》《野玫瑰》等。

约翰·巴普蒂斯特·施特劳斯，奥地利作曲家，一生创作了一百五十多首圆舞曲、几十首波尔卡和进行曲。他的最大成就是他和作曲家约瑟夫·兰纳一起，共同奠定了维也纳圆舞曲的基础。他享有"圆舞曲之王"的美称。名作有《蓝色多瑙河》和《维也纳森林的故事》。

柴可夫斯基，俄国最伟大的作曲家，所作有交响曲《悲怆》、幻想序曲《罗密欧与朱丽叶》，歌剧《叶甫根尼·奥涅金》，舞剧《天鹅湖》《睡美人》《胡桃夹子》等。

弗朗兹·李斯特，匈牙利作曲家、钢琴家、指挥家和音乐活动家，浪漫主义音乐的主要代表人物之一，被人们誉为"钢琴之王"。李斯特的作品充分挖掘了钢琴的音响功能，对键盘音乐的发展作出了重大贡献，并且创造了交响诗这一音乐形式，在他的后期作品中最早使用了 20 世纪才普遍采用的和声语言。主要作品有《但丁神曲》《浮士德》《匈牙利狂想曲》等。

弗雷得利克·肖邦，波兰作曲家、钢琴家。年少成名，后半生正值波兰亡国，在国外度过，创作了很多具有爱国主义思想的钢琴作品。主要作品有《革命练习曲》等。

皮埃尔·狄盖特，国际无产阶级革命歌曲《国际歌》作者。此外代表作还包括《前进！工人阶级》《巴黎公社》《起义者》，以及自己作词的《共产党之歌》《儿童支部》《红色圣女》等歌曲。

【例题】巴赫是17世纪杰出的作曲家、管风琴家，其创作广泛吸取16世纪以来意大利、法国等国音乐的成功经验，成就很高，对后世音乐发展有深远影响。他的国籍是（　　）。

A. 德国　　　　　　　B. 法国　　　　　　　C. 英国　　　　　　　D. 俄国

【答案】A

七、舞蹈

舞蹈是八大艺术之一，是于三度空间中以身体为语言作"心智交流"现象之人体的运动表达艺术，一般有音乐伴奏，以有节奏的动作为主要表现手段的艺术形式。它一般借助音乐，也借助其他道具。舞蹈本身有多元的社会意义及作用，包括运动、社交/求偶、祭祀、礼仪等。

(一) 古典舞蹈

是在民族民间舞蹈的基础上，经过历代专业工作者提炼、整理、加工创造，并经过较长期艺术实践的检验流传下来的，被认为具有一定典范意义和古典风格特点的舞蹈。世界上许多国家和民族都有各具独特风格的古典舞蹈。欧洲的古典舞蹈一般都泛指芭蕾舞。

(二) 民族民间舞蹈

是由广大人民群众在长期历史进程中集体创造，不断积累、发展而形成的，并在群众中广泛流传的一种舞蹈形式。它直接反映人民群众的思想感情、理想和愿望。由于各国家、各民族、各地区人民的生活劳动方式、历史文化心态、风俗习惯，以及自然环境的差异，因而形成了不同的民族风格和地方特色。

【例题】下列选项中，以"孔雀舞"著称的少数民族是（　　　）。

A. 土家族　　　　　　B. 傣族　　　　　　　C. 藏族　　　　　　　D. 蒙古族

【答案】B

【解析】孔雀舞是我国傣族民间舞中最负盛名的传统表演性舞蹈，流布于云南省德宏傣族景颇族自治州的瑞丽、潞西及西双版纳、孟定、孟达、景谷、沧源等傣族聚居区。故选B。

八、中国戏曲

(一) 京剧

又称平剧、京戏，是中国影响最大的戏曲剧种，分布地以北京为中心，遍及全国。清代乾隆五十五年起，原在南方演出的三庆、四喜、春台、和春四大徽班陆续进入北京，他们与来自湖北的汉调艺人合作，同时接受了昆曲、秦腔的部分剧目、曲调和表演方法，又吸收了一些地方民间曲调，通过不断的交流、融合，最终形成京剧。京剧流播全国，影响甚广，有"国剧"之称。它走遍世界各地，成为介绍、传播中国传统文化的重要手段。

（二）评剧

流传于我国北方的一个戏曲剧种，全国五大戏曲剧种之一。清末在河北滦县一带的小曲"对口莲花落"基础上形成，先是在河北农村流行。后进入唐山，称"唐山落子"。20世纪20年代左右流行于东北地区，出现了一批女演员。20世纪30年代以后，评剧表演在京剧、河北梆子等剧种影响下日趋成熟，出现了李金顺、刘翠霞、白玉霜、喜彩莲、爱莲君等流派。1950年以后，《小女婿》《刘巧儿》《花为媒》《杨三姐告状》《秦香莲》等剧目在全国产生了很大的影响，出现了新凤霞、小白玉霜、魏荣元等著名演员。现在评剧仍在华北、东北一带流行。

（三）豫剧

发源于中国河南省的一个戏曲剧种，中国五大剧种之一，居中国各地域戏曲之首。豫剧以唱腔铿锵大气、抑扬有度、行腔酣畅、吐字清晰、韵味醇美、生动活泼、有血有肉、善于表达人物内心情感著称，凭借其高度的艺术性而广受各界人士欢迎。因其音乐伴奏用枣木梆子打拍，故早期得名河南梆子。豫剧是在继承河南梆子的基础上，通过不断改革和创新发展起来的。除河南省外，鄂、皖、苏、鲁、冀、晋、陕、甘、蜀以及新疆、台北等省区都有专业豫剧团分布，豫剧在台北舞台上与歌仔戏、京剧呈三足鼎立局面。豫剧在2006年被列入第一批国家级非物质文化遗产名录。

（四）越剧

中国五大戏曲剧种之一，全国第二大剧种。越剧长于抒情，以唱为主，声音优美动听，表演真切动人，唯美典雅，极具江南灵秀之气；多以"才子佳人"题材的戏为主，艺术流派纷呈。主要流行于上海、浙江、江苏、福建、江西、安徽等广大江南地区，以及北京、天津等大部北方地区，鼎盛时期除西藏、广东、广西等少数省、自治区外，全国都有专业剧团存在。据统计，专业剧团有280多个，业余、民间剧团更有成千上万个。中华人民共和国成立后，越剧多次随周恩来总理出访各国，在海外亦有很高的声誉和广泛的群众基础。1954年的日内瓦会议上，在周恩来的指示下，新中国第一部彩色戏曲电影《梁山伯与祝英台》被用来招待外宾，获得了广泛的赞誉。越剧是影响最广的地方剧种。2006年5月20日经国务院批准列入第一批国家级非物质文化遗产名录。

（五）黄梅戏

旧称黄梅调或采茶戏。与京剧、越剧、评剧、豫剧并称中国五大剧种，汉族戏曲之一。黄梅戏唱腔淳朴流畅，以明快抒情见长，具有丰富的表现力；黄梅戏的表演质朴细致，以真实活泼著称。一曲《天仙配》让黄梅戏流行于大江南北，在海外亦有较高声誉。其发源地，一说为安徽怀宁黄梅山，另一说为湖北黄梅县一带的采茶调，清末传入毗邻的安徽省怀宁县等地区，与当地民间艺术结合，并用安庆方言歌唱和念白，逐渐发展为一个新生的戏曲剧种。一度被称为"怀腔""皖剧"。2006年5月20日经国务院批准列入第一批国家级非物质文化遗产名录。

（六）昆曲

发源于14—15世纪苏州昆山的曲唱艺术体系，糅合了唱念做打、舞蹈及武术的表演艺术。昆曲是我国最古老的剧种之一，也是我国传统文化艺术中的珍品。明代人称南戏为《传奇》。明以后，杂剧渐衰落，《传奇》音乐独主剧坛，兼收杂剧音乐，改名昆曲。以曲词典雅、行腔婉转、表演细腻著称，被誉为"百戏之祖"。昆曲以鼓、板控制演唱节奏，以曲笛、三弦等为主要伴奏乐器，其唱念语音为"中州韵"。昆曲在2001年被联合国教科文组织列为"人类口述和非物质遗产代表作"。

【例题】在下列的中国戏曲种类中，最早被列入联合国非物质文化遗产名录的是（   ）。
    A. 京剧   B. 豫剧   C. 黄梅戏   D. 昆曲
【答案】D
【解析】昆曲在2001年被联合国教科文组织列为"人类口述和非物质遗产代表作"，为我国戏曲类别中最早被联合国列入非物质文化遗产名录的。

【模块四　总结概览】

　　模块四的知识点涉及面广，对于平日知识储备不足的考生来讲是一个较大的挑战。因此在备考期内，如何储备更丰富的知识是一个关键因素。根据以往考试的经验来看，中学、小学、幼儿层级的综合素质真题可能会轮流出现重复的题目，因此考生可以把2012—2017年的历年中小幼综合素质真题都拿来刷一遍题，这样可以尽可能地储备更多的常识知识。

　　此模块不建议考生占用过多时间去复习，一是因为投入产出比的问题，即使花了很多时间去记忆教材上的要点，也可能在考试中遇不到对应的题目，二是会占用大量的时间并且减损备考信心，因此，建议用零散时间多刷题，通过做选择题的方式，使自己记住比别人更多的常识即可。

【实战演练】

1. 中国解放战争的三场著名战役分别是（   ）。
A. 辽沈战役—淮海战役—平津战役
B. 台儿庄战役—辽沈战役—南昌起义
C. 淮海战役—平津战役—卢沟桥事变
D. 平津战役—台儿庄战役—秋收起义

2. 以下未被列为非物质文化遗产保护的是（   ）。
A. 昆曲   B. 京杭大运河   C. 湘绣   D. 豫剧

3. 佛教四大名山不包括（   ）。
A. 五台山   B. 普陀山   C. 峨眉山   D. 青城山

4. 文成公主入藏和亲嫁与松赞干布，这一历史事件发生的朝代是（　　　）。

A. 汉朝　　　　　　B. 晋朝　　　　　　C. 唐朝　　　　　　D. 宋朝

5. 《三字经》中"融四岁，能让梨"的"融"指的是（　　　）。

A. 孔融　　　　　　B. 马融　　　　　　C. 苻融　　　　　　D. 祝融

6. 以下过火把节的民族是（　　　）。

A. 傣族　　　　　　B. 布依族　　　　　　C. 傈僳族　　　　　　D. 彝族

7. 以下与杯酒释兵权有关的历史人物是（　　　）。

A. 赵匡胤　　　　　　B. 朱元璋　　　　　　C. 李自成　　　　　　D. 洪秀全

8. 以下不是白居易代表作的是（　　　）。

A. 《琵琶行》　　　　B. 《长恨歌》　　　　C. 《赋得古原草送别》D. 《春晓》

9. （　　　）出使西域。

A. 张骞　　　　　　B. 班超　　　　　　C. 班固　　　　　　D. 李广

10. 1928 年，英国人弗莱明发现，被污染的金黄色葡萄球菌培在养基上生长，进而从该霉菌中分离出一种物质，成为人类历史上发现的一种抗生素，即（　　　）。

A. 链霉素　　　　　　B. 青霉素　　　　　　C. 多黏霉素　　　　　　D. 短杆菌素

11. 印象派绘画代表作之一《日出印象》的作者是（　　　）。

A. 雷诺阿　　　　　　B. 高更　　　　　　C. 毕沙罗　　　　　　D. 莫奈

12. 下列不属于发生在法国大革命时期的历史事件是（　　　）。

A. 攻占巴士底狱　　　　　　　　　B. 热月政变

C. 通过《人权宣言》　　　　　　　D. 启蒙运动

13. 鲁迅在文学创作、文学批评、文学研究、翻译等多个领域都有贡献，并将相关作品结集流传后世。下列属于其小说集的是（　　　）。

A. 《准风月谈》　　B. 《故事新编》　　C. 《朝花夕拾》　　D. 《花边文学》

14. 下列选项中，不属于词集的是（　　　）。

A. 《东坡乐府》　　　　　　　　　B. 《稼轩长短句》

C. 《白氏长庆集》　　　　　　　　D. 《白石道人歌》

15. 北京香山饭店是一所融中国古典建筑艺术、园林艺术为一体的酒店，体现了民族建筑艺术的精华。该建筑的设计师是（　　　）。

A. 刘桢　　　　　　B. 贝聿铭　　　　　　C. 吕彦直　　　　　　D. 梁思成

16. 古诗"去年元夜时，花市灯如昼。月上柳梢头，人约黄昏后"中"元夜时"指的传统节日是（　　　）。

A. 元旦　　　　　　B. 元宵　　　　　　C. 端午　　　　　　D. 中秋

17. 下列选项中，不属于中国 21 世纪科技方面所取得的重要成就的是（　　　）。

A. 世界上首次合成牛胰岛素

B. "超高音速航空器"试飞成功

C. "天河一号"超级计算机研制成功

D. "嫦娥三号"探测器在月球软着陆

18. 不锈钢的主要成分是（　　　）。

A. 铁铬碳　　　　　　B. 铜铁碳　　　　　　C. 铜铁铬　　　　　　D. 铬铅铁

19. 以下在古代当作都城次数最多的是（　　　）。

A. 西安　　　　　　　B. 开封　　　　　　　C. 北京　　　　　　　D. 南京

20. "留取丹心照汗青"，汗青指的是（　　　）。

A. 史册　　　　　　　B. 日记　　　　　　　C. 名录　　　　　　　D. 画作

参考答案及解析

1. A【解析】解放战争的三场著名战役是辽沈战役、淮海战役、平津战役。

2. D【解析】豫剧是我国五大剧种之一，但是并未被列为非物质文化遗产。

3. D【解析】青城山是我国的道教名山，不是佛教名山。

4. C【解析】文成公主入藏是唐朝的事件。

5. A【解析】孔融。

6. D【解析】彝族是过火把节的民族。傣族有泼水节，回族有开斋节，蒙古族有那达慕。

7. A【解析】赵匡胤为了削减老臣重臣的权力，采取了杯酒释兵权的做法。黄袍加身这个典故也和赵匡胤有关。

8. D【解析】《春晓》是唐代孟浩然的作品。

9. A【解析】汉武帝派张骞出使西域。

10. B【解析】弗莱明提取的是青霉素。

11. D【解析】作者是莫奈。

12. B【解析】热月政变不是发生在法国大革命时期。热月政变（The Thermidor Reaction）发生于 1794 年 7 月 27 日（按照当时共和历为八月九日），是为反对雅各宾恐怖统治而发动的政变。热月政变被视为是"反动派的反扑"。热月政变后，法国政局相对稳定，进入维护大革命成果时期。

13. B【解析】鲁迅的《故事新编》是小说集，其他的是散文集等。鲁迅的作品要非常熟悉，是高频单选题。

14. C【解析】《白氏长庆集》作者是白居易，里面有诗歌等，不是词集。

15. B【解析】香山饭店的建筑师是贝聿铭，美籍华人建筑师，1917 年 4 月 26 日出生于中国，祖籍苏州。贝聿铭曾先后在麻省理工学院和哈佛大学就读建筑学。贝聿铭作品以公共建筑、文教建筑为主，被归类为现代主义建筑，善用钢材、混凝土、玻璃与石材。1979 年贝聿铭获得美国建筑学会金奖，1983 年获得第五届普利兹克奖。

16. B【解析】元宵节。

17. A【解析】人工结晶合成牛胰岛素是在 1965 年发明，不是 21 世纪。

18. A【解析】不锈钢的主要成分是铁铬碳。此题属于科学常识。

19. A【解析】西安是十三朝古都，是我国作为古都次数最多的。

20. A【解析】出自文天祥"人生自古谁无死，留取丹心照汗青"。汗青是史册的意思。

模块五　基本能力

一、章节安排

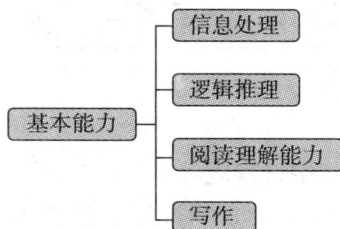

基本能力
- 信息处理
- 逻辑推理
- 阅读理解能力
- 写作

二、考试目标

（一）信息处理能力

1. 具有运用工具书检索信息、资料的能力。

2. 具有运用网络检索、交流信息的能力。

3. 具有对信息进行筛选、分类、管理和应用的能力。

4. 具有运用教育测量知识进行数据分析与处理的能力。

5. 具有根据教育教学的需要，设计、制作课件的能力。

（二）逻辑推理能力

1. 理解一定的逻辑知识，熟悉分析、综合、概念的一般方法。

2. 掌握比较、演绎、归纳的基本方法，准确判断、分析各种事物之间的关系。

3. 能够正确而有条理地进行推理、论证。

（三）阅读理解能力

1. 理解阅读材料中重要概念或句子的含义。

2. 筛选并整合图表、文字、视频等阅读材料的主要信息及重要细节。

3. 分析文章结构，把握文章思路。

4. 归纳内容要点，概括中心意思；分析概括作者在文中的观点态度。

5. 根据上下文合理推断阅读材料中的隐含信息等能力。

（四）写作能力

1. 掌握文体知识，能根据需要按照选定的文体写作。

2. 能够根据文章中心组织、剪裁材料。

3. 具有布局谋篇,有效安排文章结构的能力。

4. 语言表达准确、鲜明、生动,能够运用多种修辞手法增强表达效果。

三、考情分析

单位:分

考情分析		近 6 年考情											
单选题	信息处理	4	4	4	4	4	4	4	4	4	4	4	4
	逻辑推理	4	4	4	4	4	4	4	4	4	4	4	4
阅读理解		14	14	14	14	14	14	14	14	14	14	14	14
写作		50	50	50	50	50	50	50	50	50	50	50	50
总计		72	72	72	72	72	72	72	72	72	72	72	72

四、地位及占分比重

基本能力分值共计 72 分,是综合素质(中学)5 个模块中分值所占最多的一个模块。此部分包括两道信息处理单选题、两道逻辑推理单选题、一道 14 分的材料分析题(阅读理解),最后是一篇作文。从分值来看,不难发现阅读理解和作文不仅是模块五的重点,也是综合素质考试成败的关键,因此需要十分重视。

第一章　信息处理

直击考点

● 第一节　Word 文字处理——文档处理软件

● 第二节　Excel 表格的编辑——强大的电子表格

● 第三节　演示型课件的制作

（此部分一共是 2 个选择题）

第一节　Word 文字处理——文档处理软件

Microsoft Word 是微软公司的一个文字处理应用程序。它最初是由 Richard Brodie 为运行 DOS 的 IBM 计算机在 1983 年编写的。随后的版本可运行于 Apple Macintosh（1984 年）,SCO UNIX 和 Microsoft Windows（1989 年）,并成为 Microsoft Office 的一部分。

文字处理是 Word 的主要功能。新建或打开一个 Word 文档后，在文档开头会看到形如"I"的闪烁光标，这是文档的默认插入点。可以在别处单击，将插入点移动到相应位置。要在某处输入文本，必须先将光标定位于该处。

（一）输入文字

确定插入点之后，根据自己要输入的内容，选定合适的输入法就可以输入文字了。由于页面宽度有限，当用户文字超过一行后，Word 会自动跳到下一行。一段输入结束后，按 Enter 键结束当前段，开始输入新一段。

（二）输入符号

文档编辑中经常会用到一些符号，如"≥""§"等，这些符号无法通过键盘直接输入。文字处理软件提供了插入符号的功能，允许用户插入这些符号。

1. 插入符号

执行"插入"——"符号"命令，打开"符号"对话框。该对话框有两个选项卡，即"符号"选项卡和"特殊字符"选项卡。

"符号"选项卡中包含的符号较多，分为很多子集。在"子集"下拉列表框中选择某个子集，然后单击要插入的字符，单击"插入"按钮即可插入相应的符号。

"特殊字符"选项卡中列出了全部的特殊字符，单击要插入的特殊字符，然后单击"插入"按钮即可插入相应的特殊字符。

2. 插入特殊符号

执行"插入"——"特殊符号"命令，打开"插入特殊符号"对话框。该窗口有六个选项卡，对应六类特殊符号。选择要插入的特殊符号后单击"确定"按钮即可插入。

提示：如果频繁用到插入符号功能，可以执行"视图"——"工具栏"——"符号栏"命令，使符号工具栏显示出来。

（三）文本的选中和修改

在对文字进行编辑修改之前，首先需要选中文字。选中文字有多种方法，下面介绍常用的几种：

1. 拖动选中

从某点开始，拖动鼠标到另一点，即可选中这两点之间的文字。

2. 键盘选中

将光标定位到起始位置，然后按住 Shift 键并按方向键，可以向相应的方向选中文本。

3. 双击选中（词选中）

在某点双击，即可选中该点的词。对于英文来说就是一个单词；对于中文来说，可能是一个字，也可能是有明确含义的一个词（多个字）。

4. 句选中

按住 Ctrl 键并单击，可以选中单击位置的句子。中文以两个句号之间的部分为一个句子，英文以两个句点之间的部分为一个句子。

5. 行选中

将鼠标指针移动到行左边的页边距留白处，单击，即可选中该行。

第一章　信息处理

6. 段选中

将鼠标指针移动到段左边的页边距留白处，双击，即可选中该段。在该段中的任意位置三击（连续击三次），也可以选中该段。

7. 全选中

执行"编辑"——"全选"命令，可以选中文档的全部内容。按快捷键 Ctrl＋A 也可以全选中。

选中文字操作是进行文字编辑的前提。在后续的文字属性设置中，选中文字更是操作的基础。

有关文字的修改操作，注意以下几点：

（1）按 Back Space 键，清除光标前的一个字符或文字，若有选中文字，则清除选中文字。

（2）按 Delete 键，清除光标后的一个字符或文学，若有选中文字，则清除选中文字。

（3）按四个方向键，将插入点（即光标）向相应的方向移动。

（四）文本的复制和剪切

如果大量的待输入文字已经存在于 Word 文档的某个位置，或者存在于其他 Word 文档中，就不必再重新输入，而只需要将相应文字复制并粘贴到插入点即可。引用别处文本可以分为两种类型：一种是不改变源位置的文本内容，只是将其内容复制到目标位置；一种是将特定文本从源位置去除，再将同样的文本内容添加到目标位置。前者叫作复制，后者叫作剪切。

复制或剪切文本的操作步骤如下：

（1）选中要复制或剪切的文本。

（2）执行"编辑"——"复制"（或"剪切"）命令，或按相应的快捷键 Ctrl＋C（复制或 Ctrl＋X 剪切），或者单击工具栏的相应按钮进行复制或剪切。

（3）将光标定位到待插入位置。

（4）执行"编辑"——"粘贴"命令，或按相应的快捷键 Ctrl＋V，或者单击工具栏中的"粘贴"按钮。

另外，Word 还支持拖放，其功能等价于剪切。选中待剪切的文本后，拖动该段文本会自动出现一个虚线的光标，该光标所在位置表示目标位置。确定目标位置后，松开鼠标左键选中的文本即移动到目标位置。

提示：复制和剪切操作不仅仅应用于文本，对其他文档元素也适用。

【例题】1. 在 Word 中，下列操作中不能实现的是（　　）。

　　　　　A. 在页眉中插入日期　　　　　B. 建立奇偶页内容不同的页眉

　　　　　C. 在页眉中插入分页符　　　　D. 在页眉中插入剪贴画

【答案】C

【解析】分页符是在两个独立页之间的，无法单独隶属于任何一页。

【例题】2. Word 中，双击"格式刷"，可将格式从一个区域一次复制到的区域数目是（　　）。

A. 三个　　　　B. 一个　　　　C. 多个　　　　D. 两个

【答案】 C

【解析】 在 Word 中，双击格式刷之后，可以连续将多段文字的格式刷成需要的格式，即将格式从一个区域一次复制到多个区域。

【2017 年下半年真题】

在 Word 中，如果当前文档中的文字下方出现红色波浪线，则表示该文字出现了（　　　）。

A. "拼写和句法"错误　　　　　　　B. "句法和连接"错误

C. "拼写和语法"错误　　　　　　　D. "语法和连接"错误

【答案】 C

【解析】 按照 Word 操作功能，红色波浪主要指的是拼写和语法错误。

　　温馨小贴士： 一定要非常熟悉下面的功能键及对应的图标。建议考生可以操作计算机做练习。

工具名称	工具图标	所属菜单	工具功能
复制			将内容复制到粘贴板上，等待被粘贴到指定位置。Ctrl＋C
剪切			将内容移动到粘贴板上，等待被粘贴到指定位置。Ctrl＋X
粘贴			将粘贴板上的内容移动到指定位置。Ctrl＋V
格式刷			可以快速将指定段落或文本的格式延用到其他段落或文本上。
粗体	**B**		将所选文字字体加粗，起到强调的作用。Ctrl＋B
左对齐			段落或者文章中的文字沿水平方向向左对齐。
居中对齐		开始	段落或者文章中的文字沿水平方向中间居中对齐。
右对齐			段落或者文章中的文字沿水平方向向右对齐。
字体颜色	**A**		给文字设定颜色，未设定时文字默认为黑色。
查找			在文中找到指定内容。Ctrl＋F
替换			把查找到的替换为指定内容，可批量修改。Ctrl＋H
中文版式			该功能按钮下拉菜单中有纵横混排、合并字符、双行合一和字符缩放几个功能，可对文章进行相应排版。

续前表

工具名称	工具图标	所属菜单	工具功能
插入表格			可在文档中插入自定义行数、列数的表格。
插入图片			可在文档中插入本地图片文件，插入后可调整大小和位置。
插入图表			可在文档中插入在 Excel 中编辑好的图表。
文本框			可在文档中插入文本框，文本框中可输入文字、数字、符号等。
艺术字		插入	可在文档中插入艺术字、自定义文字、数字、符号等内容。
批注			在文档指定位置加入批注，批注内容显示在文档正文两侧。
页眉和页脚			在文档页眉和页脚输入文字、数字、符号，应用于整个文档。
页码			可自定义页码于页眉或页脚。
水印			可自定义水印于文档最底层，文档内容显示于水印上方覆盖。

第二节　Excel 表格的编辑——强大的电子表格

Microsoft Excel 是微软公司的办公软件 Microsoft Office 的组件之一，是由 Microsoft 为 Windows 和 Apple Macintosh 操作系统的电脑而编写和运行的一款试算表软件。Excel 可以进行各种数据的处理、统计分析和辅助决策操作，是微软办公套装软件的一个重要的组成部分，被广泛地应用于管理、统计、财经、金融等众多领域。Excel 电子表格软件历经二十多年的发展，从一款小软件成为人们日常工作中必不可少的数据管理、处理软件。

使用工作表可以对数据进行组织和分析，可以同时在多张工作表上输入并编辑数据，并且可以对来自不同工作表的数据进行操作和汇总计算等。

(一) 数据输入

1. 常量的输入

常量是指文字、数字、日期、时间等数据，由键盘直接输入单元格而且始终保持不变的量，直到用户对该单元格进行编辑操作或重新输入时才会改变。

(1) 输入文本。

文本是指当作字符串处理的数据，包含字母、汉字、数字、空格、其他符号等字符。在 Excel 默认情况下，在单元格中文本是以左对齐方式放置的。Excel 中的文本有字符型字符串和纯数字字符串两种形式。

字符型字符串。这类文本最常用，如姓名、地址等。例如，向 B2 单元格中输入字符"张三"的方法为：首先单击 B2 单元格，使其成为当前单元格，然后输入"张三"，最后再按 Enter 键，这样文本就输入 B2 单元格中了。

纯数字字符串。这类文本全部由数字组成，既没有表示大小的概念，也不参与算术运算，而是当字符看待，如电话号码、邮政编码等数据。这类文本的输入方法要特别注意。

（2）输入数值。

数值可以采用整数、小数或科学计数法等方式输入。它由数字（0～9）和一些特殊符号组成。在数值型数据中可用的符号包括＋（正号）、－（负号）、．（小数点）、E 和 e（指数符号）、％（百分号）、￥和＄（货币符号）等。默认情况下，在单元格中数字以右对齐的方式放置。

2. 日期和时间输入

日期和时间数据必须按规范的格式输入，输入后系统自动转换为默认或设定的日期时间格式。在默认情况下，单元格中的时间或日期数据以右对齐的方式放置。

Excel 常用的内置日期与时间格式有"dd/mm/yy""yyyy/mm/dd""yy/mm/dd""hh：mmAM""mm/dd"等。

例如，输入"08/8/4"，则单元格中显示为"2008－8－4"；输入"3/4"，则单元格中显示为"3 月 4 日"。输入时间时，小时、分钟和秒之间用冒号分隔。若用 12 小时制表示时间，则再输入一个空格，后跟一个字母 a 或 p 表示上午或下午。

3. 公式输入

在 Excel 2003 工作表中，若某个单元格中的数据可以通过计算得到，则可以为该单元格输入一个公式。输入公式的方法是：先输入一个等号"＝"，然后输入公式内容。当确认输入后，在该单元格中显示计算后的结果。

例如，分别在单元格 B2、B3 和 B4 中输入数值 15、20 和 10，在 B5 单元格中输入公式"＝B2＋B3＋B4"，当确认输入后，B5 单元格中显示 45。

（二）插入行、列或单元格

Excel 制表与手工制表不同，它允许用户在建立工作表后，根据需要再添加行、列或单元格，表中已有的数据会按照给定命令自动移动，以空出插入空间。

1. 插入单元格

插入单元格就是指在原来的位置插入新的单元格，而原位置的单元格将顺延到其他位置上。插入单元格的操作步骤如下：

（1）在需要插入空单元格处选定相应的单元格区域。

（2）执行"插入"——"单元格"命令，打开"插入"对话框。

（3）选中"活动单元格右移"或"活动单元格下移"单选按钮，以便确定插入新单元格后当前单元格及其之后单元格的移动方向。

（4）单击"确定"按钮即可插入。插入空单元格的数目与选定单元格区域的数目相同。

2. 插入整行、整列

插入整行单元格的操作步骤如下：

（1）单击与插入的新行下方相邻行中的任意单元格。例如，如果在第 5 行的上方插入一行，应单击第 5 行中的任意单元格。

（2）执行"插入"——"行"命令即可。或者右击选定的单元格。在弹出的快捷菜单中选择"插入"命令，打开"插入"对话框，选中"整行"单选按钮，再单击"确定"按钮即可。如果需要插入多行，需先选定与待插入的空行数目相同的数据行，然后再执行"插入"——"行"命令。

插入整列的操作与插入整行的操作相似，这里不再赘述。

（三）删除行、列或单元格

1. 删除单元格

删除单元格是指将选定的单元格从工作表中删除，并用周围的其他单元格来填补留下的空白。删除单元格的操作步骤如下：

（1）选中需要删除的单元格或单元格区域。

（2）执行"编辑"——"删除"命令，打开"删除"对话框。

（3）选中"右侧单元格左移"或"下方单元格上移"单选按钮，确定是由选定单元格右侧的单元格还是由下方的单元格来填补删除后的空缺。

（4）单击"确定"按钮，即可删除选中的单元格。

2. 删除整行、整列

删除整行或整列的操作步骤如下：

（1）选定需要删除的整行或整列。

（2）执行"编辑"——"删除"命令，或右击选定区域，从弹出的快捷菜单中选择"删除"命令即可。

（四）清除单元格内容

当工作表中的数据输入错误或不需要该数据时，可将其删除。清除单元格内容一般常用以下几种方法：

1. 选择需要删除内容的单元格后直接按 Delete 键。

2. 选择需要删除内容的单元格后右击，从弹出的快捷菜单中选择"清除内容"命令。

3. 选择需要删除内容的单元格，执行"编辑"——"清除"——"内容"命令。

4. 通过删除单元格、删除整行或删除整列操作，将单元格与单元格内的内容一起删除。

（五）移动和复制单元格

在编辑单元格内容时，如发现数据位置放置不当或某些数据要重复使用时，可对这部分单元格进行移动和复制操作。

1. 移动单元格

单元格的移动可以通过鼠标拖动和使用剪贴板两种方法来实现。

（1）使用鼠标拖动来移动单元格。

其操作步骤如下：

①选定要移动的单元格区域。

②将鼠标指针移到选定区域的边框处，按下鼠标左键开始拖动。

③拖动到目的区域后松开鼠标左键。

（2）使用剪贴板来移动单元格。

其操作步骤如下：

①选定要移动的单元格区域。

②单击常用工具栏中的"剪切"按钮，或执行"编辑"——"剪切"命令，将选定内容放入剪贴板。选定放置区域起始单元格（即区域左上角单元格）。

③如果目标单元格没有在当前工作表内，需要先切换工作表。

④单击常用工具栏中的"粘贴"按钮。

2. 复制单元格

复制单元格与移动单元格操作相似，也可以通过鼠标拖动和使用剪贴板两种方法来实现。

（1）使用鼠标拖动来复制单元格。

其操作步骤如下：

①选定要复制的单元格区域。

②将鼠标指针移到选定区域边框处，按住 Ctrl 键，拖动鼠标。

③拖至目标区域后，先松开鼠标左键，再松开 Ctrl 键。

（2）使用剪贴板来复制单元格。

其操作方法为：选定要复制的单元格区域，单击常用工具栏中的"复制"按钮，后面的操作与移动单元格操作相同，这里不再赘述。

【例题】1. Excel 是一个什么应用软件？（　　）

    A. 数据库　　　　B. 电子表格　　　　C. 文字处理　　　　D. 图形处理

【答案】B

【解析】Excel 是微软公司出品的 Office 系列办公软件中的一个组件，确切地说，它是一个电子表格软件，可以用来制作电子表格，完成许多复杂的数据运算，进行数据的分析和预测，并且具有强大的制作图表的功能。

【例题】2. 在 Excel 中，对数据源进行分类汇总之前，应先完成的操作是（　　）。

    A. 筛选　　　　B. 建立数据库　　　C. 排序　　　　　D. 有效地计算

【答案】C

【解析】本题考查信息处理能力。在 Excel 中，对数据源进行分类汇总之前，应先选定需要分类汇总的行列，对数据清单进行排序。故选 C。

温馨小贴士：考生一定要非常熟悉下面的图标及功能。

操作	工具图标	主要功能	操作步骤
筛选 （开始菜单）	筛选	按照一定条件显示信息。	1. 选择需要筛选信息所在列 2. 点击"筛选"按钮后，该列上方出现筛选状态的下拉菜单按钮 3. 输入筛选条件 4. 点击"确定"
排序 （开始菜单）	排序	按照一定顺序排列信息。	1. 选择需要排序信息所在列 2. 点击"排序"按钮，选择排列方式（升序、降序、自定义）

操作	工具图标	主要功能	操作步骤
分类汇总 （数据菜单）	分类汇总	按照一定条件把信息进行分类并求和。	1. 在按照一定顺序排列好的工作簿中，在数据区域选中任何一个单元格 2. 点击"分类汇总"图标 3. 在弹出的对话框中输入信息 （1）在"分类字段"框中选择进行分类汇总的列标题 （2）在"汇总方式"框中选择汇总方式（如求和） （3）在"选定汇总项"中可以选择一个或者多个要进行分类汇总的字段 4. 编辑完后点击"确定"

第三节　演示型课件的制作

演示型课件主要应用于课堂教学中，在多媒体教室或多媒体网络环境下，由教师向全体学生播放多媒体教学软件，演示教学过程，创建教学情境或进行标准示范等，将抽象的教学内容用形象、具体的形式表现出来。PowerPoint 是一种非常方便、简单的制作幻灯片演示文稿的软件，它能够制作出集文字、图形、图像、声音及视频剪辑等多媒体元素于一身的多媒体演示文稿，在教师教学中的使用非常普遍。

（一）创建一个新的演示文稿

新建演示文稿有四种方式，分别是"空白演示文稿""使用设计模板""根据内容提示向导"和"根据现有演示文稿"。启动 PowerPoint 后，选择"文件/新建"命令，系统会显示"新建演示文稿"窗格。

1. 创建空白演示文稿

在"新建演示文稿"窗格中单击"空白演示文稿"，弹出幻灯片版式任务窗格，可根据需要选择合适的版式。在幻灯片中添加所需的内容，即可创建一个新的演示文稿。

2. 使用设计模板创建演示文稿

PowerPoint 提供了几十种经过专家精心制作、构思精巧、设计合理的模板。利用模板，可以在最短的时间内创建出较为理想的幻灯片，大大节省时间和精力。当然模板在制作课件的过程中可随时更换，并且可以修改，在"新建演示文稿"窗格中单击"使用设计模板"，在"幻灯片设计"任务窗格中，从"应用设计模板"框中所列出的模板中选择一种模板，即可创建一张具有艺术效果的幻灯片。

3. 根据内容提示向导创建演示文稿

PowerPoint 根据现实生活中人们经常使用的演示文稿情况，归纳总结了若干种预先设计好的演示文稿模型，比如企业、项目、销售、市场等，每种模型中都包含着多个具体的模型演示文稿。根据内容提示向导来创建演示文稿就是以这些预先设计好的演示文稿模型为前提的。在"新建演示文稿"窗格中单击"根据内容提示向导"，打开"内容提示向导"，选择和输入必要的信息．最后单击"完成"即可。

4. 根据现有演示文稿创建新的演示文稿

一种方法是备份已有的演示文稿，然后打开备份文件，再将不需要的内容删除，并加上新的内容，通过逐步修改来制作出新的演示文稿。另一种方法是先利用模板或内容提示向导建立一个演示文稿，再将已有演示文稿中的部分内容复制和粘贴到新演示文稿中即可。

（二）演示文稿的编辑

1. 输入文本

（1）占位符中输入文本。在占位符中添加文本，可直接单击占位符中的示意文字，示意文字消失，再输入所需文字即可，单击占位符外的区域便退出编辑状态。

（2）使用文本框输入文本。选择"插入"菜单中的"文本框"命令，根据文本要求，选择"横排文本框"或"竖排文本框"，然后再输入文字。

2. 设置文本格式（重要）

选定需要设置的文本，单击"格式"工具栏上的相应按钮，或者选择"格式/字体"命令，打开"字体"对话框，设置字体、字形、字号、效果、颜色等。

3. 设置行距、段前距、段后距

选定需要设置的文本，选择"格式/行距"命令，打开"行距"对话框，设置行距及段前/后间距等。

4. 插入剪贴画或图片（重要）

选择"插入/图片/剪贴画"命令，打开"插入剪贴画"对话框，在所需的"文件类型"下选择需要的剪贴画，单击"插入"按钮即可，或者选择"插入/图片/来自文件"命令，找到图片所在的文件夹，选择需要插入的图片，单击"插入"按钮，将图片插入幻灯片中，调整其大小和位置。

5. 插入艺术字

使用文本框输入的文字在颜色和形状上都缺乏变化，而艺术字就可以用于制作丰富多彩的文字。选择"插入/图片/艺术字"命令，打开对话框后选择一种艺术字样式，并进行相应的字体格式设置。

6. 插入图表（重要）

选择"插入/图表"命令，将插入一个图表，并打开一个数据表。在数据表中直接修改图表横轴或纵轴的坐标文字以及相应的数据内容，图表会随着发生变化。还可以从文本文件中导入数据，或插入 Microsoft Excel 工作表或图表。

7. 插入媒体文件

（1）插入影片或声音。选择"插入/影片和声音"命令，选择"剪辑管理器中的影片（或剪辑管理器中的声音）"选项，在剪贴画任务栏中选择所需的影片（或声音）的类别，然后单击要插入的影片（或声音），从弹出的菜单中选择插入即可。

（2）播放 CD 乐曲文件。如果希望在播放幻灯片时，能有一些高品质的音源，可以插 CD 音乐。具体操作步骤同上，只要选择"插入/影片和声音/播放 CD 乐曲"命令，在对话框中进行相应的设置就可以了。

(三) 演示文稿的浏览 (重要)

1. 幻灯片的视图方式

(1) 普通视图。普通视图可以用于输入、编辑和排版演示文稿。

(2) 大纲视图。主要是用于输入和修改大纲文字，当课件的文字输入量较大时，用这种方法进行编辑较为方便。

(3) 幻灯片视图。幻灯片视图可以清晰地显示文稿的效果，可以从细节方面对演示文稿的单个幻灯片进行进一步的设置和修饰。

(4) 幻灯片浏览视图。幻灯片浏览视图是以缩略图形式显示幻灯片的所有视图，结束创建或编辑演示文稿后，幻灯片浏览视图将给出演示文稿的所有幻灯片。

(5) 放映视图。幻灯片放映视图占据整个显示器屏幕，就像是一个实际的幻灯片放映演示文稿。在该视图中，用户可以看到图形、影片、动画元素以及将在实际放映中看到的切换效果。

【例题】1. 在 PowerPoint 的空白幻灯片中，不可以直接插入的是（　　　）。

    A. 艺术字　　　　　　　　　　B. 声音

    C. 字符　　　　　　　　　　　D. 文本框

【答案】C

【例题】2. 在 PowerPoint 中，能同时观看到多张幻灯片设计效果的视图是（　　　）。

    A. 幻灯片备注视图　　　　　　B. 幻灯片普通视图

    C. 幻灯片浏览视图　　　　　　D. 幻灯片大纲视图

【答案】C

【解析】能同时观看多张幻灯片设计效果的视图是幻灯片浏览视图。故选 C。

【2017 年下半年真题】

在 PowerPoint 中，下列视图模式可用于播放幻灯片的是（　　　）。

A. 大纲模式　　　　　　　　　　B. 幻灯片模式

C. 幻灯片浏览模式　　　　　　　D. 幻灯片放映模式

【答案】D

【解析】幻灯片放映模式可用于播放幻灯片。

2. 编辑幻灯片

编辑幻灯片包括选定、插入、复制、移动和删除等操作。

(1) 选定幻灯片。

①选定单张幻灯片。在普通视图大纲模式下，单击大纲/幻灯片窗格中的幻灯片图标；在普通视图幻灯片模式下，单击大纲/幻灯片窗格中的幻灯片缩略图；在幻灯片浏览视图下，单击幻灯片的缩略图。

②选定多张连续的幻灯片。可先选定第一张幻灯片，然后按住 Shift 键，再单击最后一张幻灯片，则两张幻灯片之间的所有幻灯片将被选中。

③选定多张不连续的幻灯片。可按住 Ctrl 键，依次单击所要选择的幻灯片。

（2）插入新幻灯片。

①选定要插入新幻灯片位置之前的幻灯片。

②单击"插入/新幻灯片"命令；或单击格式工具栏中的新幻灯片按钮；或在普通视图的幻灯片模式下，直接按 Entet 键。

③在出现的幻灯片版式任务窗格中，选择一种需要的版式，即可向新插入的幻灯片中输入内容。

（3）复制幻灯片。

①在同一演示文稿中复制幻灯片。

②将其他演示文稿的幻灯片复制到正在编辑的演示文稿中。

（4）移动幻灯片。

移动幻灯片最简单的方法是先选定欲移动的幻灯片，然后将其拖动到所需位置即可。在拖动过程中，指针会随着鼠标的移动而移动，用以提示移动的位置。

（5）删除或隐藏幻灯片。

用鼠标选中要删除的幻灯片，再按 Delete 键，或单击快捷菜单中的删除幻灯片命令等。

（四）演示文稿的外观设计

1. PowerPoint 母版

（1）幻灯片母版。幻灯片母版中的信息包括字形、占位符的大小和位置、背景设计和配色方案。通过更改这些信息，可以更改整个演示文稿中幻灯片的外观。

（2）讲义母版。讲义母版是为制作讲义而准备的，通常需要打印输出，因此讲义母版的设置大多和打印页面有关。它允许设置一页讲义中包含几张幻灯片，设置页眉、页脚、页码等基本信息。

（3）备注母版。主要用来设置幻灯片的备注格式，一般也是用来打印输出的，所以备注母版的设置大多也和打印页面有关。切换到"视图"选项卡，在"演示文稿视图"组中单击"备注母版"按钮，即可打开备注母版视图。

2. 改变配色方案

配色方案是一组可以用于演示文稿的预设颜色。每个演示文稿都有一个配色方案，它是八种颜色的一个集合，是演示文稿的基本颜色，各种颜色各有其特定的用途，它们的巧妙搭配，让幻灯片的屏幕显示和打印输出的效果更加清新美观。

3. 应用设计模板

选择"格式/幻灯片设计"命令，或者在幻灯片窗格的空白处点击，从打开的快捷菜单中选择"幻灯片设计"命令，打开"幻灯片设计"窗口，从中选择需要的模板即可。

4. 改变幻灯片版式

选择"格式/幻灯片版式"命令，或者在幻灯片窗格的空白处点击，从打开的快捷菜单中选择"幻灯片版式"命令，打开"幻灯片版式"任务窗口，从中选择需要的版式即可。

（五）设置演示文稿的放映效果

1. 添加动画效果

添加动画效果的具体操作步骤如下：

（1）打开想要添加动画的幻灯片。

（2）执行"幻灯片放映/自定义动画"命令。

（3）选中要添加自定义动画的对象。

（4）在"自定义动画"任务窗格中单击"添加效果"按钮。

2. 设置幻灯片间的切换效果

所谓幻灯片切换效果，就是在幻灯片的放映过程中前后两张幻灯片之间换片的效果，即当前页以何种方式消失，下一页以何种方式出现。

设置幻灯片切换效果的具体操作步骤如下：

（1）选择要设置切换效果的连续的或不连续的多张幻灯片（也可以只选一张）。

（2）单击"幻灯片放映/幻灯片切换"命令，将弹出幻灯片切换任务窗格。

（3）在应用于所选幻灯片列表框中选择一种切换方式，然后在修改切换效果选项区中设置切换的速度和声音。

（4）在换片方式选项区中选择换片方式。

（5）如果要将切换效果应用到演示文稿中的所有幻灯片，可单击"应用于所有幻灯片"按钮，否则只应用于选中的幻灯片。

（6）设置完毕后，单击"播放"或"幻灯片放映"按钮，即可看到已设置好的切换效果。

3. 自定义放映幻灯片

自定义放映幻灯片就是根据已经做好的演示文稿自定义放映指定的幻灯片，并设置放映的顺序。自定义放映幻灯片的具体操作步骤如下：

（1）单击"幻灯片放映"菜单下的"自定义放映"命令，弹出自定义放映对话框。

（2）在该对话框中单击"新建"按钮，弹出定义自定义放映对话框，在演示文稿中的幻灯片列表框中列出了当前演示文稿中的幻灯片，从中选择要自定义放映的幻灯片。

（3）单击"添加"按钮，在自定义放映中的幻灯片列表中会显示被选中的幻灯片，单击"确定"按钮，刚才定义的放映设置就被添加到自定义放映对话框中。单击"放映"按钮即可预览放映的幻灯片。

（六）添加超链接

PowerPoint 提供了功能强大的超链接功能，使用它可以在幻灯片与幻灯片之间、幻灯片与其他外界文件或程序之间以及幻灯片与网络之间自由地转换。在 PowerPoint 中我们可以使用以下方法来创建超链接：利用"动作设置"创建超链接；利用超链接按钮创建超链接；利用动作按钮来创建超链接。

温馨小贴士：考生一定要非常熟悉下面的图标及功能键。

操作	功能按钮	操作方法
新建幻灯片	新建幻灯片	方法一：开始→新建幻灯片 方法二：在大纲视区选中需要新建幻灯片的位置，按回车键 方法三：在大纲视区选中需要新建幻灯片的位置，右键→新建幻灯片

续前表

操作	功能按钮	操作方法
插入文本	文本框▾	步骤一：鼠标左键点击选中幻灯片视区需要插入文本的位置 步骤二：插入→文本框
插入图片	图片▾	步骤一：鼠标左键点击选中幻灯片视区需要插入图片的位置 步骤二：插入→图片（本地图片）
插入音频	声音	步骤一：鼠标左键点击选中幻灯片视区需要插入音频的起始页面（如第3页开始后面部分需插入音频，则在第3页处编辑插入） 步骤二：插入→声音（本地音频） mp3、wma 等格式
动画方案	动画方案	动画→动画方案 动画方案包括版式、幻灯片切换效果（页面）、自定义动画（具体内容）等多方面内容
动画设计	自定义动画	插入→自定义动画→添加效果→选择动画效果→开始方式、方向、速度 动画效果：进入、强调、退出、动作路径
幻灯片切换	切换	插入→自定义动画→切换→选择切换效果→切换速度→切换方式
更换模板	设计 更多模板 导入模板	默认模板：点击"设计"菜单，会显示出PPT自带模板，点击需要的模板即可更换 更多模板：在"设计"菜单中点击按钮"更多模板"，有根据主题划分的多个模板，点击需要的模板下载，下载成功后即更换 本地模板：在"设计"菜单中点击按钮"导入模板"，即可浏览计算机里的文件，在相应位置选择计算机中已有模板文件即可更换

第二章　逻辑推理

第一节　联言命题和选言命题

一、联言命题

（一）联言命题的概念——表并列关系（美貌与智慧同时存在）

联言命题是反映事物的若干情况或者性质同时存在的命题。在逻辑结构上，联言命题由逻辑连接词"并且"连接支命题而成。联言命题的逻辑形式可以写成"……并且……""……且……""……同时……""既……又……"等含有递进关联词的语句。

比如：

(1) 张涛既有能力，又有涵养。

(2) 王华不仅长得漂亮，而且学识渊博。

其中，逻辑符号可以读作"且"；那么以上两句话可以简写为：

(1) 有能力且有涵养。

(2) 漂亮且学识渊博。

逻辑符号前后的两句话，称为"联言支"，可以分别用大写字母"A 和 B"表示，那么以上两句话又可以简写为：A 且 B；其中"且"在逻辑学上可以用"∧"代替。那么以上两句话最终可以简写为：A∧B，读作："A 且 B"。

(二) 联言命题的推理规则

在联言命题和联言支中间存在这样一个推理规则：如果联言支都是真的，那么由它们组成的联言命题就是真的。如果有一个联言支假，那么，由它们组成的联言命题就为假。可简称为：全真才真，一假即假。

联言命题真值表

联言支 A	联言支 B	联言命题 P
真	真	真
假	真	假
真	假	假
假	假	假

联言命题的推理规则：

如果：P＝A∧B，P 为真，

那么：A、B 都必须真。

(三) 联言命题的假命题 (矛盾命题)

黄金法则：联言命题的否定形式等价于选言命题。

当联言命题不成立的时候，就可以认为该命题为假命题。

比如："张涛既有能力，又有涵养"的假命题为："并非张涛既有能力，又有涵养"。

根据联言命题的真值表可以得出，该命题的假命题等值于：

(1) 如果张涛有能力，那么张涛没有涵养；

(2) 如果张涛有涵养，那么张涛没有能力；

(3) 张涛或者没有能力，或者没有涵养。

其中"并非"在逻辑学上用"¬"表示。

也就是说"¬(A∧B)"有三种结果：(1) A→¬B；(2) B→¬A；(3) ¬A∨¬B。

【例题】1. 下列与并非"既好看又实用"意思相同的是（   ）。

    A. 既物美又价廉   B. 不好看，也不实用

    C. 虽然好看，但是不实用   D. 或者不好看，或者不实用

【答案】D

【解析】本题考查联言命题的否定形式推导。联言命题的否定形式等价于选言命题。

【例题】2. 下列选项中，对"小华并非既懂日语，又懂俄语"的理解，正确的一项是（ ）。

    A. 小华懂日语，但不懂俄语   B. 小华不懂日语，或不懂俄语

    C. 小华懂日语，但不懂俄语   D. 小华不懂日语，也不懂俄语

【答案】B

【解析】"小华并非既懂日语，又懂俄语"等价于"小华不懂日语，或不懂俄语"。故选 B。

二、选言命题——表选择关系（鱼与熊掌不可兼得）

（一）选言命题的概念

选言命题是反映事物的若干种情况或者性质至少有一种存在的命题。在逻辑结构上，选言命题含有逻辑词"或者……或者……""要么……要么……"，表示的是选择关系。

比如：或者吃葡萄或者吃提子；

逻辑符号：A∨B；读作 A 或 B

要么吃葡萄，要么吃提子。

逻辑符号：A∨B；读作要么 A，要么 B

其中含有"或者"逻辑词的命题我们称之为相容选言命题，含有"要么"逻辑词的命题我们称之为不相容选言命题。

（二）选言命题的推理规则

1. 选言命题的推理规则

在相容选言命题和选言支中间存在这样一个推理规则：只要有一个选言支是真的，那么由它们组成的相容选言命题就是真的，也即：至少选其一才真。只有当全部选言支假的时候，由它们组成的相容选言命题才为假。可简称为：一真即真，全假才假。

相容选言命题的真值表

相容选言支 A	相容选言支 B	相容选言命题 P
真	真	真
真	假	真
假	真	真
假	假	假

选言命题的推理规则：

如果：P＝（A∨B），P 为真，

那么：(1) 若﹁A，那么 B；若﹁B，那么 A；

(2) 若 A 为真，那么 B 真假不定，B 为真，那么 A 真假不定。

2. 相容选言命题的假命题

相容选言命题的假命题就是对选言命题的否定，或者说是选言命题的矛盾命题。当选

言命题为假的时候，那么它的假命题就是真的。

相容选言命题："或者吃葡萄或者吃提子"①

假命题："并非吃葡萄或者吃提子"②

②等值于：不吃葡萄也不吃提子

$\neg (A \lor B)$ 只有一种结果即：$\neg A \land \neg B$

【例题】副校长：我主张王老师和邱老师中至多有一人可以被推荐为国家级教学名师候选人。校长：我不同意。以下哪项最准确地表达了校长的意见?（　　）

A. 王老师和邱老师都不可以被推荐为国家级教学名师候选人

B. 王老师和邱老师中至少有一人可以被推荐为国家级教学名师候选人

C. 王老师和邱老师都可以被推荐为国家级教学名师候选人

D. 如果王老师可以被推荐为国家级教学名师候选人，则邱老师也可以

【答案】C

【解析】其中"至多有一人可以被推荐为国家级教学名师候选人"等价于"至少有一个人不可以被推荐"，此话的意思是："王老师不能被推荐为名师或者邱老师不能被推荐为名师"，简写为："$\neg$ 王 $\lor$ $\neg$ 邱"；校长不同意此说法，那么校长的意思是："并非王老师不能被推荐为名师或者邱老师不能被推荐为名师"，简写为："$\neg$（$\neg$ 王 $\lor$ $\neg$ 邱）"，根据相容选言命题假命题的推理规则：即：$\neg$（$\neg$ 王 $\lor$ $\neg$ 邱）＝王$\land$邱。故选 C。

（三）不相容选言命题的推理规则

1. 不相容选言命题的推理规则

在不相容选言命题和选言支中间存在这样一个推理规则：只有当一个选言支真，另一个选言支假的时候，由它们组成的不相容选言命题才是真的。也即，能且只能选其一才真。只有当全部选言支为假或者全部选言支为真的时候，由它们组成的不相容选言命题才为假。

不相容选言命题的真值表

不相容选言支 A	不相容选言支 B	不相容选言命题 P
真	假	真
假	真	真
真	真	假
假	假	假

2. 不相容选言命题的假命题（矛盾命题）

不相容选言命题的假命题就是对该选言命题的否定，或者说是该选言命题的矛盾命题。当该选言命题为假的时候，那么它的假命题就是真的。

不相容选言命题："要么吃西瓜要么吃提子"①

不相容选言命题的假命题："并非要么吃西瓜要么吃提子"②

②等值于"吃西瓜也吃提子或者不吃西瓜也不吃提子"。

【例题】某个体户严重违反了经营条例和国家规定，执法人员向他宣布："要么罚钱整顿，要么停业，二者必居其一。"他说："我不同意。"如果他坚持自己的意见，以下哪个断定是他在逻辑上必须同意的？（　　）

    A. 罚钱整顿但不停业

    B. 停业但不罚钱整顿

    C. 既不罚款整顿又不停业

    D. 如果既不罚钱整顿又不停业办不到的话，就必须接受既罚钱整顿又停业

【答案】D

【解析】个体户不同意执法人员的宣布，也即是说不同意"要么罚钱整顿，要么停业"，即："并非要么罚钱，要么停业"，不相容选言命题的负命题有两种形式：一个是肯定全部选言支，一个是否定全部选言支。故选 D。

三、联言命题和选言命题的关系

$$\neg (A \wedge B) = \neg A \vee \neg B$$
$$\neg (A \vee B) = \neg A \wedge \neg B$$

【例题】猜花生游戏中，桌子上放着黄、绿、蓝、红色四只盒子：

    黄盒子上写着："花生不在蓝盒子"；

    绿盒子上写着："花生在红盒子或者黄盒子里"；

    蓝盒子上写着："花生在此盒里"；

    红盒子上写着："花生在绿盒子里"。

    如果只有一个盒子放了花生，并且只有一个盒子上的话是真话，则装了花生的盒子是（　　）。

    A. 黄　　　　　　B. 绿　　　　　　C. 蓝　　　　　　D. 红

【答案】C

【解析】本题考查逻辑推理。从题干"如果只有一个盒子放了花生，并且只有一个盒子上的话是真话"以及黄盒子和蓝盒子的话是互相矛盾的，可知其中必然有一真，则绿盒子和红盒子的话是假的，即花生不在红、黄、绿三个盒子里，那么花生一定在蓝盒子里。故选 C。

第二节　假言命题

一、假言命题的概念——表假设关系

    所谓假言命题就是陈述某一事物情况是另一件事物情况的条件的命题，假言命题亦称

条件命题。

假言命题常考的形式包括两种：充分条件命题、必要条件命题。

二、充分条件命题

充分条件命题是表达前一个事件真，后一个事件就不可能假的判断。或者说是有 A 必有 B。

1. 逻辑关联词标志

"如果……那么……"

"只要……就……"

"若……则……"

"若……一定……"

"……依赖……"

"凡是……都是……"

"没有……不是……"

例1：只要有钱就开心。

例2：如果我去那你也来。

2. 推理规则

（1）从前往后推的规则。

肯前⟹肯后

例1：有钱→开心。

例2：我去→你来。

逻辑符号记为："A→B"，读作：A 则 B。

（2）从后往前推的规则。

否后⟹否前

例1：不开心→没钱。

例2：你不来→我不去。

其中：否定前件或者肯定后件只能推出一个不确定性的结论。

三、必要条件命题

必要条件命题是表达前一个事件假，后一个事件不可能真的判断。

1. 逻辑关联词标志

逻辑关联词标志：

"只有……才……"

"除非……才……"

"除非……否则不……"

"……是……的基础"

"……是……的前提"

例1：必须杜绝猎杀，穿山甲才不会灭亡。

例2：只有严打酒驾，行人才能安全。

2. 推理规则

（1）从后往前推。

肯后⟹肯前

例1：穿山甲不灭亡⟹杜绝猎杀。

例2：行人安全⟹严打酒驾。

标记为：B→A

（2）从前往后推。

否前⟹否后

例1：不杜绝猎杀⟹穿山甲灭亡。

例2：不严打酒驾⟹行人不安全。

【例题】如果"只有你同意，我才去山西"为真判断，则下列为假的一项是（　　　）。

  A. 你同意，我去山西   B. 你不同意，我也不去山西

  C. 你同意，我不一定去山西 D. 你不同意，我去山西

【答案】D

【解析】本题考查逻辑思维能力。由题干描述可得知，"你同意"是"我去山西"的必要不充分条件，所表达的意思是"你不同意，我一定不去山西"，故选 D。

第三节　直言命题推理

一、直言命题的概念

直言命题是断定对象是否具有某种性质的命题，也称为性质命题。

例如：

（1）所有金属都是导电的。

（2）所有金属都不是导电的。

（3）有的人醉酒驾车。

（4）有的人醉酒不驾车。

（5）上海是我国第一大城市。

（6）上海不是我国第一大城市。

二、直言命题推理的原则

所有马都是棕色的　　　　　　上反对关系　　　　　　所有马都不是棕色的

差等关系　　　　矛盾　盾关系　　　　差等关系

有的马是棕色的　　　　　　下反对关系　　　　　　有的马不是棕色的

【例题】 1. 通过调查得知，不是所有的食品店都有卫生许可证。如果上述调查的结论是真实的，则可以推出的是（　　）。

    A. 所有的食品店都没有卫生许可证

    B. 少数食品店没有卫生许可证

    C. 多数食品店有卫生许可证

    D. 有的食品店确实是没有卫生许可证的

【答案】 D

【解析】 并非所有的食品店都有卫生许可证等值于有的食品店没有卫生许可证。

【例题】 2. 某歌舞团有小演员 30 名。关于这 30 名小演员，甲、乙、丙三人有如下讨论：甲说："这些小演员中有些是北京人。"乙说："小演员中的李华不是北京人。"丙说："这些小演员中都不是北京人。"事实上，甲、乙、丙三人的话只有一句为真。请问，下面哪个选项为真？（　　）

    A. 30 名小演员都不是北京人　　　　　　B. 有些小演员不是北京人

    C. 李华不是北京人　　　　　　　　　　D. 30 名小演员都是北京人

【答案】 D

【解析】 甲的话与丙的话肯定有一个是真的，又因为甲、乙、丙三人的话只有一句为真，那么可推出乙的话为假，由此得知：李华是北京人。所以甲的话是正确的，丙的话是错误的，丙的话的矛盾命题则是正确的，即：30 名小演员都是北京人。故选 D。

【例题】 3. 下列选项中，与"范冰冰和刘德华是演员"的判断类型相同的一项是（　　）。

    A. 张子页和王晓华是夫妻　　　　　　　B. 刘翔和宁泽涛是运动员

    C. 老赵和老刘是战友　　　　　　　　　D. 孟春和王芳是同事

【答案】 B

【解析】 范冰冰和刘德华是联言命题，意思是范冰冰是演员，刘德华也是，而与此相对应的是 B，刘翔是运动员，宁泽涛也是运动员。

【例题】 4. 某单位要评出一名优秀员工，群众评议推出候选人赵、钱、孙、李。赵说：小李业绩过人，当之无愧。钱说：我个人意见，老孙是不二人选。孙说：选小钱或老赵我都赞成。李说：各位做得更好，不能选我。如果赵、钱、孙、李只有一个人的话与结果相符，则优秀员工是（　　）。

    A. 赵　　　　　　　　B. 钱　　　　　　　　C. 孙　　　　　　　　D. 李

【答案】 D

【解析】 本题考查逻辑思维中的判断推理。由题干可知赵和李说的话相互矛盾，题干中说四人中只有一个人的话是真的，那么赵和李中肯定有一个人的话是真话，那么钱和孙说的话都是假话。故老孙、小钱、老赵都不是优秀员工。故选 D。

此题还有一个笨办法，就是根据题干，一个一个答案套进去尝试一下，看谁符合题干的条件，但是比较浪费时间。

第四节 关系推理

所谓关系，是指两个或两个以上的事物之间存在的联系。事物之间常见的关系有包含与从属关系、并列关系、交叉关系这几种。

一、包含与从属关系

（一）包含关系

简单地说，包含关系中的概念主体是上位概念。记作 A⊃B，读作 A 包含于 B。比如，我们可以说兽类和骡子之间是包含关系，"骡子⊂兽类"。

【例题】与"砚台——端砚"逻辑关系一致的是（　　　）。

    A. 北京——鸟巢　　　　　　　　B. 林芝——西藏

    C. 香蕉——水果　　　　　　　　D. 文具——铅笔

【答案】D

【解析】本题考查包含关系逻辑推理。砚台中包含端砚，是包含关系。北京是城市名称，鸟巢是建筑物，二者是并列关系；林芝是地级市，西藏是省级名称，市归属于省，是从属关系；香蕉是水果的一种，是从属关系；文具中包含铅笔，是包含关系，故 D 项正确。

（二）从属关系

从属关系也叫作被包含关系或者隶属关系，概念主体指的是下位概念。记作 A∈B，读作 A 属于 B。比如，我们可以说刘翔是运动员中的一个，"刘翔∈运动员"。

【例题】1. 下列选项中，对概念所作的概括，正确的一项是（　　　）。

    A. 将"启明星"概括为"行星"　　　　B. 将"长城"概括为"北京"

    C. 将"中国文学"概括为"艺术"　　　D. 将"散文"概括为"文学作品"

【答案】D

【解析】从属关系的概括来看，只有 D 符合题意。

【例题】2. 下列选项中，与"绿叶菜——芹菜"逻辑关系相同的是（　　　）

    A. 马铃薯——土豆　　　　　　　B. 萝卜——胡萝卜

    C. 大白菜——白菜　　　　　　　D. 花菜——黄花菜

【答案】B

【解析】B 为种属关系，胡萝卜属于萝卜的一种。因此，B 项正确。

二、并列关系（并集）

并列关系中的概念主体分别都是独立的整体，处于平等的地位。既可以是相互关联的不同事物，也可以是同一事物的不同方面，还可以是同一主体的不同动作。记作 A∪B，读作 A 并 B。

【例题】 下列选项中，与"青岛——珠海"逻辑关系相同的是（　　）。

    A. 新疆——边疆　　　　　　　　　　　B. 大象——老鼠

    C. 植物——水仙　　　　　　　　　　　D. 西瓜——水果

【答案】 B

【解析】 本题考查并列关系逻辑推理。青岛和珠海是并列关系。四个选项中 B 选项大象和老鼠都是动物，大象不属于老鼠，老鼠也不是大象的一种，它们两者是并列关系。故选 B。

三、交叉关系（交集）

具有交叉关系的两个概念主体不包含顺序性，因而前后两个概念的顺序发生变化并不影响它们之间的逻辑关系，也就是说，如果前一个概念与后一个概念是交叉关系，那么后一概念与前一个概念也必然是交叉关系。记作 A∩B，读作 A 交 B。例如，"间谍"与"军官"是交叉关系，所以"军官"与"间谍"也是交叉关系。

【例题】 下列和"书法家——画家"逻辑关系一致的是（　　）。

    A. 童星——明星　　　B. 党员——老师　　　C. 军人——军官　　　D. 幼儿——青年

【答案】 B

【解析】 本题考查交叉关系逻辑推理。B 选项中党员中可能有老师，老师中也可能有党员，是交叉关系。故符合交叉关系的是 B。

第五节　数字推理

近年来，逻辑推理题中还有一类就是根据已知的数列或者数字之间的关系，来推导出未知的数字关系。

【例题】 1. 找规律数字是一项很有趣的活动，特别锻炼观察和思考能力。下列选项中，填入数列"1、6、5、9、12、　　"空缺处的数字，正确的是（　　）。

    A. 13　　　　　B. 15　　　　　C. 17　　　　　D. 19

【答案】 B

【解析】 该数列中，分别作差能得到 5、−1、4、3，在生成的这一新的数列中，前后相加能得到后一个数，5−1=4，−1+4=3，那么 4+3=7，需要填入 12+7=19，因此本题选择 D。

【例题】 2. 找规律填数字是一项很有趣的游戏，特别锻炼观察和思考能力，按照"2+5+

7→144935" "3＋5＋6→184830" "4＋4＋9→367236" 的规律，下列选项中正确的是（　　）。

A. 7＋6＋4→285224　　　　　　　B. 7＋6＋4→284270

C. 7＋6＋4→422452　　　　　　　D. 7＋6＋4→422824

【答案】A

【解析】根据已知数列的关系，应该是第一个数字×第三个数字得出前两位数字，然后是前两个数字之和×第三个数字得出中间两位数字，然后用得出来的中间两位数字减去前两位数字得出最后两位数字。

因此应该是第一步：$7×4＝28$；第二步：$(7＋6)×4＝13×4＝52$；第三步：$52－28＝24$，所以数字是：285224。

第三章　阅读理解

一、理解阅读材料中重要概念的含义（重要）

概念是反映客观事物本质属性的思维形式。某一事物的所有性质及其同其他事物之间的关系，是事物的属性，其中，为该事物所特有的并对该事物有决定意义的属性，是其本质属性。"重要概念"是指与整体文意密切相关或是文章重点论述的一个"概念性"词语。

"重要概念"一般包括：（1）体现作者立场观点的词语；（2）表现文章主题思想的词语；（3）反映深层次含义的词语；（4）对文章结构起照应连接作用的词语（代词）；（5）比喻、借代、反语等特殊的词语；（6）根据语境随情况而作别种义项的词语；（7）出现频率较多的词汇。

理解重要概念的含义可以从以下几方面着手：

1. 浏览全文，把握主旨是解题的前提

整体把握文段的内容，是文段理解最基本、最重要的要求，也是词语理解的前提。

2. 借助语境来推断词语的含义

对于文段中词语的理解，考生不仅应该理解词语的原意，更要联系上下文，理解词语的语境。即考生不要把某个词语孤立起来理解，而要把词语放到句子中去理解，甚至放到文段中去理解，即通常所说的"词不离句，句不离篇"。有的时候，句子中出现了有深意的词语，如果不放到具体的语境中去理解，是不能做出全面的理解的。

3. 结合文体特点、修辞方法来理解词语

不同文体的词语运用是不同的，比如议论文的语言一般感情色彩比较浓，而说明文的语言一般比较客观，很少掺杂感情色彩。同时，一些运用了修辞方法的词语，其意义往往是隐含的，考生不能仅仅从字面意思去理解。能够透过现象看到本质，是抽象逻辑思维发展的一种体现，也是对广大教师语文功底的一个测试。

4. 代词理解的"就近原则"

对文段中代词的理解，要依据上文，由近及远分析。因为一般来说，代词的位置往往出现在指代的对象或内容之后，所以代词指代的内容一般在上句（文）中，我们应当采用逆推法或顺推法，由近及远地查找，然后将所找出的内容代入原文，检验是否合适。这个方法是非常好用的，近几年的考试中，这种类型的题目作为阅读理解的第一问，频繁被考到。

【2015 年下半年真题】

孙犁论（节选）

孙犁不是个写史诗的人，但他的作品直逼心灵。到了晚年，他的文章越发老辣得没有几个人能够匹敌。举一个例子，舞台上有人演诸葛，演得惟妙惟肖，可以称得"活诸葛"，但"活诸葛"毕竟不是真正的诸葛。明白了要做"活诸葛"和诸葛本身就是诸葛的含义，也就明白了孙犁的道行和价值所在。——节选自《孙犁论》，作者：贾平凹

【问题】请结合文章理解"活诸葛"的含义。

【解析】让考生理解文章的重要概念"活诸葛"这个词，必须要放在文章的语境中，这篇文章出自贾平凹的散文集，本题考查的重要概念属于在文章中有重要特殊含义的一类。

结合文章，可以得出文中的"活诸葛"主要是指演员演诸葛亮演得很逼真。

【2014 年下半年真题】

没有任何借口（节选）

在西点，长官曾问我："你为什么不把鞋擦亮？"我说："我太忙，没时间擦。"这样的回答得到的只会是一顿训斥，而正确的回答只能是"报告长官，没有任何借口"。

"没有任何借口"是西点军校奉行的最重要的行为准则，它强调的是，每一个学员想尽办法去完成一项任务，而不是为没有完成任务去寻找任何借口，哪怕是看似合理的借口，其目的是为了让学员学会适应压力，培养他们不达目的不罢休的毅力。它让每一个学员懂得：工作是没有任何借口的，失败是没有任何借口的，人生也没有任何借口。

【问题】请结合文章理解"借口"的含义。

【解析】考查作者对借口这个概念的理解，同样属于考查重要概念，从文章节选可以看出，通篇处处出现借口二字，因此这种考查重要概念的方式是考查在文章中出现频率较高的关键词。

"借口"在文中是指人们不能做某事或做不好某事而故意寻找的理由。

二、理解阅读材料中重要句子的含义（重要）

所谓"重要句子"，是指在文中起重要作用的关键性语句，如果不理解这些句子，就难以理解文章。

考试中考查的"重要句子"通常有下述几种：（1）结构比较复杂，对理解文章有影响的语句；（2）蕴涵文章主旨的句子；（3）内涵较为丰富的语句；（4）文中的中心句、总结句、过渡句等。

理解重要句子的方法多种多样，主要有以下几种：

1. 从句子中的重要词语入手

有些句子，只要把其中的重要词语的含义搞清楚了，就可以推知整句的意思。

2. 从分析句子的结构入手

有许多句子，需要分析其结构，如果是单句，先找准主、谓、宾，如果是复句，先找准句子的主干，就可以把握句子的基本意思。

3. 从分析句子在文中的位置入手

句子在文中的位置，对理解句子的含义至关重要。具体地说，如果要求理解的句子是总领句，就要结合其领起的范围作分析；如果是总结句，就要结合其总结的范围作分析；如果是重要的过渡句，就要联系其承上启下的文字作分析。这种方法的本质，就是分析相关的语境。

4. 从分析上下文的语境入手

对句子在文段中的意思，要利用上下文的语境来进行正确理解和阐释。

【例题】1.

致青年们的一封信
巴普洛夫

我对于我国献身科学的青年们的希望是：

第一，要循序渐进。我一谈起有成果的科学工作所应具备的这个重要条件时，总不能不感到心情激动。要循序渐进，循序渐进，循序渐进。你们从一开始工作起，就得在积聚知识方面养成严格循序渐进的习惯。

你们在想要攀登到科学顶峰之前，务必把科学的初步知识研究彻底。还没有充分领会前面的东西时，就决不要动手搞往后的事情。决不要企图掩饰自己知识上的缺陷，哪怕是用最大胆的猜度和假设作为借口来掩饰。不管这种肥皂泡的美丽色彩怎样使你们炫目，但肥皂泡是不免要破裂的，那时你们除了羞惭之外是会一无所得的。

你们要养成严谨和忍耐的习惯。你们要学会干科学中的粗活。要研究事实，对比事实，积聚事实。

鸟的翅膀无论怎样完善，但若不借空气支持，是不能使鸟体上升的。事实就是科学家的空气。没有事实，你们永远也飞腾不起来。没有事实，你们的"理论"就是枉费了苦心。

但是在研究、实验、观察的时候，要力求不停留在事实的外表上。你们不要变成事实的保管人。要设法洞悉事实发生的奥秘。要坚毅不拔地去寻求支配事实的法则。

第二，要谦虚。你们在任何时候也不要以为自己什么都知道。不管别人怎样器重你们，你们总要有勇气对自己说：我没有学识。决不要陷于骄傲。因为一骄傲，你们就会在应该同意的场合固执起来；因为一骄傲，你们就会拒绝别人的忠告和友谊的帮助；因为一骄傲，你们就会丧失客观方面的准绳。

在我领导的这个集体内，互助气氛解决一切。

我们大家都为一个共同的事业而努力，并且每个人都按自己的力量和可能性来推进这共同的事业。在我们这里，往往也分辨不出：哪是"我的"，哪是"你的"。但这样的做法，对于我们的共同事业，就只有好处。

第三，要有热情。你们要记住：科学需要一个人贡献出毕生的精力，假定你们每个人有两次生命，这对你们说来还是不够的。科学要求每个人有极紧张的工作和伟大的热情。

希望你们热情地工作，热情地探讨。

我国给科学家们开辟了极广阔的活动场所，应该公正地说，在我国，科学是在广泛地应用到生活中去，极广泛地应用到生活中去。

关于我国青年科学家的地位又有什么可说的呢！

这方面的情形已经很清楚了。给他们的多，但向他们要求的也多。不论是青年或是我们，都要不辜负我国对于科学的厚望，这是有关荣誉的问题。

【问题】请结合文章理解"科学需要一个人贡献出毕生的精力，假定你们每个人有两次生命，这对你们说来还是不够的"这句话。

【解析】很显然，这是在考查对文章中的重要句子的把握。在本文中，体现文章脉络结构的部分已经用黑色字体标注出来，巴普洛夫对于我国献身科学的青年们提出了三个期望：第一是循序渐进；第二是要谦虚；第三是要有热情。

文章中假定你们每个人有两次生命。这句话出现在第三个期望里，就是巴普洛夫希望投身科学的青年们要有热情。很显然这句话和热情是有关系的。那么，有什么关系呢？结合文章，我们不难发现，作者认为：科学探索永无止境，即使贡献毕生精力，甚至能够活两次，那也是远远不够的，所以更需要巨大的热情，争分夺秒去全身心投入科学研究。

【例题】2.

谈美（节选）

朱光潜

我刚才说，一切事物都有几种看法。你说一件事物是美的或是丑的，这也只是一种看法。换一个看法，你说它是真的或是假的；再换一种看法，你说它是善的或是恶的。同是一件事物，看法有多种，所看出来的现象也就有多种。

比如园里那一棵古松，无论是你我或是任何人一看到它，都说它是古松。但是你从正面看，我从侧面看，你以幼年人的心境去看，我以中年人的心境去看，这些情境和性格的差异都能影响到所看到的古松的面目。古松虽只是一件事物，你所看到的和我所看到的古松却是两件事。假如你和我各把所得的古松的印象画成一幅画或是写成一首诗，我们俩艺术手腕尽管不分上下，你的诗和画与我的诗和画相比较，却有许多重要的异点。这是什么缘故呢？由于知觉不完全是客观的，各人所见到的物的形象都带有几分主观的色彩。

假如你是一位木商，我是一位植物学家，另外一位朋友是画家，三人同时来看这棵古松。我们三人可以说同时都"知觉"到这一棵树，可是三人所"知觉"到的却是三种不同的东西。你脱离不了你的木商的心习，你所知觉到的只是一棵做某事用值几多钱的木料。我也脱离不了我的植物学家的心习，我所知觉到的只是一棵叶为针状、果为球状、四季常青的显花植物。我们的朋友画家什么事都不管，只管审美，他所知觉到的只是一棵苍翠劲拔的古树。我们三人的反应态度也不一致。你心里盘算它宜于架屋或是制器，思量怎样去买它，砍它，运它。我把它归到某类某科里去，注意它和其他松树的异点，思量它何以活得这样老。我们的朋友却不这样东想西想，他只在聚精会神地观赏它的苍翠的颜色，它的盘屈如龙蛇的线纹以及它的昂然高举、不受屈挠的气概。

从此可知这棵古松并不是一件固定的东西，它的形象随观者的性格和情趣而变化。各人所见到的古松的形象都是各人自己性格和情趣的返照。古松的形象一半是天生的，一半也是人为的。极平常的知觉都带有几分创造性；极客观的东西之中都有几分主观的成分。

美也是如此。有审美的眼睛才能见到美。这棵古松对于我们的画画的朋友是美的，因为他看它时就抱了美感的态度。你和我如果也想见到它的美，你须得把你那种木商的实用的态度丢开，我须得把植物学家的科学的态度丢开，专持美感的态度去看它。

【问题】结合文章，谈一谈你如何理解：极客观的东西之中都有几分主观的成分。

【解析】朱光潜认为同样是一棵古松，但是因为欣赏它的人不同，这个时候这棵古松在大家眼里的价值、形象就各不相同了。因此，根据文意，古松并不是一件固定的东西，会随观赏者的态度和性格而变化，因此即使客观的东西也带有主观的成分。

三、筛选并整合阅读材料中的主要信息及重要细节（重要）

所谓"筛选"，就是按照考题设定的阅读目的对材料进行分析，准确、快速、有效地辨别并获取命题所要求的信息。所谓"整合"，就是对筛选所得的信息作出正确的认知，把握各信息材料之间的关系，并能按照命题要求进行分类集中、重新整合、粗略概括。

筛选信息的能力对于考生来讲非常重要，一般而言，阅读理解的第一问是4分，这4分直接在原文中可以找到答案，而阅读理解的第二问是10分，这10分就是考查考生对阅读理解的归纳概括能力，做一个形象的比喻：考生就好比是一个裁缝，而一篇文章就好比是一件待剪裁的衣服，考生必须从文章中裁剪得体，找到第二问对应的答案。

筛选信息题主要考查以下几个方面：（1）从名词概念出发，要求考生提取由名词概念生发的信息或包含概念的关键语句；（2）抓住重要的知识概念或重要语句，要求考生提取对其阐释的信息，其中包括体现概念和语句内容的若干要点（形成的条件、原因或相关因素）；（3）从文章主旨、作者写作意图、观点和情感的角度出发，要求考生寻找有关的词语或句子，或者是按提供的例句去寻找同类的语句；（4）抓住寓意含蓄的句子或在结构层次中起重要作用的语句，要求考生从上下文提取有关信息并转换，使这些语句的寓意具体化和明朗化。

1. 筛选信息的途径

（1）从文章的基本概念中筛选信息。

文章基本概念的含义是文章的重要信息所在。以考查筛选、提取信息为主要目的的自然科学类文章的阅读，几乎都要考查对文章基本概念的理解。

（2）从重要的句子中筛选信息。

重要句子主要是指集中表述作者观点态度、介绍某种情况、或集中反映文章主旨的句子；也指那些结构复杂、信息量大的句子。这些重要句子往往带有重要信息，是判断文意或作者观点的关键句。

（3）从运用的材料中筛选信息。

写文章总是要运用材料的。材料总是明示着或隐含着一定的信息，把它提取出来，是阅读应该完成的任务之一，自然也是获取信息的有效途径。从材料中提取信息，要注意作者对材料所作的评述，注意表述作者观点的语句。

2. 整合信息的方法

整合信息，就是把分散的信息集中起来，把零碎的信息加以条理化、系统化，这样才能对阅读材料有更深一层的理解，获得更有价值的东西。

在答题中，首先，要把文中相关的材料、语句提取出来，然后加以分析、归纳，即进行整合。其次，要根据题目的要求进行作答，表达的内容应围绕题目中提示的"陈述的内容"。最后，在整合信息时，要注意用清晰、准确的语言表达结构。

【例题】

读书是意味着，利用别人的头脑来取代自己的头脑。自己思考出来的东西，尽管它不见得是严密紧凑，但总是个有脉络可寻的总体，我们可依赖它向某种体系开展，比起看书吸收他人的思想，可说是利多害少。为什么呢？因为后者的思想是从各种形形色色的精神而得来，属于别人的体系，别人的色彩。它不能像自己思考的人，已把自己的知识、个性、见解等融合成一个总体，他的脑子里三教九流，诸子百家的思想纷然杂陈，显得混乱不堪，这种思想的过度拥挤状态，攫夺了一个人的正确观察力，也使人失去主见，并且很可能导致精神秩序的紊乱，这种现象，我们几乎在所有的学者身上都可发现。所以，在健全的理解力和正当的批判力等方面来说，这类人远不如那些所学无几的人。

以读书终其一生的人，他的知识完全是从书本汲取而得，他们有如阅读了许多山水、游记之类的书籍，对于某地或某国的有关知识虽可粗枝大叶地说出来，但是甲地和乙地是如何地联络？人文、物产、习俗又是如何等等，则说不上来。反之，以思考终其一生的人，就像土生土长的父老，一打开话匣子便能把本地事事物物的来龙去脉，以及各种事实或传说和事物的总体关系等，如数家珍般地道出来。

【问题】结合作者对阅读与思考关系的阐述，谈谈你对这一问题的认识与看法。

【解析】此题考查考生的是在通读全文以后，能否筛选有效信息，归纳概括你对作者所阐述关系的理解，考生不可能把文章的内容大段大段地抄写了事（这样不得分），而是需要高度的归纳概括能力。通读全文，其实作者所要表达的意思就是：读书就要结合自己的头脑去思考，用思考来升华读书，抓住这个筛选出来的有效信息，其他的就顺理成章归纳概括了。

据此分析，我们可以将答案写为：读书，是一种成长，我们要取其精华，去其糟粕，才能真正有所进步。思考，是一种创新，我们要不断思考，才能更好实现自己的价值。一个人若能将"活读书"与"勤思考"相结合，必能学有所成。

四、分析文章结构，把握文章思路（了解）

文章结构是指对材料的组织和安排的方法，它是思路外在形式的表现。作者对事物内部联系的认识、思维的发展都要通过结构、层次和段落传达出来，因此，文章的结构安排是由思路决定的，思路是结构安排的依据。由于文章的结构和作者的写作思路密不可分，所以在阅读能力的要求上往往是两者并提的。

分析文章的结构有三个方面的要求：（1）能够分析段内的结构层次；（2）能够分析全篇的结构层次；（3）能够在把握结构层次的基础上，根据要求进行归纳整理。

具体可以从形式和内容两方面入手：

1. 从形式方面分析

（1）抓住材料中的关键性词语。

①表指代性的词语，如"这样、这些、这种、这个问题、这种情况"；②关联性词语，

如：表语意转折的"相反、否则、与此不同"；表递进的"更加、而且"；表承接的"首先、其次"；表因果的"因此、那么、由此看来"；表并列的"同时、一方面……另一方面"；③衔接性词语，如"也、于是"等。一定要注意冒号和破折号后面的内容。

另外，对应的词语、相似的句式等都是分析语段层次的突破口。

（2）抓住文体特征。

考生要掌握文章因文体不同而具有的不同的结构规律。如记叙文常以时间推移、空间转换、情景变化、思维逻辑顺序等来安排层次。议论文常采用提出问题、分析问题、解决问题的结构来论证事理。目前难度较大的是科学类说明文，需要考生特别小心。

（3）分析段内表达方式。

有的语段，语言表达方式较单一，有的兼用多种表达方式。对这种语段，可根据不同的表达方式划分层次。

2. 从内容方面分析

（1）根据句意归类。

抓句子话意间隙，分析结构。有些语段，既无关联词语，又无外在的形式标志，分析结构时，就要认真研究各句内容，揣摩它与前后相邻句子语意的疏密度。彼此语意关系最近、间隙最小、结合最紧的，便是最后一个层次；彼此语意关系最远、间隙最大、结合相对松散的，便是语段的第一个层次。

（2）把握体现思路的重要语句。

如抓中心句或提挈句，这些句子在语段中起着领起下文或收束上文或承上启下的作用。

依靠它们，我们便可拨开云雾，了然于心。

五、归纳内容要点，概括中心意思（了解）

所谓"归纳"就是把具体的内容加以抽象、提炼；所谓"要点"就是事情涉及的重要方面。"内容要点"就是指材料的主要内容，或者说是材料内容的精要之处。考生应在理解文意的基础上对文段进行归纳总结。这要求考生对文中信息加以提炼和综合，对所述事件或所说道理作出合理的判断。

归纳内容要点，概括中心意思，具体可以从以下几个方面入手：

1. 抓住关键词语

每一个片段都有它想要强调的内容，这些内容一般又是通过带有提示性的词语来引出的，比如转折关联词"但是"、因果关联词"所以"、递进关联词"而且"等，这些词后通常是文段的主旨句。有时候在文章中出现频率特别高的词语也是关键词语。

2. 抓住关键句子

如文段的首尾句、启承句、引用句和发表议论的句子。有些文段的首句或者尾句就是文段的主旨句，对分析主旨起着相当重要的作用。

3. 分析相关文字的层次

文段的文字较多时，容易遗漏内容要点，这时就需要分析相关文字的层次。

第三章 阅读理解

【例题】

人生旅途崎岖修远，起点站是童年。人第一眼看见的世界，就是生我育我的乡土。他从母亲的怀抱，父亲的眼神，亲族的逗弄中开始体会爱。乡土的一山一水，一草一木，都融化为童年生活的血肉，不可分割。而且可能祖祖辈辈都植根在这片土地上，有一部悲欢离合的家史，在听祖母讲故事的同时，就种在小小的心坎里。邻里乡亲，早晚在街头巷尾、桥上井边、田塍篱角相见，音容笑貌，闭眼塞耳也彼此了然，横竖呼吸着同一的空气，濡染着同一的风习，千丝万缕沾着边。一个人为自己的一生定音定调定向定位，要经过千磨百折的摸索，前途充满未知数，但童年的烙印，却像春蚕作茧，紧紧地包着自己，又像文身的花纹，一辈子附在身上。

【问题】从文中看，乡土都给人们打下了哪些"童年的烙印"？

【解析】从这段文字看，最后一句是小结句，"童年的烙印"就在该段的前几句中。前两句是总起句，打下"烙印"的应在这两句之后。中间的四句话代表的是四层内涵。第一个部分说的是"爱"；第二个部分的是家乡的风景，山水草木；第三个部分说的是"悲欢离合的家史"；第四个部分说的是"乡情"。据此，本题的答案是：（1）父母亲族的爱；（2）家乡的山水草木；（3）悲欢离合的家史；（4）邻里乡情。

六、分析概括作者在文中的观点态度（重要）

观点态度指的是作者在文中对客观存在的人、事、物、现象、表现、做法等所持有的主张和看法。在考试时，考生应能准确分析作者对所论说的事物的观点和态度是赞颂还是批评，是完全支持还是有一定的保留。

作者的观点态度，在不同类型的文章中有不同的表现形态。有的是直接表述出来的，有的则是分散在多处，需要经过辨别、筛选后才能掌握。具体的方法有：

1. 从关键词入手

如表述转折关系的关键词，一般表明作者不同意他人的观点，考生可以据此判断作者对某事（人）的观点或态度。

2. 从概括性强的句子入手

有的文章的观点是直接表述的，抓住了概括性强而又表达某种看法的句子，就抓住了作者的观点态度。

3. 从文中运用的材料入手

文中运用的材料，不论是事实还是文献资料，总是要表达一定的观点的。因此，从分析材料入手，是分析概括作者观点态度的重要途径。

4. 从作者的评述入手

有时候，作者把自己的观点态度隐含在具体的评述之中而不直接说出。这就要求从分析具体的评述入手，提出精要，作出概括。

【例题】

朋友与信（节选）

梁漱溟

朋友相信到什么程度，关系的深浅便到什么程度。不做朋友则已，做了朋友，就得彼此负责。交情到什么程度，就负责到什么程度。朋友不忠，是很大的憾事；如同父子之间、兄弟之间、夫妇之间处不好是一样的缺憾。交朋友时，要从彼此心性认识，做到深刻透达的地方才成。若相信的程度不到，不要关系过密切了。

朋友之道，在中国从来是一听到朋友便说"信"字。但普通之所谓信，多半是"言而有信"的意思，就是要有信用。这样讲法固然不错；但照我的经验，我觉得与朋友交往还另有很重要的一点，这一点也是信，但讲法却不同，不是信实的意思，而是说朋友与朋友之间要信得及，信得过。所谓知己的朋友，就是彼此信得及的朋友。我了解他的为人，了解他的智慧与情感，了解他的心性与脾气。清楚了这些之后，心里便有把握，知道他到家。朋友之间，要紧的是相知；相知者彼此都了解之谓也。片面的关系也不是朋友，必须是两面的关系，才能发生好的感情。因为没有好的感情便不能相知。彼此有感情，有了解，才是朋友。既成朋友，则无论在空间上隔多么远、在时间上隔多么久，可是我准知道他不敢背离。此方可谓之为信。

【问题】作者眼中之信，与别人有什么不同？

【解析】此题考查的是阅读理解中对于作者的观点和态度的把握，作者的态度一般体现在文章中，因此要到原文去找答案。作者在文章中说道，但照我的经验，我觉得与朋友交往另有很重要的一点……不是信实的意思，而是说朋友与朋友之间要信得及，信得过。这就是作者和普通的人看法不同的地方。

阅读理解答题思路总结：

第一步：先去看阅读理解的问题，带着问题去阅读文章。

第二步：把文章中表示文章脉络的部分做标注（一般是有转折句或者每段的开头）、表示作者态度的部分做标注、阅读理解所提的问题所涉及的部分做重点标注。

第三步：根据所提的问题，在文章中做筛选和裁剪。

第四步：作答。

总体原则：阅读理解的答案都是来源于文章中的，因此一定要从材料中来，到材料中去。

第四章　写　作

引子：如下是近几年比较典型的教师职业资格考试的作文命题方式及题目：

【2015 年上半年真题】

山有山的高度，水有水的深度，没必要一味地攀比，每个人都有自己的长处；风有风的自由，云有云的温柔，没必要总是模仿，每个人都有自己的个性。你认为快乐的，就去寻找；你认为值得的，就去守候；你认为幸福的，就去珍惜。没有不被评说的事，没有不被猜测的人。不要太在乎别人的看法，不要盲目去追求一些东西。做最真实、最朴实的自己，依心而行，无憾今生。

要求：用规范的现代汉语写作，自定立意，自拟题目，不少于 1 000 字。（2015 年真题）

一位著名演员在一次表演课上，对即将成为职业演员的学员们说："上山的人永远不要瞧不起下山的人，因为他们曾经风光过；山上的人不要瞧不起山下的人，因为他们不定什么时候就能爬上来。"

根据材料所引发的思考和感悟，写一篇不少于1 000字的论述文。

要求：用规范的现代汉语写作。角度自选，立意自定，标题自拟。（2017年上半年真题）

通过以上作文题的浏览，可以捕捉到如下几个有价值的信息：

1. 以材料分析类作文为主

近几年的考试中，有出现过命题作文及话题作文，但是总体以材料作文为主，这样做的好处是有利于考生发散思维，同时有助于培养他们透过现象抓住事物本质的思辨能力。

2. 议论文写作为主

写作题一般不规定文体，但是从出题的角度来看，这几年基本都是以议论文为主。因此考生需要做好撰写1 000字左右议论文的准备

3. 写作题目有一定深意，往往蕴涵教育哲理或者人生道理

教师资格作文主题以教育类居多，但是这两年已经逐渐拓展到做人的哲理，比起之前几年的主题，已经有所延伸。

4. 平时的知识积累和思辨能力的训练很重要

很多考生平时不喜欢思考，对于事物的本质没有追根究底的兴趣，人云亦云，提不出富有见地的言论，这也是导致作文分数普遍不高的原因。所以考生需要加强平时的思维训练，对社会热点问题可以适当地尝试予以思考及评论，为写作奠定一定的基础。

第一节 写作步骤

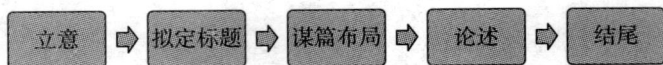

立意 ➡ 拟定标题 ➡ 谋篇布局 ➡ 论述 ➡ 结尾

一、审题，确定体裁

审题是写作的第一步，也是决定文章成败的关键性一步。审题的具体任务，就是通过对作文题目的思考和分析，了解命题者的意图，弄清写作对象、范围和重点，明确立意，并确定文章的体裁。

（一）命题作文的审题（比较少考）

命题作文是指根据所出示题目进行写作的一种作文题型。从结构上来说，命题作文有三种类型：词语式命题、短语式命题和句子式命题。

命题作文的题目往往有虚有实，既确定又不完全确定，其中的每一个词语及其相互之间的关系都具有重要意义。如果忽略其中任何一个词语，或对其中任何一个词语理解不准，或对词语之间的关系理解不正确，都会导致审题出现偏差，以致作文不合题意。因此，对于命题作文，必须对文题进行字斟句酌的推敲，捕捉关键信息，全面、准确、深入

理解文题的深层内涵。

例如：【2012 上】写作题。（50 分）

以《最难忘的声音》为题写一篇作文。可以是（1）上课铃声；（2）老师讲课的声音；（3）学生读书的声音。

（二）话题作文的审题

话题作文是指用一段导引材料启发思考，激发想象，用话题限定写作范围的一种作文题型。它不限文体或尽量减少文体限制，给考生更多的选择自由。话题作文由材料、提示语、话题、要求（或注意）四部分构成。材料只起着引子或例子的作用，旨在引出话题；提示语是对材料的简短的解释说明；话题是由材料引出的，是在材料基础上提炼出来的作文的中心议题，直接划定了作文内容的范围；要求（或注意）一般是强调作文内容必须在话题范围内并对作文提出一些具体的诸如文体、篇幅等方面的要求。

对于话题作文，在审题时要做到以下几点：

（1）先审材料。启发考生如何使审题完全符合题意，如何更好地立意、选材和选取表现主题的角度等。

（2）再审话题。界定话题的范围和写作的自由程度。

（3）细审提示。把握命题意图和作文内容。

（4）推敲要求。进一步明确作文的写作的自由程度和条件限制。

【例题】1. 以"责任"为话题，写一篇文章。要求观点明确，论述具体，条理清楚，语言流畅。不少于 800 字。

【例题】2. 以"诚信"为话题，写一篇文章。要求观点鲜明，论述清晰，不少于 1 000 字。

（三）材料作文的审题（非常重要）

材料作文是指根据所给材料（文字或图画）和要求来写文章的一种作文题型。材料作文通过材料寄托和蕴涵写作的话题，同时明确指出"文意自定，文体自选，题目自拟"，打破了审题的唯一性、立意的限制性和表达的单一性。考生可以通过对材料的理解和解读，选择适合自己的文体进行写作，因此更有利于发挥考生的作文水平。

对于材料作文，在审题时要遵循以下几个原则：

1. 综合性原则

审题时要有全局意识，从材料的整体着眼，切实弄清材料的中心和实质，不要只抓住其中的只言片语，以局部代替整体。比如我们只看到其中某一个材料所表达的主题，但是其实一共有三个材料，那么其他两个材料的观点就被忽略了。

2. 多角度原则

一般来说，材料所蕴涵的观点并不是唯一的，从不同的角度可以得到不同的结论，因此要学会运用发散性思维，多角度审视材料，并列出由材料中引出的多个观点。比如：同样都是在谈论罗尔事件，有的人谈论的是罗尔的为人，有的人谈论的是网络筹款监管的问题，还有人谈论的是罗尔事件背后所反映的公信力问题。

3. 筛选原则

从材料中总结的观点具有多样性，因此，在进入写作时需要对所列出的观点进行适当的筛选。比如选择有创新性的观点、积极正向的观点为佳。

4. 倾向性原则

有些材料中明显流露出命题人的情感倾向，这样我们就可以从材料的情感倾向入手来审题立意。

【例题】阅读下面的材料，根据要求写一篇文章。

苏格拉底说："快乐就是这样的，它往往在你为这一个目的忙得无暇顾及其他的时候突然来访。"

培根说："外在的偶然因素经常影响人的命运，但人的命运主要还是掌握在自己手中。"

要求：根据材料自定立意，自拟题目，自选文体，不少于800字。

【解析】如果以上材料中，我们只考虑到快乐是偶然的，那么就只看到了苏格拉底的观点，反之如果我们过于强调自己的命运要靠自己打拼，那就是只关注到了培根，这就违反了综合性的审题原则，正确的做法是我们需要综合考虑两个人的观点，谈论必然性和偶然性的关系。

再例如：

材料一：道德可以弥补智慧的缺陷，但智慧却弥补不了道德的缺陷。

材料二：一名学生不想上选修课，跑进教室换球鞋。老师看见他说："就算只有你一名学生，我也要坚持上课。"于是，学生很无奈地上完课，但是那位老师却很认真地上完课。

材料三：医院病房里，一名护士正在帮助一名著名的外科大夫给病人缝伤口，护士突然说："不行，还有一块纱布没取出来，一共是12块纱布，现在只取出了11块。"大夫说："我取出来了，缝伤口。"护士坚持不让。过了一会儿，大夫伸出手说："我要的护士就是这样的！"原来另一块纱布在他的掌心里。

根据材料，写一篇800字左右的文章，题目自拟，立意自定，观点明确。

【解析】根据这三个材料，我们看到的是职业道德，教师有教师的职业道德，医生有医生的职业道德，但是归结起来都是责任感，因此我们可以从这个点找到切入口。

二、立意

文章的灵魂在于立意，立意的深浅往往决定了文章的成败。好的立意应该力求做到以下几点：

（一）方向正确——主旨健康

方向正确是指立意要符合客观事物的本质和规律，表达出来的思想观点和感情要健康、积极向上。方向正确是写好作文的基本要求，也是评价文章的重要标准。一般来说，立意要与目前国家社会倡导的公德相一致，要与当前的时代精神相一致，考生切忌不能写离经叛道、不符合社会主流价值体系的内容，这个度务必要把握好。

（二）情感鲜明——激扬文字

情感鲜明是指在文章中的情感指向要明确，该批判的批判，该歌颂的歌颂，语言饱含感情。感情的鲜明最忌故作姿态、夸大其词、没有分寸。感情表达真实可信才会感人，才能打动人。有的考生写的文章干巴巴，毫无情感而言，案例故事生搬硬造，这是犯了作文的大忌。

（三）思考深刻——针砭时弊

思考深刻是指要透过事物的现象去挖掘其内在的本质，思考对人生和社会有意义、有价值的东西，要善于发现别人没有发现的那一点，并给人以启示。思考的深刻需要对眼前的事物作仔细深入的分析，找到其中的内在联系，并能用恰当的语言表达出来。

值得一提的是，这一点是最难做到的，很多考生在审题的时候往往只能看到事情的表面，从而使自己的文章立意变得泯然众人矣，非常平庸。

举个例子：对于跃入动物园围栏而被老虎咬死的人，你怎么看？

如果仅仅是情绪的发泄或者一味地分析责任归属，便有可能落入俗套且抓不住事情的本质，反之打开思路，从不同的主体出发分析，或者从个人到家庭到社会层面去谈事情发生的原因及如何预防，便显得更有建设性且更切入本质。

（四）思维创新——高瞻远瞩

思维创新是指要克服以往的思维定式，打破常规，发表自己独特的创见，令人耳目一新。不落俗套又在情理之中的立意基本都是高分作文。

（五）从事情本身出发或从事情中的人物出发

很多考生对如何立意不得要领，其实把握好两个方向即可，一般的材料分析题，要么从事件本身出发，要么从材料中的人出发，如果是从事情的角度来看，思考的方向是：是什么——为什么——怎么办；如果从材料中出现的人出发，思考的方向是：谁——做了什么——为什么或者谁——为了什么——如何去做。

【例题】一个老人挑着一担瓷碗在路上走着，突然一只碗掉到地上摔碎了，老人头也不回继续向前走着，路人很奇怪，便问为什么你都不回头看呢，老头说：我再怎么回头看，碗还是碎的。

根据材料所引发的联想，写一篇论说文。要求：角度自选，立意自定，标题自拟，不少于1 000字。

【解析】（1）从碗碎了这件事本身来看。

思考的方向：碗碎了——为什么不捡——因为反正已经碎了。引申到现实生活中，可以得出如下观点：事物是发展变化的；已经发生的无法改变；面对现实接受不完美的（如学生、家人）；学会享受当下等。

（2）从老人角度来看，思考的方向是：谁——做了什么——怎么做的（或者为什么）。

老人——没捡碎了的碗——心态好，所以从这个角度看，可以谈良好心态的养成，如何成为良好心态的人等等。

【例题】阅读下面的材料，根据要求作文。

戴维是英国皇家学院的爵士，在科学上做出过重大贡献。有人要戴维列举自己对科学的贡献时，戴维说"最大的贡献是发现了法拉第"。法拉第原是一名书籍装订工，没有上过大学，戴维发现了他的才能，让他做了自己的助手。法拉第后来成为著名的物理学家、化学家。

请根据上述材料给你的启示，联系实际，写一篇议论文。

要求：用规范的现代汉语写作。不要脱离材料内容或含义；题目自拟，立意自定；观点明确，分析具体，条理清晰，语言流畅。不少于 800 字。

【解析】立意 1：

教师要善于发现学生的闪光点。

立意 2：

教师是伯乐，教育的过程也是挖掘人才的过程。

再看一个例子：

【例题】杜鲁门新当选美国总统，记者采访其母亲："你有这样的儿子，你一定很自豪。"杜鲁门的母亲回答："是的。不过，我还有一个儿子，同样让我骄傲，他现在正在地里挖土豆。"

根据上述材料，写一篇论说文。

要求：立意自定，题目自拟，条理清晰。不少于 800 字。

【解析】（1）从人的角度出发：

立意 1：

教师（杜鲁门母亲）角度：公正、平等地关爱每一位学生，鼓励学生发挥自己的特长。

立意 2：

学生角度：每一位学生都有长处，在社会上都有自己的一席之地。

（2）从事情的角度出发：

立意 1：三百六十行，行行出状元。

立意 2：社会应该树立平等的人才观。

三、构思

文章的构思，就是思考如何根据中心有机地组织文章的结构框架。构思的技法主要有以下几种。

（一）神来之笔，画龙点睛法

画龙点睛法是在篇末点出文章的主旨，阐发其中蕴涵的哲理。点睛之笔不在于多，而在于准。"龙"要画活，"睛"要点准。

（二）时空交错法

时空交错法是采用两条线索，各有自己的流向，但要注意选好两条线索的结合点，使之成为一个有机的统一体。比如时间线索和事件线索的交错。

(三) 缅怀往事法

缅怀往事是用回忆的方式叙事，往往能防止文章单调，如果将往事的回忆按照时间线索堆叠起来，则更显不俗。但要注意将时间或空间的转换交代明白，来龙去脉说清楚，不然会稍显杂乱。

(四) 先抑后扬法

设置悬念往往能出奇制胜，不管是先抑后扬还是先扬后抑，都要在高潮处出现，实现逆转。

(五) 线索串联法

线索串联法是以物、人、事或感情为线索，将多件材料贯穿起来。采用此法不仅可以使文章错综变化、波澜起伏，还能保证条理清晰、中心明确突出。比如某篇文章以故乡的歌谣开头，结尾再次回响起那熟悉的歌谣，再比如某篇文章以男女主人公互送定情信物为开头，那么整篇文章便以定情信物为线索，串联起来。

(六) 直奔主题法

直奔主题法是不绕弯子，不兜圈子，开篇入题，直指要害。这种写法在作文中值得提倡，不容易跑题。

(七) 前后呼应法

前后呼应法就是在前文扣住中心铺展论述的基础上，文末回扣话题，强化主题，既显得思路严密，意蕴丰富，又能使阅卷者印象深刻，迅速把握作文主旨。

四、选材

材料对写作而言是至关重要的。在写作中，选材包括四个方面：把握材料、鉴别材料、选择材料和使用材料。

(一) 把握材料

占有材料强调一个"多"字，多多益善，平时考生要多留心，不要书到用时方恨少。

(二) 鉴别材料

鉴别材料是对材料更深层次的认识，即要对材料的轻重、大小、主次、真伪、典型与否作出判断，以利于下一步选择材料时做到"胸中有数"。鉴别材料要"精"字当头，切不可含糊。

(三) 选择材料

选择材料要做到取其精华，去其糟粕。选择材料务求做到"严"：要选真实而准确的材料；要选新颖、生动、充满时代气息的材料。

(四) 使用材料

所谓材料的使用，主要在于每一个材料在文中如何安排，哪个在先，哪个在后；还在于使用具体事例时的详与略，哪个详述，哪个忽略；等等。使用材料重在一个"活"字。

第四章 写作

五、组材

组材，即组织和安排材料。组材要正确反映客观事物的内在联系和客观规律；组材要根据表达主题的需要进行；组材要适应文体的特点；组材要富于变化。

组织材料的方法，因文体的不同而有所区别。

(一) 记叙文的组材方法

1. 以时空为序

按照时间的先后顺序或空间位置的转移安排层次。

2. 以问题为序

按照事物的不同类型或问题的不同性质安排层次。

3. 以因果为序

按照事物发展的因果关系安排层次。

(二) 议论文的组材方法

一共有三种：并列式、递进式、对比式。

1. 并列式

结构：总论——分论——总论

(1) 总论：提出论点。

(2) 证明论点：分论点 1＋论据＋分析论证。

分论点 2＋论据＋分析论证

分论点 3＋论据＋分析论证

(3) 总论：总结全文。

【例】语言是沟通的钥匙。

中心论点：老师应该因材施教对待学生。

分论点 1：因材施教有利于学生个性的培养。

分论点 2：因材施教有利于学生创造力的表达。

分论点 3：因材施教有助于学生培养独立思考的能力。

2. 递进式

【例】理解万岁。

是什么：理解是宽容，不是单纯的宽容，不是一味地放纵。

为什么：理解使同事团结，理解使家人和睦，理解使社会和谐。

怎么办：理解需要体谅，理解需要交流，理解需要分享与同理心。

3. 对比式

【例】关爱学生是师德修养的灵魂。

中心论点：教师对学生的关爱会影响到学生的一生。

正面论点：校长没有苛责犯了错误的小麦克劳德，麦克劳德长大后成了著名的生物学家。

反面论点：三毛小时候被老师嘲笑，并在眉毛上画圈，三毛由此得了自闭症。

六、进行写作的创作

(一) 把握好文章的段落和层次——文章的"身材"要得当

文章的段落和层次就好比一个人的身材和骨骼，如果一个人的相貌一般，但是骨架匀称，身材比例较好，亦能弥补文字不够精彩的缺憾。反之，如果文章脉络凌乱，不知所云，得分一定是会非常低的。

文章的段落和层次主要有以下四种：

(1) 对照式。文章主体部分（两个部分）之间的正反对比式，要注意前后的过渡。

(2) 并列式。分论点部分是并列关系，分为若干个层次，每个层次或段落采用"中心句+叙述+评述"的模式。常见的是：分论点1+解释分论点+论据；分论点2+解释分论点+论据；分论点3+解释分论点+论据……

(3) 递进式。主体部分之间是递进关系，既可以是深度上的递进，也可以是广度上的递进。

(4) 总分式。在一个段落的几层意思中，用中心句进行"总体引领"或"总结概括"，其他语句则围绕中心句"分头行动"，从各自的角度证实或丰富中心句。运用"总分式段落"结构的好处是：思路清晰、层次清楚、主次分明。

(二) 衔接和过渡——用好过渡句

衔接和过渡就像是人体的头部和身体需要靠脖子来连接，如果没有中间的过渡自然，文章会显得非常生硬，因此衔接和过渡给文章润色不少，使文章读起来非常舒服。

(1) 衔接。衔接是利用一定的词语或相应的句式巧妙连接，常常用在意思联系比较紧密的段与段之间，使篇章前后连贯，脉络分明。衔接主要有意合和关联两种。

(2) 过渡。过渡是利用过渡段或过渡句巧妙连接，常常用在意思转折比较大的段与段之间，如两个不同的事件、两种不同的内容、两个不同的场面等。过渡段一般比较短小，大多是一句话或一个句群。

(三) 详写和略写要得当——分清楚轻重缓急

在写作时，要考虑详写和略写，也就是"多写什么、少写什么"的问题。应当多写的，就大笔铺陈，用墨如泼；应当少写的，就一笔带过，惜墨如金。这样才能使文章疏密相间，恰到好处，主题突出，中心分明，而且能使文章虚实相生，浓淡相宜，波澜起伏，错落有致，达到匀称和谐的境界。

详略安排是由以下因素决定的：

1. 文章的题目

题目确定了写作的重点，重点就正是要详写的地方。

2. 文章的中心

最能表现文章中心意思的材料，就是主要的材料，要详写；与表现文章的中心意思关系不密切的材料，就是次要的材料，要略写。

3. 文章的内容

文章的内容，不可能全部详写，也不可能全部略写，这时要突出描述一个或几个，其他的略写，使文章有疏有密。

4. 文章的体裁

例如，为了把记叙文写得更好，常采用夹叙夹议的方法。但是，必须"叙"详而"议"略，处理得当，才能起到画龙点睛的作用。

（四）开头和结尾

1. 开头

开头是文章结构的一个重要组成部分。古人把文章开头称为"凤头"，就是说文章的开头要漂亮，给人以先声夺人之感。因为开头处于文章的醒目处，又好比乐曲定调，它的成功与否直接影响整个作品的得失。"良好的开始是成功的一半"，因此能够有一个精彩的开头，对于一篇文章也是非常关键的。

作文开头的方式主要有以下几种：

（1）设问式开头法：通过自问自答的方式，突出主题。设问式开头的关键是"问"，提出疑问，给出答案或在提出观点之前，先设置反面观点，通过对其简要的批驳顺其自然地得出文章中心或者在开篇提出疑问，在接下来的写作中慢慢回答开头的疑问。也就是说，"问"的内容，决定着文章的方向，决定着文章材料的取舍，决定着文章的语言风格。

举例：《责任》

警察能只顾及个人利益而对坏人坏事视而不见吗？医生能只顾及个人利益对垂死患者置之不理吗？战士能只顾及个人利益而对祖国的灾难撒手不管吗？答案是否定的。同样，每个社会人都要担当起自己应有的重任。教师的责任就是教书育人，关爱学生。

点评：直接通过作者自问自答的方式抛出了观点，非常精辟简洁，让人眼前一亮。

（2）引言式开头法：引用名人名言作为文章的开头引语，使文章的角度站得更高，中心提炼得更准确，文章显得更有文采。

例如：《爱的教育》

举例：陶行知先生曾说："爱是一种伟大的力量，没有爱就没有教育。"教育最有效的手段就是"爱的教育"。对啊，爱是教师的天性，从金子般的年华到日染桑榆，有多少不知疲倦的跋涉者，留下一行行奋进的足迹。

在文章中利用名人名言最大的好处是让考官觉得考生墨水多，使文章整体的档次得到了提升，但是考生要特别注意不要重复使用一个人的名言警句，也不要使用那种被频繁使用的名言警句。此外，不能通篇文章多处引用名言，会显得过犹不及。

（3）排比式开头法：排比即把结构相同或相似的三个或三个以上句子或词组连用在一起，表达统一思想。排比式开头表现人物特点、叙述事情经过、表达思想感情、充分展示道理都有特殊的效果，强烈的语言气势、工整的词句韵律、情与美的完美结合，开篇即可让阅卷人感到作者语言才华横溢、气势磅礴，给读者以美的享受。

举例：自古以来，多少仁义之士以"天下兴亡，匹夫有责"为职责，为天下之危而忧，乃至洒热血以扶大厦。岳飞，从小把"精忠报国"四字刻在背上，用来时刻警醒自己；文天祥，面对敌人的侮辱和虐待誓死不屈，留下"人生自古谁无死，留取丹心照汗青"的光辉；杨靖宇，不屈服于日寇的淫威，死时肚里只有棉絮和草根。

举例：有人说时间是一种财富，有人说时间是一种资本，有人说时间是一种诚信，而我却认为时间是这个世界上最神奇的东西。

2. 结尾

古人说过："好的结尾，有如咀嚼干果，品尝香茗，令人回味再三。"与开头一样，结尾也很重要。人们称好的文章的结尾为"貂尾"，从考试作文来看，要求结尾简练生动、恰到好处。文章结尾最简单的方法就是把文章的总起句再照方抓药地叙述一遍。除此以外，还有如下几种：

一是自然收尾式。自然收尾式，就是自然而然地收束全文，而不去设计蕴意深刻的哲理语句，不去雕琢丰富的象征形体。它完全避免了文章画蛇添足、无病呻吟的毛病，显得单纯明快、朴素无华。

二是首尾呼应式。首尾呼应式，就是结尾与开头要相呼应，写出既呼应开头，又不简单重复的语句。这种结尾方式是各类文章极常见的收尾方法，能唤起读者心理上的美感，产生一种首尾圆融、浑然一体的感觉。

三是画龙点睛式。就是在文章结束时，以全文的内容为依托，运用简洁的语言，把主题思想明确地表达出来，或者在全文即将结尾时，把写作意旨交代清楚，所以这种结尾方法又称"画龙点睛式"。

四是名言警句式。名言警句式，就是用名言、警句、诗句收尾，着意于引申文章，揭示某种人生的真谛。它往往出现在散文、记叙文、杂文的结尾，用三言两语表述出含义深刻、耐人寻味的哲理或警示性内容，使之深深地印在读者的心中，起到"言已尽，意无穷"的效果。

五是抒情议论式。抒情议论式，就是用抒情议论的方式收束文章，能够表达作者心中的情愫，激起读者情感的波澜，引起读者的共鸣，有着强烈的艺术感染力。这种结尾方式主要用于写人记事的记叙文中，也可用于说明文、议论文中。

【例题】请你以"教师的理想"为题写一篇文章，文体不限，字数不少于1 000字。

【解析】首先，通过审题，可以确定文题为"教师的理想"，规定体裁不限，那么，考生就要确定一种合适的体裁，对于文章的字数，考生也要妥善把握。

其次，要抓住题目中的关键性词语——教师、理想，只有把握了关键词，才能围绕主题行文。

再次，考生作为将来的教师，要从职业的角度出发来构思，而不能偏离这一方向。

最后，选择、组织合适的材料进行文章的写作。

第二节　常用文体写作技巧

一、记叙文

记叙文是以叙述为主要表达方式，以写人物的经历和事物发展变化为主要内容的一种文体。记叙文包括如下几种：

（1）侧重写人的记叙文。以人物的外貌、语言、动作、心理描写为主。

（2）侧重记事的记叙文。以叙述事情的发生、发展、经过和结果为重点。

（3）侧重绘景的记叙文。以描绘景物、寄托情怀为主。

（4）侧重状物的记叙文。以状物为主，借象征抒怀。

（一）记叙文的六要素

时间、地点、人物、起因、经过、结果是记叙文的六要素，一定要齐全且丰满。

时间指事情发生在什么时候。时间有现在、过去和将来的区别，叙述时要交代清楚。地点指事情发生在什么地方。地点包括事件发生的环境、状况和气氛，氛围的基调会引起读者的联想，一定要有画面感。人物指事件涉及哪些人物。因为人物是主角，所以要写得有血有肉，个性突出，而不是干巴巴的一些字眼。事件的起因、经过和结果指事情是怎么发生的，发生的经过如何，结果如何。事件的起因、经过和结果是记叙文的三个重要环节。好的记叙文，起因和结果更要紧密配合，以使事件不违背情理。事件的经过要写得有起有伏，曲折动人，并且能圆满地把事件因果连贯起来。

（二）记叙文的记叙顺序

记叙文常见的记叙顺序有三种：一是按时间顺序安排情节，包括顺叙、倒叙、插叙等；二是按空间顺序安排内容；三是按材料不同而分类叙述。

（三）记叙文的表达方式

记叙文的表达方式共有五种，即叙述、描写、抒情、议论、说明。

1. 叙述

叙述是写作中最基本、最常见的一种表达方式，它是作者对人物的经历和事件的发展变化过程以及场景、空间的转换所作的叙说和交代，在写事文章中应用较为广泛。叙述有第一人称叙述、第二人称叙述和第三人称叙述。

2. 描写

描写是把描写对象的状貌、情态描绘出来，再现给读者的一种表达方式。描写的手法运用得好，能逼真传神、生动形象，使读者如见其人、如闻其声、如临其境，从中受到强烈的艺术感染。描写一般包括人物描写和环境描写。人物描写，如肖像描写、动作描写、语言描写、心理描写等；环境描写，如自然景物描写、社会环境描写等。

3. 抒情

抒情就是抒发和表现作者的感情，具体指以形式化的话语组织，象征性地表现个人内心情感的一类文学活动，它与叙事相对，具有主观性、个性化和诗意化等特征。作为一种特殊的文学反映方式，抒情主要反映社会生活的精神方面，并通过在意识中对现实的审美改造，达到心灵的自由。抒情是个性与社会性的辩证统一，也是情感释放与情感构造、审美创造的辩证统一。它是抒情文体中的主要表达方式，在一般的文学作品和记叙文中，也常常把它作为重要的辅助表达手段。抒情有直接抒情和间接抒情之分。考生不可无病呻吟，发自内心的真情实感才可打动人心。

4. 议论

议论就是作者对某个议论对象发表见解，以表明自己的观点和态度。它的作用在于使文章鲜明、深刻，具有较强的哲理性和理论深度。在议论文中，它是主要表达方式，在一般的记叙文、说明文或其他文学作品中，也常被当作辅助表达手段。考生需要注意记叙文里的议论只是适当的点缀，切不可喧宾夺主。

5. 说明

说明是用简明扼要的文字，把事物的形状、性质、特征、成因、关系、功用等解说清楚的表达方式。被解说的对象，有的是实体的事物，如名山大川、江河小溪、花草树木、建筑、工具等；有的是抽象的道理，如思想、理念、修养、观点、文化、原理等。

(四) 记叙文的写作技巧

1. 写人技巧

写人要写"魂"，这里所说的"魂"是指人物的思想品质和性格特点，也就是我们平常所说的人的精气神。写人的记叙文，是通过对人物思想性格的刻画来表现中心思想的。

（1）确定文章的中心。

一般来说，记叙文所要表现的人物的思想品质和性格特点，便是文章的中心思想。在写作时，既可以侧重选择人物性格中的一个特点来写，也可以精选人物性格中的几个特点来写。考生要注意所写的事物一定要和中心是契合的，不能离题万里，不知所谓。

（2）选择典型的事件。

俗话说：写人离不开叙事。人物的思想感情、性格品质主要是通过事件来表现，而这些事件的选择必须要典型。典型事件的选择和安排应注意小中见大、详略结合、妥善衔接。典型事件既可以按照时间的线索来安排，也可以按照地点变化来安排，使得文章的思路非常清晰。

（3）记住人物的特征。

写外貌、神态，要注意人物的年龄、服饰、身份，特别要抓住其"眼睛"和特有的神情等；写动作，要注意由人物内心活动引起的动作变化，特别要抓住其特征性动作；写语言，要注意人物的习惯、个性等。另外，考生要注意书面语和口头语的问题，很多考生写的文章过于口语化，特别是在描写人物的时候，这样的文字功底显然是需要加强训练的。

（4）讲究写人的角度。

选择描写的角度应注意以下几点：

一是角度要新。如果写人的角度千篇一律，作文就会显得呆板乏味。因此，选择写人的角度，要做到"人无我有，人有我新"，即尝试从新的角度去表现人物。

二是角度要小。选择写人的角度太大，涉及面太广，容易面面俱到、泛泛而谈。角度选择得小一些，效果会更好。正所谓透过一粒沙，见到整个世界。

三是角度要集中。写作对象的素材是分散的、零碎的，在写作过程中应设法找到特定的角度，集中突出地刻画人物形象，不要洋洋洒洒写了很多，但是主旨分散，抓不住重点。

四是角度要典型。龙，具有首、尾、角、鳞、须等几个部分，高明的画家总是在"一鳞一爪"的描绘中展现龙飞动的风采。写人的作文也是如此，可以通过对写作对象某一角度的描写来反映他们的全貌。

【例题】1.《故乡》中对闰土的描写

有一日，母亲告诉我，闰土来了，我便飞跑地去看。他正在厨房里，紫色的圆脸，头戴一顶小毡帽，颈上套一个明晃晃的银项圈，这可见他的父亲十分爱他，怕他死去，所以在神佛面前许下心愿，用圈子将他套住了。他见人很怕羞，只是不怕我，没有旁人的时候，便和我说话，于是不到半日，我们便熟识了。

【分析】寥寥数笔把一个可爱的少年描写得惟妙惟肖，这也为后来鲁迅先生见到中年闰土那种巨大的反差埋下了伏笔。

【例题】2.《茶花女》中对主人公玛格丽特的肖像描写

　　散碎的刘海下露出一张精致而又美丽的脸，只要在穿着上稍稍花些功夫，就把这种造化的疏忽给掩饰过去了。她披着长可及地的开司米大披肩，两边露出绸子长裙的宽阔的镶边，她那紧贴在胸前藏手用的厚厚的暖手笼四周的褶裥都做得十分精巧，因此无论用什么挑剔的眼光来看，线条都是无可指摘的。

　　她的头样很美，是一件绝妙的珍品，她长得小巧玲珑，就像缪塞所说的那样，好像是经她母亲精心摩挲才成为这个模样的。在一张流露着难以描绘其风韵的鹅蛋脸上，嵌着两只乌黑的大眼睛，上面两道弯弯细长的眉毛，纯净得犹如人工画就的一般，眼睛上盖着浓密的睫毛，当眼帘低垂时，给玫瑰色的脸颊投去一抹淡淡的阴影；俏皮的小鼻子细巧而挺秀，鼻翼微鼓，像是对情欲生活的强烈渴望；一张端正的小嘴轮廓分明，柔唇微启，露出一口洁白如玉的贝齿；皮肤触感就像未经人手触摸过的蜜桃上的绒衣。这些就是这张美丽的脸蛋给你的大致印象。黑玉色的头发，不知是天然的还是梳理成的，像波浪一样地卷曲着，在额前分梳成两大绺，一直拖到脑后，露出两个耳垂，耳垂上闪烁着两颗各值五千法郎的钻石耳环。

【分析】通过细致入微的描写将一个风情万种、无比迷人的美女形象刻画得惟妙惟肖。写作的时候，不能干巴巴地只写美极了、好美这些呆板的字眼，而是要通过美妙的文字将人物的美勾勒出来。

【例题】3.《背影》中对父亲动作的描写

　　他用两手攀着上面，两脚再向上缩；他肥胖的身子向左微倾，显出努力的样子。这时我看见他的背影，我的泪很快地流下来了。

【分析】通过动作描写可以表达人的思想、性格特点、情绪等，通过对父亲动作的回忆，作者表达了父亲对孩子的内敛的深情以及父子不得不面临分别的无奈。

2. 叙事技巧

叙事类记叙文以叙述事件为主，突出事件发生、发展和解决的过程。在叙事时可采用下列方法：

（1）虚实相间法。

正面直接写叫实写，侧面间接写叫虚写，虚写为实写服务。文章要以实带虚，虚中见实，相辅相成，形成一个又一个波澜。

（2）抑扬顿挫法。

抑扬顿挫法是组织篇章、造就转折、形成波澜的又一重要技法。抑扬顿挫法可以是先抑后扬，也可以是先扬后抑。

（3）离合法。

离合法就是在处理场面和情节的过程中，不必处处紧扣主旨，而应采取"若即若离"的方式灵活安排，掀起文章的波澜，避免单调呆板。

（4）悬念设置法。

悬念设置法，即设置疑团，不作解答，借以激发读者的阅读兴趣。这种悬念设置法的使用，使全文显得曲折有致。

《水浒传》中写武松景阳冈打虎一段，可谓波澜起伏：

武松走了一程，酒力发作，热起来了，一只手提着哨棒，一只手把胸膛前敞开，踉踉跄跄，奔过乱树林来。见一块光华的大青石，武松把哨棒靠在一边，躺下来想睡一觉。忽然起了一阵狂风。那一阵风过了，只听见乱树背后扑地一声响，跳出一只吊睛白额大虫来。

武松见了，叫声"啊呀！"从青石上翻身下来，把哨棒拿在手里，闪在青石旁边。那只大虫又饥又渴，把两只前爪在地下按了一按，望上一扑，从半空里蹿下来。武松吃那一惊，酒都变做冷汗出了。说时迟，那时快，武松见大虫扑来，一闪，闪在大虫背后。大虫背后看人最难，就把前爪搭在地下，把腰胯一掀。武松一闪，又闪在一边。大虫见掀他不着，吼一声，就像半天起了个霹雳，震得那山冈也动了。接着把铁棒似的虎尾倒竖起来一剪。武松一闪，又闪在一边。

原来大虫抓人，只是一扑，一掀，一剪，三般都抓不着，劲儿先就泄了一半。那只大虫剪不着，再吼了一声，一兜兜回来。武松见大虫翻身回来，就双手抡起哨棒，使尽平生气力，从半空劈下来。只听见一声响，簌地把那树连枝带叶打下来。定睛一看，一棒劈不着大虫，原来打急了，却打在树上，把那条哨棒折做两截，只拿着一半在手里。

【分析】文章把武松与老虎的搏斗写得曲折刺激、一波三折，让读者有身临其境的危机感，叙述铺陈非常精彩。

3. 写景技巧

写景记叙文是指以描绘自然景物为主的记叙文。写景记叙文的写景并不是单单为了写景，而是通过对自然景物的生动描绘来烘托环境气氛，突出文章的中心或衬托人物的心情，抒发作者的思想感情。景物描写要注意以下几个方面：

（1）确立写景的顺序。

人们观赏景物都有一定的顺序：或定点环顾，或边走边看。因此在描写时应该遵循一定的顺序，如空间方位顺序、时间顺序、地点转换顺序等。此时的描写如果得当，读者心中会有画面感，反之则会显得凌乱无序。

第四章　写作

（2）抓住景物的特征。

世界上的景物千差万别，各有姿态。写景必须抓住此景与众不同的独特之处，写出此景的特征，将它的形状、性质、动态、声音、颜色等真实地表现出来，进一步将该景蕴含的精神也写出来，力求景物描写得生动逼真，引人入胜。

（3）注意思想感情的表达。

景物描写总是为表情达意服务的，因此要处理好"景"与"情"的关系。景中有情、情中有景，才能达到水乳交融、不可分离，达到所谓"诗中有画，画中有诗"的境界。

4. 状物技巧

状物的记叙文，也不是为状物而状物，而是通过描述某物来表明作者的某种思想、某种感情。这类文章的特点在于把比较抽象的思想感情寄托于具体、形象的事物当中，文中既有对所寄托事物的具体描述，又有对所寓之理和所抒之情的充分阐发。

（1）用心选择写作对象。

写作前要选取有助于达到写作目的的物体作为写作对象，抓住所状之物与所要表述的思想感情之间的"交叉点"，即确定它们之间相似、相通或相关的内容。

（2）注意仔细观察。

这是写好状物记叙文的基础，没有这一基础，文章要表达的思想或感情都无以寄托。对物的描绘要真实、准确、逼真，要重点突出，要与文中所寓之理、所抒之情互相呼应。

（3）展开丰富的联想。

描写事物离不开作者的情感与体会，抓住事物特点，将自己的体会、联想与事物的特点融为一体，就可以达到状物寄情的效果。而文章融入作者丰富的联想，就会使内容更充实、更耐人回味。不过要注意，联想要以真实的事实为依据，不能完全脱离实际，胡编乱造。

二、议论文

议论文是用逻辑、推理和证明阐述作者的立场和观点的一种文体。这类文章或从正面提出某种见解、主张，或驳斥别人的错误观点。新闻报刊中的评论、杂文或日常生活中的感想等，都属于议论文的范畴。

（一）议论文的种类

1. 立论文

立论文的特点是：针对一定的事件或问题，正面阐述自己的见解和主张，同时用充足的、有说服力的论据来证明所提出的论点。立论文的写作要求有：要对论述的问题有正确的看法；要用充足、有说服力的论据；要言之有理，合乎逻辑。

2. 驳论文

驳论文的特点是：针对对方的观点加以批驳，在批驳的同时阐述自己的观点。驳论文中的"驳"主要包括：驳论点，驳论据，驳论证。一般而言，驳论文的难度比起立论文的难度要更大一些。

（二）议论文的三要素

1. 论点

论点就是文章所要议论、阐述的观点，是作者对所论述的问题提出的见解、主张和表示的态度。它是整个论证过程的中心，担负着回答"论证什么"的任务，明确地表示着作者赞成什么、反对什么。文章中不要出现"也许、没准、可能"这样的字眼，作者自己的观点都模棱两可，何谈去说服别人呢？

在较长的文章中，论点有中心论点和分论点之分。中心论点是指作者对所论述的问题的最基本看法，也是全部分论点的高度概括和集中；分论点是从属于中心论点并为阐述中心论点服务的若干思想观点。各分论点也需要加以论证，凡经证明而立得住脚的分论点，也就成为论证中心的有力论据。

【示例】吴晗的《谈骨气》（文章略）

【分析】作者在文章的开篇明确提出了论点——我们中国人是有骨气的。开门见山，直奔主题。

2. 论据

论据就是证明论点的材料、依据，根据其本身的性质和特征，可分为事实性论据和理论性论据两类。事实性论据是对客观事物的真实的描述和概括，即用事实来说话，因此是证明论点的最有说服力的论据。事实性论据包括个别事例、概括性事例和数字等。理论性论据是指那些来源于实践，并且已被长期实践证明和检验过，断定为正确的观点。使用论据，要做到以下几点：

（1）确保论据的确凿性。引用经过实践检验的理论材料作为论据时，必须注意所引理论本身的精确含义。

（2）确保论据的典型性。引用的事例应该具有广泛的代表性，代表这一类事物的普遍特点和一般性质。

（3）确保论据的新颖性。尽可能寻找一些新鲜的、能给人以新的感受和启示的论据。中国俗语、韩愈的名言都属于理论性论据。这些丰富多彩的论据极大地支持了论点，使文章变得有血有肉。

3. 论证

从形式逻辑角度说，论证是指运用论据证明论点的全部逻辑推理过程，这个过程表示论据和论点之间是用何种逻辑的方法联系起来或统一起来的。

论证的方法主要有：

（1）例证法。

例证法是运用归纳推理进行论证的方法。例证法的特点主要是用典型的具体事例作为论据来证明论点。

注意事项：摆出事实后，还需要讲道理；所选的例子一定要真实、典型。

（2）引证法。

引证法是运用演绎推理论证问题的方法。引证法的特点是通过引用经典语录、约定俗成的市井言论、生活常识等作为论证论据来证明论点。

注意事项：引证要准确，不要断章取义；引证不宜过多，不能以别人的观点来代替自己的观点。

（3）喻证法。

喻证法是用比喻来说明道理的方法，一般来说也属于演绎证明。运用这一方法，往往可以化繁为简，生动具体地说明抽象的道理。

注意事项：比喻要贴切自然，不要牵强附会。

（4）类比法。

类比法是通过讲故事、打比方的方法将类似的两件事进行比较，从而由此及彼，自然地得出新结论的论证方法。类比法能够以浅寓深，以近比远，形象鲜明，有很强的说服力。

注意事项：必须用同类事物进行比较，而且要求根据类比对象共有的本质属性进行推理。

类比的事物具有的共同属性越多，结论的可靠程度就越大。

（5）对比法。

通过事物之间的正反对比，从而证实某个论点正确或错误的方法，就叫对比法。

注意事项：运用对比论证时，比较的双方要具备可比性。

（6）归纳法。

归纳法是根据对一些个别事物的分析与研究，推导出一般结论的论证方法。归纳反映着客观事物的个别与一般的关系，是由个别到一般的方法，因此，这种论证法很有说服力，是论证的基本方法之一。

（7）演绎法。

演绎法是从普遍性结论或一般性事理推导出个别性结论的论证方法。演绎推理与归纳推理相反，它反映了论据与论点之间由一般到个别的逻辑关系。

注意事项：作者所依据的一般原理即大前提必须正确，而且要和结论有必然的联系，不能有丝毫的牵强或脱节。

值得一提的是，一篇优秀的文章，论证方法一般在两种以上，如果通篇都只采取一种论证方法，会给人感觉呆板、单调，且论证没有力度。

（三）议论文的写作技巧

1. 给文章起一个抓人眼球的题目

题目是文章的眼睛，是文章传递显要信息的重要部分。由于它位居文章之首，所以文章题目的优劣会直接影响阅卷者对文章的第一印象。议论文拟题的基本要求是：在准确的基础上力求醒目。具体而言，可形象，可简洁，可别致，可整齐，不一而足。

议论文的题目要求符合文体特征，要求鲜明，使人见其题而知其旨。观点鲜明的文章题目最受欢迎，因为它具有清澈感和透明感，能够传达出文章内容之大概，便于读者准确而快速地把握整篇文章的基本内容。常见的起题目方法主要有灵活运用修辞手法或者巧用双关语、俚语等，都会让文章的题目显得与众不同，让人充满期待。如：

（1）巧用比喻——妙笔生花。

如以"诚实"为话题，标题《诚实就是财富》，把诚实这种美德比作财富，有力地证明了只有用诚实才能换得友谊、赢得成功、获得知识的主题。

（2）运用比拟——情感细腻，生动形象。

以"环保"为话题的作文，就有考生拟题为《地球的最后一滴眼泪》《地球就诊记》，很新颖，也非常形象生动，能唤起人们的联想。

（3）运用夸张——增加表现美。

一个以"爱心"为话题的作文训练，一考生拟题为《我嗅到了幸福》。

（4）运用双关——巧妙机智。

有位考生拟题为《生命"诚"可贵》，标题这句话本是裴多菲的名句，但原来的"诚"是副词，有"诚然，确实"之意，作者运用双关修辞格将"诚"用引号标出，巧妙地赋予"诚信"之意，可谓机智。

（5）巧点化——妙趣横生。

对影片名、歌曲名、古诗句以及成语、俗语等适当点化，进行套装、借用、仿造之后作为文章的题目，常常显得典雅大方，亦庄亦谐，妙趣横生，是考场中快速拟题的高明之举。例如：

《为师者，当日三省吾身——师者慎独》（诗句套改）

《教育不是小买卖——做一位专家型教师》（歌词搬借）

《爱要说出来——春风化雨也有声》（俗语挪用）

《将诚信进行到底》（套改歌词）

《同（童）声同（童）梦》（巧用谐音）

2. 开好头

议论文的开头讲究要"短、平、快"。

短，即要简捷，最好三两句成段，引入本论。开头短，可避免冗长之赘。

平，即平铺直叙表达观点，不要遮遮掩掩。

快，即入题要快，最好三言两语就点明文章的基本观点或议论的话题，有利于读者及时捕捉到文章的中心。

3. 重视首句和末句

议论文常见的论述模式是：首句为小论点或承上启下的过渡词句；中间围绕小论点，运用恰当的事实、理论论据进行分析说理；最后结合论述内容写一两句小结的话语。其中首句和末句的写作最重要，它能直接勾勒文章的脉络，显示全文的论述思路。

4. 论据鲜活

论点是议论文的灵魂，分论点是支撑起这个灵魂的骨架，而论据是议论文的血肉。一个人要丰满生动，光有灵魂和骨架、没有血肉是不可想象的。同样，一篇议论文只有中心论点和分论点是不能称为文章的，它还必须有典型而鲜活的论据。论据需要靠广大考生的平日积累，比如一些著名的教育大家的奇闻逸事，教育类的热点新闻事件，感动中国的优秀教师的事迹等等，都需要考生特别予以关注与储备。

5. 结好尾

结尾是全文内容发展的必然结果，是文章的重要组成部分。现代著名作家师陀曾说："写文章不管长短，首先要考虑好结尾。有了结尾，如何开头，中间如何安排，便迎刃而解了。"

第三节　范文赏析

以下范文选取自网络，是历年考试中的一类文，仅供考生参考。

一、记叙文

以"表扬""赏识教育"为话题写一篇文章，文体不限，字数不少于800字。

【范文】

终生难忘的表扬

在我初二时，班里新来了一位语文老师，要我们写作文，题目是"春游"。我写了一次与爸爸上山采杨梅的经历，由于是自己的亲身经历，所以写得有声有色。这个语文老师并不知道我是班里最差的学生，在批改完作文后，我的作文成了班上唯一优秀的范文，老师拿着我的作文本声情并茂地大声朗读着，我一听是自己的作文，心狂跳起来，语文老师读完了以后，就对全班同学说请写这篇作文的同学站起来。我在后排怯生生地站了起来，全班同学的目光都望向我，他们眼里是惊奇的目光。而我也感觉到了一种从来没有过的自豪。语文老师在读完了我的作文后还给全班同学分析了作文好在什么地方，并给了我几张空白稿纸让我再誊写一遍，然后在班里墙壁上开了一个作文园地。我的作文就是作文园地里的第一篇范文。

我因此找到了自信，原来自己并不是十分没用，我也能够有同学不及的地方。从那以后我开始自己要求自己写周记，然后是写日记，要求自己每天写出五百字的东西来，然后每天送给老师批改，老师在看完之后就写上一句评语或者给一个优秀的字样，我非常满足。写日记这个习惯从初二开始一直保留到了我大学毕业后，直到任教的六年时间里，我的日记本共有五十多本。通过这件事，我认识到表扬的重要性，在我的教学生涯中，我选择了赏识教育。

在教学中，对待那些回答问题有偏差、学习上老是出错的同学，有些老师往往会不分青红皂白地大加批评或粗暴训斥，久而久之，学生的心里会罩上一层自卑的阴影，学习的兴趣也会大打折扣。

美国著名心理学家詹姆斯说过这样一句话："人性中最深切的本质是被人赏识的渴望。"作为老师，何必要吝啬自己的表扬呢？一句不经意的赞美，可能会成就学生的一生，造就无数个"牛顿""爱因斯坦"。教师要尊重学生的人性，张扬学生的个性，当学生遇到困难、挫折，出现错误时，不要埋怨，不要横加指责，静下心来和学生谈谈，帮学生分析一下原因，帮学生走出心灵的困境，扬起自信的风帆，品尝成功的喜悦。

只要我们每位老师怀着谦逊的品质，赋予学生一片真挚的爱心，真正做到信任、赏识学生，尊重学生的人格，我们的课堂就必将是充满人文情怀和张扬师生个性的天地，我们的教育必将散发出绮丽的光芒。

二、议论文

请以"师生关系"为话题写一篇文章，自拟题目，文体不限，要求观点明确，条理清楚，语言流畅，不少于800字。

【范文】

职业道德是教师必备的基本素养

但丁曾说："道德可以弥补智慧的不足，而智慧却无法弥补道德的不足。"因此，对于一位教师来说，最重要的是要具备基本的职业道德素养。

那位坚持取出最后一块纱布的护士遵守了自己的职业道德，那位坚持给一个学生上完了一节课的教师也遵守了教师的师德。那么，我们如果做一名教师，也必须遵守教师的职业道德，因为这是对真理的永恒追求，对责任的永不言弃。

热爱学生是教师职业道德的核心要求。教师的关爱在孩子的性格和人格发展中起着至关重要的作用。一个缺乏师爱的班集体是不和谐、不快乐的，孩子在这种氛围中学习、成长，势必形成不健全的性格和个性品质。教师的爱不仅可以营造一种民主、和谐、宽松的课堂氛围，还有利于孩子观察力、记忆力、思维力、想象力、创造力的发展。因此，作为一名教师，首先要热爱自己的学生。

作为一名优秀的职业教师，仅仅具备热爱学生的精神是远远不够的。教育教学需要教师精通自己的专业知识，另外，还要具备广博的文化知识和必备的教育科学知识。教师教书育人，需要自己有一桶水才可以给学生一滴水。教师不仅要教给学生认知、情感、能力、价值观等等，还要在教育教学过程中运用自己已有的知识和经验处理各种各样的偶发事件。

教师职业道德的另一核心要求是教师的教育机智。教育机智是一种创造性的思维能力。教师在处理课堂中的突发事件时，要运用教育机智巧妙地处理，灵活多变，具体问题具体分析。例如，教师在课堂上遇到学生搞恶作剧，若立刻处理，会影响其他同学的听课；若不予理睬，会影响教师的威信，使学生变本加厉。这时，教师就要充分发挥自己的教育机智，以使教学工作正常进行下去。

作为一名优秀的职业教师，最重要的是要坚持以人为本的个性发展的教育原则。依据加德纳的多元智力理论，每个孩子的生理、心理发展是不一样的，其智力、特长也是不一样的。作为教育者，应依据每个孩子的个性差异，实施不同的教育，做到因材施教、循序渐进、因势利导。

职业道德是一名护士的职业灵魂，也是一名教师的职业灵魂。

第四节　素材储备温馨小贴士
——以谈素质教育为例

1. 拒绝状元（综合素质是考察一个人的重要标准）

在美国，哈佛、普林斯顿这种顶尖级的学校，都公开宣称平时的成绩非常重要，但还要看学生的综合素质。哈佛大学每年都拒绝不少"高考状元"，比如1996年，就把165名在学术水平测试中得满分的"高考状元"拒之门外，理由就是对隐藏在分数后面的综合素质不满意。哈佛招生院院长在给潜在的申请者写信时写道："要进入哈佛这样的大学，个人的特长、参与社区的活动、课外活动也很重要。"普林斯顿招生院院长写道："我们把每个申请者都当作特殊的个案来审视，看他具体的综合起来的能力和成就。"

美国的高中生能否获得毕业证书，除了学分、成绩等要求外，还要无偿地为社会服务数十个小时。社会上有很多组织和基金会，为申请大学的高中生提供各种各样在社区服务上有突出贡献的奖学金。一所高中对此的要求是这样的：高一5小时，高二10小时，高三10小时，高四35小时（美国高中是四年制），这只是基本的毕业要求。有些高中生的学业并不突出，但因为"学雷锋"突出而被大学录取了。

2. 不洁的后果（素质低下影响声誉和形象）

晚清大臣李鸿章，在出使俄国时，在一个公共场合，恶习发作，随地吐了一口痰，结果被外国记者作为笑料，大肆渲染，加以嘲弄，丢了中国人的脸。

另据报载：美国客商与我国某医疗机械厂决定合作生产输液管，外商到车间参观时，厂长向墙角吐了一口痰，然后用鞋底去擦。正式签约那天，厂长只接到客商的来信："一个厂长的卫生习惯可以反映一个工厂的管理素质，况且我们生产的是用来治病的输液管，人命关天……请原谅我们的不辞而别。"

3. 贝肯鲍尔的签名（有风度是有素质的表现）

在谈到中国足球运动员的素质时，阎世铎讲到，德国"足球皇帝"贝肯鲍尔来中国时，阎世铎与他一同进餐，饭罢两人向酒店外面走的时候，在走廊里遇到一个小女孩。她的手里拿着一张纸和一支笔，从其穿着上一看便可知她是酒店的服务员。她一言不发地走上前，怯怯地将纸笔伸向贝肯鲍尔。贝肯鲍尔明白女孩的用意，他双手接过纸笔，将纸铺在墙上，认真地签上自己的名字，然后又用双手捧着将纸笔递给了小女孩。在贝肯鲍尔的一生中，为球迷签了多少次名根本无法统计，但他在给这名小球迷签名时，所表现出来的认真态度给阎世铎留下了深刻印象，而这种认真，对贝肯鲍尔来说是一种极为自然的流露。

回想起这一幕，阎世铎感慨地说，作为"足球皇帝"，贝肯鲍尔在球迷面前连一点架子都没有，表现出了十足的绅士风度。但我国的许多球员，没踢出什么名气，走起路来却像螃蟹一样横冲直撞，很多人对球迷的态度更是恶劣无比，严重败坏了中国足球的形象。

阎世铎表示，提高球员的素养和风度是当务之急。我们需要的是会踢球的、全面发展的人，而不是踢球的机器。

4. 防微杜渐（素质体现一个人的内在修养）

罗瑞卿同志是我国第一任公安部长。他是执法的领导同志，也是守法的普通公民。

有一次，罗瑞卿去火车站接客人。因为时间紧没来得及买站台票，等把客人送到住处后，罗瑞卿想起了这件事，对随行人员说："马上到车站去补交三张站台票钱，公安人员应当做守法的模范。中国古人有一句话：'勿以恶小而为之，勿以善小而不为'，要防微杜渐嘛！"

5. 中、美、日三国的素质教育（素质教育势在必行）

21世纪国与国的竞争将主要是人才的竞争。为了培养未来的创造性人才，美国"2061计划"着眼国民素质，实行全面改革。日本的教育改革，旨在在"轻松愉快"中培养生存能力。国际21世纪教育委员会强调教育应围绕四种基本学习：（1）学会认知；（2）学会做事；（3）学会共同生活；（4）学会生存。中国提出教育要"三个面向"的具体实施就是素质教育，就是生存能力的培养。《教育文摘周报》刊载了陈鹤琴提出的要把死教育变成活教育的观点。活教育的目的就是做人、做中国人、做现代中国人。而做现代中国人起码要具备五个条件：第一，要有健康的身体；第二，要有建设的能力；第三，要有创造能力；第四，要能够合作；第五，要有服务精神。这五种能力蕴含着罗素的人才四要素。具有这些能力干什么用？生存。所以，可称之为生存能力。从事生存能力的培养就是素质教育工作。

第五节 名言警句

◆ 教育的目的在于使人能够继续教育自己。 ——杜威
◆ 性格的培育是教育的主要目的，虽然它不能算是唯一的目的。 ——爱迪生
◆ 用全副精神，养成他们有耐劳作的体力，纯洁高尚的道德，广博自由能容纳新潮流的精神，谁也不可能相信没有在组成一个人的因素上受到训练的人，真正能成为一个人。 ——夸美纽斯
◆ 勇气是一种素质，有了勇气，一切事情都好办了。 ——巴里
◆ 每种首创事业的成功，最要紧的还是所有当事人的基本训练。 ——马明·西比利亚克
◆ 如果我们自己心中没有自由与宁静，如果我们内心深处和隐藏最深的自我只不过是一潭酸臭污浊的死水，那么争取身外的自由又有什么价值呢？ ——梭格
◆ 在普遍堕落的人群当中，自由是不可能长久存在的。 ——伯克

第六节 考生常见错误

一、论点逻辑有误或者论点过少

立意：渡人
分论① 渡人——教师应具备崇高的职业素养
故事＋观点分析＋我们应该怎么做
分论② 渡人——因材施教
故事＋观点分析＋我们应该怎么做
总结归纳：渡人即为教师在教学过程中的必经之路，教师在以后的工作中要积极做到以上几点……

点评：以上文章中考生的议论文只有两个分论点，对于一篇 1 000 字的文章而言，论点显得过少，同时两个论点的逻辑关系有问题，第一个分论点更为抽象，而第二个分论点过于具体，因此不匹配。

二、字迹凌乱、字数不够或者忘记写标题等低级错误

良好的教师关系

国家的发展，离不开人才，人才的培养在于教育，而教育的成效如果在一定程度上取决于师生关系，良好的师生关系是搞好教育的基础。

《教育学》中指出：学生往往透过师生关系这面窗户透视人与人之间的一种关系，从

中体会人世间的冷暖，学习与人处世的准则。从教师那里获得炽热情感的学生，可以在他们身上萌发出热爱人、热爱人生的积极态度，打下与人相处的良好行为基础。反之，若老师对学生不理不睬、态度冷漠，学生自然萌生炎凉之感。

所以，关爱学生、尊重和信任学生，让学生感到彼此之间的温度，这是打好良好师生关系的第一步。

第二，要"塑造"好教师的形象，教师在学生眼中的形象如何，与学生的心理承受有一定的关系。如果教师总是摆出一副"师者"的架子，给人一种距离感，不愿与学生交流、接触，甚至认为与学生打成一片是不成体统的行为。长此以往，自然产生了隔膜，引起学生心理的抵触与反感，其实，要"塑造"好教师的形象，维护教师的尊严，只有从课堂教学、课外相处中自然而然地流露，课堂上，以教师自身的学识、多才多艺以及人格的精神力量去征服学生；课外，和同学们打成一片，以关爱、倾听、与之谈心等方式融合，这样才能让学生从心里接受。在学生心目中有一个好教师的形象是建立良好师生关系的条件之一。

第三，要对学生一视同仁，教师要找到每一个学生身上的优点和缺点，不能厚此薄彼，就算看到千差万别的学生，也应该看到每个学生身上的闪光点，全面地认识学生，不能过早地给学生下结论，更不能用过激的语言训斥学生，同样的，也不能忽视中等生和成绩优异的学生。

第四，因材施教、提高学生的成绩，学生在学校的主要目的就是通过学习，掌握知识、提高技能、全面发展，教师要根据学生是独立的人，因材施教，不断地改进教学方法，提高学生的成绩，倘若教不得法，学生听不懂、学不会，知识技能差，成绩低下，教师不满意，家长难接受，学生处于两面压力下，精神负担大，就会严重地挫伤他们的自尊心，也打击了他们学习的兴趣，使他们产生厌学的情绪，对教师教育教学就产生了抵触，从而恶化师生关系，为此，我们教师就要扎扎实实地做好教学工作，练好教学基本功，改进教法，因材施教，提高学生的成绩，良好的师生关系是提高教育教学质量的基础，提高教学质量，又是建立和维持良好师生关系的重要条件。

此外，师生之间还可以多开展一些文体活动、艺术活动。在玩的过程中，不知不觉地缩短距离，从而改进关系、提高关系。

总之，建立良好的师生关系是保证教育教学工作顺利进行的关键，每一位教师都应为建立良好的师生关系而努力。

点评：该生的字迹很难辨认，因此在印象分中就会吃亏，所以务必注意字迹的清晰度等问题。

三、内容过少，导致文章写作不充实

因材施教促发展

孩子是祖国的花朵，那么教师就是浇灌花朵的园丁。每一朵娇嫩的花都需要老师的精心培育。"一花一世界"，每个人都可以有自己的精彩。所以，作为教师要善于发现学生身上的闪光点，因材施教，让每个孩子都绽放自己的光彩。

世界上没有两片相同的叶子。同样每个人都有自己独特的美丽。作为教师要有一双发现美的眼睛，做学生的伯乐，发掘每个学生身上的优点。例如，一个老师因为发现了班级里某一差生的文采特别好，经常鼓励他多写作，并在班上朗读他的作文，让全班同学向他学习。慢慢的，他自己也树立了学习的信心。有一次在全国的作文竞赛中，他的作文还获得了优秀奖。

同时，因为遗传、家庭背景及环境等外在因素的影响，每个人都有自己的发展特点。每个学生也都有自己的才能、兴趣、情感和需求。因此，作为教师要充分尊重学生的个体差异，教育的方式不能千篇一律，需要因材施教。例如，在具体的教学过程中，教师要充分了解学生的知识水平和思维能力，针对不同层次的学生制定不同的教学目标和教学策略。

教师是学生学习的引导者和学生发展的促进者。他们的一言一行对于学生成长起着至关重要的作用。所以教师要树立正确的教师观，关注学生差异，促进个性发展，让每人都开出自己的最美之花。

点评：这不像是一篇文章，更像是写文章之前罗列的大纲，每个论点都没有展开论述，因此内容不充实，在考试中拿不到较理想的分数。

【模块五　总结概览】

模块五的复习中，考生要做到抓住主要矛盾。相对而言，14 分的阅读理解比较好拿分，因此要通过多做练习，拿到尽可能多的分数。

计算机应用属于常识问题，需要考生熟悉对 Word、Excel 、PPT 的日常应用，同时逻辑推理的题目类型化很强，因此通过做题，此部分不该丢分。

作文是模块五的难点和重点，正如学英语要靠张嘴，作文也一定要靠写，因此考生需结合近几年作文命题方向，模仿范文，多写多练，尤其是审题立意和谋篇布局部分，经过适当的训练，可以培养很好的思维方式，这样在考场上便会胸有成竹、有的放矢。

【实战演练】

一、单项选择题

1. 下列选项中，关于 Excel 表格的表述，正确的是（　　　）。

A. 允许工作簿中包含多个工作表

B. 图表必须与生成该图表的数据存储于同一张工作表中

C. 工作表的名称应由文件名决定

D. 可将工作簿中的每一张工作表分别作为一个文件保存

2. 下列选项中，与"曹操和曹植是父子"判断类型相同的是（　　　）。

A. 崔健和田震是歌手　　　　　　　　B. 王静和李霞是团员

C. 徐超和周楠是战友　　　　　　　　D. 樊铃和李捷是医生

3. 下列选项中，对"这种商品并非既物美又价廉"的理解，正确的一项是（　　　）。

A. 这种商品物美，或者这种商品价廉

B. 这种商品物不美，或者这种商品价不廉

C. 这种商品物不美，但这种商品价廉

D. 这种商品物美，而且这种商品价廉

4. 要将 Word 文档中所选文本移动到剪贴板上，这样的功能按钮是（ 　　 ）。

A. 格式刷 　　　　 B. 复制 　　　　 C. 删除 　　　　 D. 剪切

5. 在 Word 中，下列不能实现的操作是（ 　　 ）。

A. 在页眉不能插入页码 　　　　　　 B. 奇偶页页眉不同

C. 在页眉插入分页符 　　　　　　　 D. 在页眉插入剪贴画

6. 在 PowerPoint 中，新建一个演示文档时第一张幻灯片的默认格式其内容是（ 　　 ）。

A. 项目清单 　　　 B. 两栏文本 　　　 C. 标题幻灯片 　　 D. 空白

7. 幻灯片上不可以直接插入（ 　　 ）多媒体信息。

A. 音乐、图片 　　 B. 超链接 　　　 C. 字符 　　　　 D. 文本框

8. 下列各命令中，可以在计算机屏幕上放映演示文稿的是（ 　　 ）。

A. "工具"菜单的"观看放映"命令 　　 B. "视图"菜单的"幻灯片放映"命令

C. "编辑"菜单的"幻灯片放映"命令 　 D. "视图"菜单的"幻灯片浏览"命令

9. 如果要将幻灯片顺序方向改变为纵向，应该使用的菜单是（ 　　 ）。

A. "文件"菜单中的"页面设置" 　　　 B. "文件"菜单中的"打印"

C. "格式"菜单中的"幻灯片版式" 　　 D. "格式"菜单中的"应用设计模板"

10. 下列选项中不属于 Internet 基本功能的一项是（ 　　 ）。

A. 远程登录 　　　 B. 电子邮件 　　　 C. 文件传输 　　 D. 实时监控

11. 在 Excel 中，数据筛选是广泛使用的统计工具。下列有关其功能的表述，正确的是（ 　　 ）。

A. 将满足条件的记录显示，而删除不满足条件的数据

B. 将满足条件的记录显示，而隐藏不满足条件的数据

C. 将不满足条件的记录显示，而删除满足条件的数据

D. 将不满足条件的记录显示，而隐藏满足条件的数据

12. 关于 PowerPoint 设计模板，下列说法正确的是（ 　　 ）。

A. 只限定了模板类型，版式不受限定

B. 既限定了模板类型，也限定了版式

C. 既不限定模板类型，也不限定版式

D. 不限定模板类型，但限定了其版式

13. 下列选项中，与"重庆—直辖市"逻辑关系相同的是（ 　　 ）。

A. 法国—法兰西 　　　　　　　　　 B. 华盛顿—纽约

C. 英国—联合国 　　　　　　　　　 D. 北京市—首都

14. 找规律填数字是一项很有趣的游戏，特别锻炼观察和思考能力，按照"2＋5＋7→144935""3＋5＋6→184830""4＋4＋9→367236"的规律，下列选项中正确的是（ 　　 ）。

A. 7＋6＋4→285224 　　　　　　　 B. 7＋6＋4→284270

C. 7+6+4→422452   D. 7+6+4→422824

15. 有人断言"近日股市可能会上涨。"下列（   ）判断的意思和该人判断最为相近。

    A. 近日股市必然上涨   B. 近日股市必然不上涨

    C. 近日股市必然下跌   D. 近日股市不必然不上涨

16. 在一次国际会议上，来自四个国家的五位代表被安排坐在一张圆桌旁，为了使他们能够自由交谈，事先了解到的情况如下：甲是中国人，还会说英语；乙是德国人，还会说汉语；丙是英国人，还会说法语；丁是日本人，还会说法语；戊是日本人，还会说德语。请问应如何安排座位？（   ）

    A. 甲丙戊乙丁   B. 甲丁丙乙戊   C. 甲乙丙丁戊   D. 甲丙丁戊乙

17. 若命题 A 的否命题是 B，命题 B 的逆命题是 C，则 C 是 A 的逆命题的（   ）。

    A. 否命题   B. 逆命题   C. 逆否命题   D. 以上判断都不对

18. 下列和"霸王龙—食肉动物"逻辑关系一致的是（   ）。

    A. 湖北—武当山   B. 晴天—阴天

    C. 春天—四季   D. 晚上—傍晚

19. 下列选项中，与"王华和晓丽是姐妹"逻辑关系相同的是（   ）。

    A. 甲和乙是医生   B. 王强与赵晓是同学

    C. 谢琴和朱珠是歌手   D. 小燕和小杰是学生

20. 要将 Word 文档中所选文本移动到剪贴板上，应选择的功能按钮是（   ）。

    A   B   C   D

二、阅读理解题

21.

主动是金
——朱华贤

有人说，沉默是金。有人说，慷慨是金。有人说，智慧是金……也许都不错。但我认为，主动才是真正的金，才是自己的金，才是别人无法抢夺的金。

人生不能被动，生活需要主动。只有主动才能不断地获得上进的机遇；只有主动才能超越别人；只有主动才能牢牢地把握胜券。

主动，就是从时间上超前一步。要求八点钟赶到，你不妨七点五十分赶到，这样你就不用担心搭不上急驶而来的时代列车。

主动，就是从范围上扩大一些。需了解衬衫，你不妨了解一下西装、领带以及鞋子和帽子，这样你的视野就会更加开阔，你的回旋余地就有可能更大。

主动就是从程度上加深一层。当你在计算机上输入文字的时候，你不妨深入琢磨一下：为什么在键盘上这么简单地敲几下，文字就输入了？别的输入法是不是还要简单？

主动，就是从动作和态度上力求积极一点、敏锐一点。当别人尚未意识到的时候，你已经强烈地意识到。当别人刚刚起步时，你已经在途中。当别人正想找你时，你已经敲门进去了……主动是金！

——摘编自《中国校外教育》，2008（5）

问题（1）：文章从哪些方面阐述了"主动"？请简要概括。（4分）

问题（2）：文章为什么说"主动是金"？请结合全文说说你的理解。（10分）

22. 在艺术创作中，往往有一个重复和变化的问题：只有重复而无变化，作品就沦为单调枯燥；只有变化而无重复，作品就容易陷于散漫零乱。

重复与变化的统一，在建筑物形象的艺术效果上，起着极其重要的作用，古往今来的无数建筑，除却极少数例外，几乎都以重复利用各种构件或其他构成部分作为取得艺术效果的重要手段之一。

历史上最杰出的一个例子是北京的明清故宫。从天安门到端门、午门，是一间间重复的、千篇一律的朝房，再进去，太和门和太和殿、中和殿、保和殿成为一组前三殿，与乾清门和乾清宫、交泰殿、坤灵宫成为一组的后三殿的大同小异的重复，就更像乐曲中的主题和"变奏"；每一座的本身是许多构件和构成部分（乐句、乐段）的重复；而东西两侧的廊、庑、楼、门又是比较低微的，以重复为主，但亦有相当变化的伴奏。然而整个故宫，它的每一个组群，每一个殿、阁、廊、门却都是按照明清两朝工部的"工程做法"的统一规格、统一样式建造的，连彩画、雕饰也尽如此，都是无尽的重复，我们完全可以说它们千篇一律。但是谁能不感到从天安门一步步走进去，就如同置身于一幅手卷里漫步，在时间持续的同时，空间也连续流动。那些殿堂、楼门、廊庑虽然制作方法千篇一律，然而每走几步，前瞻后顾、左睇右盼，那整个景色的轮廓、光影，却都在不断地改变着，一个接着一个新的画面出现在周围，千变万化。空间与时间、重复与变化的辩证统一在北京故宫中达到了最高的成就。

翻开一部世界建筑史，凡是较优秀的个体建筑或者组群，一条街道或者一个广场，往往都以建筑物形象重复与变化的统一而取胜。说是千篇一律，却又千变万化。每一条街都是一轴"手卷"、一首"乐曲"。千篇一律和千变万化的统一在城市面貌上起着重要作用。

问题：

（1）请简要概述重复与变化的辩证统一关系。（4分）

（2）简要分析北京故宫的建筑在千篇一律和千变万化组合中取得的艺术效果。（10分）

三、写作题

23. 请以"什么知识最有价值"为题，写一篇议论文。要求：观点明确，论述具体，条理清楚，语言流畅，不少于1 000字。

24. 阅读下面的材料，根据要求写作文。

苏霍姆林斯基说："一个好老师意味着什么？首先意味着他是这样一个人，他热爱孩子，感到和孩子在一起交往是一种乐趣，相信每个孩子都能成为好人，善于跟他们交朋友，关心孩子们的快乐和悲伤，了解孩子的心灵。"马克思说："只能用爱来交换爱，只能用信任来交换信任。"高尔基说："谁爱孩子，孩子就爱谁，只有爱孩子的人才会教育孩子。"

根据上述材料给你的启示，联系实际，请以"师爱"为话题，写一篇文章。

要求：用规范的现代汉语写作，不要脱离材料内容或含义。题目自拟，立意自定，观点明确，分析具体，条理清晰，语言流畅。文体不限，不少于1 000字。

25. 阅读下面的材料，根据要求写作文。

材料一： 道德可以弥补智慧的缺陷，但智慧却弥补不了道德的缺陷。

材料二： 一名学生不想上选修课，跑进教室换球鞋。老师看见他说："就算只有你一名学生，我也要坚持上课。"于是，学生很无奈地上完课，但是那位老师却很认真地上完课。

材料三： 医院病房里，一名护士正在帮助一名著名的外科大夫给病人缝伤口，护士突然说："不行，还有一块纱布没取出来，一共是 12 块纱布，现在只取出了 11 块。"大夫说："我取出来了，缝伤口。"护士坚持不让。过了一会儿，大夫伸出手说："我要的护士就是这样的！"原来另一块纱布在他的掌心里。

根据材料，写一篇 800 字左右的文章，题目自拟，立意自定，观点明确。

26. 阅读下面的材料，根据要求写作文。

《相声百年经典》一书中，作者记述了著名相声大师侯宝林先生的一段往事。在排演相声《关公战秦琼》时，他特地去请教了京剧表演艺术家这样一个细节问题：关公那个代表性的亮相姿势，究竟是左手将髯、右手背在身后，还是右手将髯、左手背在身后？对大师的这种做法，人们无不称叹，你又有何感受？

请选择一个角度构思作文，自主确定立意，确定文体，拟定标题，不少于 800 字。

参考答案及解析

一、单项选择题

1. A【解析】Excel 中允许包含多个工作表。

2. C【解析】此题考查的是直言命题和复言命题，C 选项符合题意。

3. B【解析】对于表并列关系的联言命题，其否定形式应该是表选择关系的选言命题。所以选 B。

4. D【解析】此题考查的是剪切功能键的应用。

5. C【解析】分页符是区分两个页码之间的功能键，不可能在同一个页内插入分页符。

6. C【解析】PPT 默认的第一张是标题幻灯片，此题考查的是 PPT 的常规应用。

7. C【解析】PPT 需要先插入文本框才能插入字符，所以不能直接插入，本题有一定的难度。

8. B【解析】点击幻灯片放映功能键，能够实现浏览幻灯片的功能。

9. A【解析】页面设置可以调整横纵页面。

10. D【解析】互联网没有监控功能。因此选 D。

11. B【解析】本题考查的是 Excel 的数据筛选功能。

12. C【解析】PPT 不限制模板类型和版式。

13. D【解析】北京是首都，和重庆是直辖市的关系一样。

14. A【解析】依据计算公式，应该选择 A。

15. D【解析】既不是肯定涨，也不是肯定不涨，也不是肯定跌，可以用排除法，选择 D。

16. D【解析】通过画图可以显示出座次，或者用给出的四个答案，每个套进去尝试一遍，都是可以做出推理的。

模块五　基本能力　237

实战演练

17. A 【解析】是否命题。

18. C 【解析】霸王龙是食肉动物，而春天是属于四季的。

19. B 【解析】属于直言命题的是 B。

20. A 【解析】本题属于信息处理题。A 项图为剪切功能，考生需要将图标与功能键熟练对应起来。

二、阅读理解题

21. 【参考答案】（1）文章从时间上超前一步、范围上扩大一些、程度上加深一层等方面阐述了主动是金的真谛。

（2）"主动是金"告诉我们，在当今这个社会上，如果你不主动，机会就会稍纵即逝，因此需要更加积极主动，主动去了解，主动去发现，积极一点，勇敢一点，这样才可以把握住宝贵的机会。

22. 【参考答案】（1）在艺术创作中，重复和变化是辩证统一、缺一不可的，因此需要将两者结合起来。

（2）北京故宫的每一个组群，每一个殿、阁、廊、门都是按照明清两朝工部的"工程做法"的统一规格、统一样式建造的，连彩画、雕饰也尽如此，都是无尽的重复，又有着各自的不同，可以从细微的廊、庑、楼、门中体现。这种不同又如同乐曲中不可缺少的"伴奏"，使行走在其中的人流连忘返。

三、写作题

23. 【参考范文】

什么知识最有价值

1859 年，英国哲学家、社会学家斯宾塞提出了一个著名命题："什么知识最有价值？"这像一颗炸弹扔在了教育阵营里，触动了各种立场的人士的神经，一场争论从那时至今未休。教育关乎知识，知识关乎课程，课程研究正是从这里正式拉开了帷幕。

在当时，斯宾塞对古典学科占据学校课程的主导地位极为不满，于是，针对社会上重虚饰、轻实用的知识价值观进行了批判。他依据五种人类活动，即直接保全自己的活动、从获得生活必需品而间接保全自己的活动、教育子女的活动、与维持正常社会政治关系有关的活动、在生活的闲暇时间满足爱好和感情的各种活动，确立了按价值大小排列的各类知识。这些知识的最高目标是，有利于人的完满生活。在此基础上，斯宾塞最后得出结论："什么知识最有价值？一致的答案就是科学。"

在当前新的时代背景下，我们应该给出什么样的答案呢？

在这里，我的任务是尝试回答这一问题："什么知识最有价值？"在回答之前，先来确认在这个问题中，"价值"是对谁而言。

知识具有对个人和对社会的双重价值。对于个人，知识具有心智训练价值、自我实现价值、人格发展的价值，即增加智慧、解决问题、提升人格的价值；对于社会，知识具有生产力价值和促进社会文明的价值。鉴于社会是由个人构成的，因此，提升个人素质，社会整体素质即获得提升。我的思路是，将知识的价值着眼于个人，才可能获得社会的长远、可持续的进步与文明。而那种用个人幸福和社会安宁来换取社会经济的一时繁荣的，是一种急功近利式的知识观，也必然导致一种急功近利式的课程观。我们拒绝一种线性的、封闭的、工艺学取向的课程研究，尽力把目光从教育本身投向课程以外广阔的社会文化背景，投向被课程遮蔽的每一位教师和学习者的内心。这也正是20世纪70年代以后兴起的解释学、建构主义、后现代主义等流派所关注的焦点之所在。在这里，"什么知识最有价值"这一经典性的课程问题，不只是一个教育上的问题，同时也是社会的、政治的问题，此时探究课程问题，就需要批判性地考察意识形态和政治、经济对人的发展的影响。

我认为，成就个人幸福，以至成就人类幸福的知识，是最有价值的知识。

无论对于一个人，还是对于整个社会，掌握相当于生产力的知识，可以喻为做蛋糕，掌握的知识越具有生产力，这个蛋糕做得就越大。但是，人生和社会的终极目的就是做大蛋糕吗？不，是文明、是进步、是自由、是幸福。做蛋糕是为了享用这美食，因此，在当下这个社会生产力空前发达，而社会问题日益严重的社会里，站在个人幸福及全人类幸福的高度上，我们可以说，那种关于"如何分享、细细品尝这蛋糕"的知识，即增进个人自由、增进社会民主的知识是更有价值的知识。

这便是我交上的"什么知识最有价值"的现代答案。

【解析】文章引用设问开头法，激发了读者的兴趣，同时引经据典，引用了斯宾塞抛出的问题，设置悬念，之后抛出自身的观点，丝丝入扣，鞭辟入里，逻辑清晰，分析深入，可谓佳作。

24.【参考范文】

师爱无限

高尔基曾经说过："只有爱孩子的人才会教育孩子。"师爱，是教育的前提和开始，是通往教育成功的桥梁，也是最基本的教育原则。"随风潜入夜，润物细无声。"

教育心理学家认为，师爱是教师的理智感、美感和道德感凝聚而成的一种高尚的教育情操。作为一名教师，最重要的就是要以发自心灵深处对学生的爱，去挖掘学生内在的积极因素，激发学生自我肯定的积极情感，并转化为学生自信、向上、进取的动力，从而达到教人、育人的目的。

师爱是心灵的沟通（分论点一）。教育家苏霍姆林斯基把教师热爱学生作为"教育的奥秘"，他的座右铭是"把整个心灵献给孩子们"。我国著名教育家陶行知先生也曾说过："真的教育是心心相映的活动，唯独从心里发出来，才能达到人的深处。"作为教师，就要做一个有心人，时时处处去观察学生、关心学生、帮助学生，与他们建立深厚的友谊，达到心灵的沟通。这样，你会感到一种心灵的愉悦，这份愉悦来自学生带给你的感动，它如蒙蒙细雨般滋润，如融融春意般温暖。教育不能没有爱，就像池塘不能没有水一样，没有爱就没有教育。"爱人者，人恒爱之。"只要你付出爱，用心去爱，就能感受到来自学生的爱。

师爱需要换位意识（分论点二）。学生是活生生的个体，随着生理、心理的发育和发展，社会阅历的扩展和思维方式的变化，其独立意识和自我意识日益增强，有很强的自尊心，需要得到他人，特别是老师的尊重，当有了缺点或错误时，往往害怕老师批评，特别是不希望老师当众批评。教师要懂得学生的这些心理特征。陶行知先生曾告诫师范生："未来的先生们！忘了你们的年纪，变个十足的小孩子，加到小孩子的队伍里去吧！"的确，我们必须蹲下身子，学会变成孩子，要有一种换位意识，才能真正走进学生的心灵，真正理解学生，真正把师爱转化为激发学生追求进步、积极进取的力量源泉。

师爱需要讲究艺术（分论点三）。有些教师埋怨："为什么我付出那么多的关怀、那么多的爱心，学生仍不懂礼貌，不尊重老师，一点也不理解老师的一番苦心？"这恐怕就是由于老师爱的方式不当。有些教师在教育学生的过程中，不是对学生爱得太过分，失去师之尊严，就是束得太紧，管得太死，以至学生"谈师色变"。有些教师对学生的情感近似溺爱，对学生缺乏基本要求，事事包办代替，从不轻易放手。过犹不及，爱学生不等于放任自流，但更不能吝于施与，关键是要讲究分寸，讲究艺术。没有规矩，难成方圆。教师既要与学生打成一片，也要注意师道尊严，才能达到理想的教育效果。

师爱是催生百花的春风，是抚慰心灵的阳光，是滋长希望的土壤。作为一名教师，如何用"心"去爱学生，让你对学生的爱孕育出教育的累累硕果，需要教师在实践中去做更深入的探索和思考——师爱无限。（总结）

【解析】文章用了三个并列式的分论点，分别从心灵的沟通、换位思考、讲究艺术三个角度将师爱究竟是什么书写得淋漓尽致，文章对仗工整，思想有深度，论述全面。

25. 【参考范文】

关爱无限　师德永恒

近几日在网上一则关于"广东幼师用竹棍抽打幼童　20名小孩排队挨打"的新闻，将"师德"这个古老而又永恒的话题，再次推到了风口浪尖之上，成为众人聚焦的论点，引发众人的思索与愤慨。

教师是道德的典范，是智慧的源泉，是莘莘学子的领路人。

关爱学生是师德的灵魂所在，是通往教育成功的桥梁。高尔基说："谁爱孩子，孩子就爱谁，只有爱孩子的人才会教育孩子。"作为一名教师，最重要的就是要以发自心灵深处的爱，关心爱护每一位学生。宛若汶川地震中的谭老师，在危难时刻选择用自己的生命为四名学生换得了生存的机会。教师要对学生严慈相济，做学生的良师益友，激发学生自我肯定的积极情感，并使之转化为自信、向上、积极进取的动力，从而达到教书育人的目的。

"学高为师""取法乎上"。作为一名优秀的教师，仅仅付出师爱是远远不够的。小学生的好奇心非常重，时不时地就会冒出奇思妙想，提出很多个"为什么"。所以，教师在拥有最基础的专业知识之上，要拥有更渊博的学识、更高超的技艺、更开阔的视野，才能够循循善诱、诲人不倦。教师教书育人，给学生一杯水，自己要先有一桶水。否则连自己都"知其然不知其所以然"，如何教授学生呢？只会误人子弟。

教师要有创造性的思维能力、灵活的教育机智。在处理课堂中的突发事件时，教师要运用创造性的教育机智，灵活巧妙地处理突发情况，具体问题具体分析。例如：某同学在黑板上画了很丑的画像，上面注明是某某老师，引来同学们一片笑声。而该老师并没有批评这名学生，却说他画得很好，只是画得不太像，并鼓励这个学生应该努力学习绘画技巧，希望未来的某一天能够收到一幅真正属于老师的画像。同学们的笑声消失了，这名学生脸红得低下了头，并将黑板上的画像擦掉。很久以后，这名同学成为一名出色的画家。这个故事中，老师的处理方式充分地发挥了自己的教育机智，并没有在冲动之时批评学生，而是长善救失，肯定了这名学生的长处，激发出学生的内驱力，最终将学生引导向成功的彼岸。

"智如泉涌，行可以为仪表者，人之师也。"教师不仅要有从教的学识能力，还要做到以身作则、为人师表。学生都有向师性，教师的一言一行学生尽收眼底，也在无形地模仿着。生活中，我们做的、说的以及我们平时写的字，学生都会无意识地模仿。当我们要求学生时，必须先看看自己是否已做到，否则"身正则不令而行，身不正则令而不行"。

我曾在网上看到一篇微博——某所大学的男教授以论文要挟学生跟他上床。此教授多次强调要学生晚上到他房间里谈论文，遭到学生拒绝后，竟威胁称"后果你要考虑清楚"。这样的人品，如何能够为人师表？简直就是教育领域的污点、教师界的败类。所以，为人师表是教师职业最基本的要求。不能任由这样的败类荼毒祖国的青春之花。

学生的成长过程中离不开老师的悉心教导，就像花儿离不开阳光和雨露的滋养。作为一名优秀的教师，最重要的就是要坚持以人为本，具有高尚的师德。"爱国守法、爱岗敬业、关爱学生、教书育人、为人师表"将是我选择从教的不变宗旨。高尚的师德情怀在我心，让我的小小正能量在平凡的教育岗位上发光发热，用我无限的爱锻造出不朽的师德之魂。

【解析】该文章是学生按照网络上一篇一类文章的格式进行套改的成功案例，文章运用了引证法、例证法等丰富的论证方式，使得文章的结构紧凑，同时文笔斐然。

26. 【参考范文】

用细节绽放美丽

用心做好每一个细节，成功的玫瑰终将绽放出最动人的美丽。

——题记

山间的花儿知道，自己只能盛开一次，因此，它细心地张开每一片花瓣，细心调整每一片花瓣的角度和色彩，最终绽放出令人惊叹的高雅。

天上的彩霞知道，自己只能绚烂一次，因此，它细心地铺开每一片云霞，用心设计每一片云霞的浓重轻淡，用心舒卷霞光的灿烂和风采，从而成就了上帝领空那最美的花园。

青春的我们知道，我们只能年轻一回，所以我们必须认真把握好生命中的每一个细节，静静地守候成功殿堂的幸福花开。

细节决定成败，成败系于细节。

遥想战国时代，蔺相如大智大勇而又慎于细节，把握好献璧于王而请指示于王的关键时刻，方能够有礼有节，不辱使命，完璧归赵。而一代剑客荆轲虽刚勇过人，但在"执秦王之手，握秦王之袖"的关键之处犹豫彷徨，致使良机错过，酿成了刺秦不成、荆魂归阴、血溅秦廷的莫大遗憾，亦为千古之人敲响了"切莫疏于细节"的警钟。

细节决定成败，成败系于细节。

放眼航天事业，我国"神州号"系列飞船之所以能够发射成功，是因为航天人细心严谨，认真把握飞船发射的每一个数据、每一个程序、每一个细节。而美国的"挑战者号"航天飞机发射升空后不幸失事坠毁，七名宇航员全部罹难，究其原因，仅仅是因为一个细节没有做到位。小小的细节失误，造成惨重的航天事业损失，令人惊愕，令人扼腕沉思。

细节决定成败，成败系于细节。

相声大师侯宝林先生长于幽默而慎于细节，终成为相声表演艺术大师；贝多芬才华过人而又慎于细节，注重推敲每一个音符，他的交响曲才成为最美的"天堂之音"；我国历代的伟大诗人，文采雄奇而又秉承"吟安一个字，捻断数茎须"的原则，才有了"草枯鹰眼疾，雪尽马蹄轻"的潇洒飘逸，才有了"小荷才露尖尖角，早有蜻蜓立上头"的新奇别致，才有了"问渠那得清如许？为有源头活水来"的睿智哲理。

实战演练

细节决定成败，成败系于细节。

　　当然，这里的慎于细节并不是不辨本末；这里的细致入微，并不是要畏首畏尾。胸有全局而又慎于细节，大智大勇而又细心慎重，这才是人生成功的有力保障。

　　山间的花儿，用细心描绘高雅；天空的云霞，用细心泼洒绚烂。我们风华正茂的莘莘学子，也一定会用"慎于细节"绽放人生的美丽。

【解析】 文章连续用了几个"细节决定成败"，穿针引线，以排比的气势、工整的排列给予读者一种秩序的美感，同时也增加了自身论证的力度，考生可以借鉴此种写法。

图书在版编目（CIP）数据

国家教师资格证考试：综合素质．中学/瑞优教育教师资格考试研究院编写．—北京：中国人民大学出版社，2018.5

ISBN 978-7-300-25725-9

Ⅰ.①国…　Ⅱ.①瑞…　Ⅲ.①教师素质-中学教师-资格考试-自学参考资料　Ⅳ.①G451.6

中国版本图书馆 CIP 数据核字（2018）第 072763 号

国家教师资格证考试——综合素质（中学）
瑞优教育教师资格考试研究院　编写
Guojia Jiaoshi Zigezheng Kaoshi——Zonghe Suzhi（Zhongxue）

出版发行	中国人民大学出版社			
社　址	北京中关村大街 31 号		**邮政编码**	100080
电　话	010 - 62511242（总编室）		010 - 62511770（质管部）	
	010 - 82501766（邮购部）		010 - 62514148（门市部）	
	010 - 62515195（发行公司）		010 - 62515275（盗版举报）	
网　址	http://www.crup.com.cn			
	http://www.1kao.com.cn（中国 1 考网）			
经　销	新华书店			
印　刷	北京宏伟双华印刷有限公司			
规　格	185 mm×260 mm　16 开本		**版　次**	2018 年 5 月第 1 版
印　张	16.25		**印　次**	2018 年 5 月第 1 次印刷
字　数	368 000		**定　价**	50.00 元